An den Grenzen unserer Lebensform

Frankfurter Beiträge zur Soziologie und Sozialphilosophie

herausgegeben von Axel Honneth
im Auftrag des Instituts für Sozialforschung
an der Johann Wolfgang Goethe-Universität,
Frankfurt am Main

Band 16

Mit dieser Buchreihe will das Frankfurter »Institut für Sozialforschung« ein neues Kapitel in seiner eigenen Geschichte aufschlagen. In Anlehnung an die Schriftenreihe, die 1955 von Theodor W. Adorno und Walter Dirks gegründet und im Jahr 1971 eingestellt wurde, sollen hier in regelmäßigen Abständen Monografien und Forschungsberichte veröffentlicht werden, in denen sich die theoretischen und empirischen Fragestellungen der Institutsarbeit niederschlagen; bewusst wurde dabei das thematische Spektrum der Reihe um die Sozialphilosophie erweitert, weil heute nicht mehr wie selbstverständlich vorausgesetzt werden kann, dass zur soziologischen Forschung auch die Reflexion auf die philosophische Begriffsbildung gehört. In die Reihe werden neben den im Institut entstandenen Arbeiten auch Studien zur Veröffentlichung aufgenommen, die die gegenwärtigen Forschungsabsichten in markanter Weise widerspiegeln.

Der Philosoph *Andreas Kuhlmann* (1959–2009) lebte als freier Autor in Frankfurt. Er schrieb unter anderem für die *Frankfurter Allgemeine Zeitung, Frankfurter Rundschau* und *Die Zeit.* 1995 erschien sein Buch »Sterbehilfe«, 1996 »Abtreibung und Selbstbestimmung«.

Andreas Kuhlmann

An den Grenzen unserer Lebensform

Texte zur Bioethik und Anthropologie

Campus Verlag
Frankfurt/New York

Die Forschung des Instituts für Sozialforschung wird durch die institutionelle Förderung der Stadt Frankfurt und des Landes Hessen ermöglicht.

Bibliografische Information der Deutschen Bibliothek
Die Deutsche Bibliothek verzeichnet diese Publikation in der Deutschen Nationalbibliografie.
Detaillierte bibliografische Daten sind im Internet über http://dnb.ddb.de abrufbar.
ISBN 978-3-593-39515-9

Satz: Ina Walter, Institut für Sozialforschung, Frankfurt am Main.
Druck und Bindung: KM-Druck, Groß-Umstadt
Gedruckt auf Papier aus zertifizierten Rohstoffen (FSC/PEFC).
Printed in Germany

Dieses Buch ist auch als E-Book erschienen.
www.campus.de

Inhalt

An der Peripherie unserer Lebensform. Zur Erinnerung an Andreas Kuhlmann

Schon der erste Eindruck, den Andreas Kuhlmann bei nur flüchtiger Begegnung vermittelte, konnte das gesamte Wesen seiner Persönlichkeit offenbaren: Da war auf der einen Seite, vollkommen unübersehbar, die körperliche Behinderung, die die Bewegungsabläufe und Handgriffe verkrampft sein ließ, das Sprechen bis zur Unverständlichkeit verzerrte und allen leiblichen Vollzügen etwas Erkämpftes, Abgepresstes gab, und da waren im selben Augenblick wie zur Gegenwehr die klug aufblitzenden Augen, die bei aller physischen Anstrengung gestochen scharfen, nahezu gemeißelten Sätze und ein entwaffnend warmes, manchmal schelmisches Lächeln. Hier hatte jemand mit größter, aber nie wirklich gewaltsam scheinender Willensanstrengung seinem versehrten, aufsässigen und tyrannischen Körper ein Maß an geistiger Beweglichkeit und Freiheit abgetrotzt, dem man nur mit Hochachtung, ja Bewunderung begegnen konnte. Andreas Kuhlmann litt seit seiner Geburt, ausgelöst durch eine kurzzeitige Beeinträchtigung der Hirnfunktionen, an einer spastischen Lähmung; sie ließ ihn seinen Körper nie als angenehm, als entgegenkommend und mitschwingend erfahren, sondern stets nur als Grenze seiner vielen Vorhaben und Begabungen. Diese Begrenzungen aber nicht bloß resignativ hinzunehmen, sondern sie so weit wie nur eben möglich mit seinen überreichen Geisteskräften zurückzudrängen, die Unverfügbarkeit des eigenen Körpers durch Aufbietung von Vorstellungsvermögen und intellektueller Phantasie zu kompensieren, das muss dann wohl zur Herausforderung seines Lebens geworden sein. Ihrer mutigen Bewältigung, ohne jede Bitterkeit und Missgunst auf sich genommen, verdanken wir eine theoretische Hinterlassenschaft, die einen Einblick in unsere Lebensform von ihren existentiellen Rändern her gewährt.

In der ersten Phase seines Lebens, von der Kindheit in den frühen sechziger Jahren bis zum Ende des Studiums, muss es Andreas Kuhlmann freilich so ergangen sein, dass er nie Veranlassung spürte, die eigene Behinderung zum Thema grüblerischen Zweifelns oder gar theoretischer Beschäftigung werden zu lassen. Glückliche Umstände wollten es, dass er in einer bürgerlich-liberalen Atmosphäre groß wurde, deren Wohlwollen, Fürsorge und Ermutigung ihm genügend Selbstvertrauen schenkten, um seine vielfältigen Talente trotz all der körperlichen Erschwernisse entfalten zu können. Allerdings bildet schon der Heranwachsende in der Kompensation seiner physischen Behinderung eine Fähigkeit heraus, die ihn nie wieder verlassen sollte: Musikalisch hochbegabt, ohne jedoch seine Hände zur ersehnten Perfektion an einem Instrument bringen zu können, voller literarischer und geistiger Interessen, ohne davon aber in der mündlichen Rede ungehindert und anstrengungslos sprechen zu können, entwickelt Andreas Kuhlmann wie selbstverständlich die ungewöhnliche Gabe, zunächst alles aufs Genaueste in seiner mentalen Welt durchzuspielen und dann vor allem schriftlich zu objektivieren – spricht er, so nie nur so ins Unreine, gleichsam experimentierend, sondern stets in Form einer mühsamen Artikulation von gedanklich bereits Fixiertem. Auf diesem Wege, einem Lernen ohne den Rückhalt in leiblichen Objektivationen, bewältigt er alle Klippen der schulischen Erziehung mit Bravour, macht sich zu einem Spezialisten auf dem Feld der literarischen und musikalischen Moderne und beginnt sich mit philosophischen Problemen zu beschäftigen. Ausgestattet mit einem solchen Bündel außergewöhnlicher Fähigkeiten entschließt er sich nach dem Abitur, ein Studium der Philosophie und Germanistik an der Universität Bielefeld aufzunehmen; weiterhin scheint ihm alle gedankliche Arbeit ganz leichtzufallen, er wildert in den verschiedensten Fächern, hört politische Soziologie bei Claus Offe, besucht Seminare zu Wittgenstein und sitzt in den Veranstaltungen von Karl-Heinz Bohrer, die sich mit den Werken der ästhetischen Moderne beschäftigen. Dieses Thema vor allem ist es, das es ihm angetan hat; ein vertieftes Studium der Schriften Adornos eröffnet ihm alsbald die Perspektive, seine musikalischen Interessen mit philosophischen Fragestellungen zusammenzubringen und sich mit dem Bedeutungsgehalt moderner Musik zu beschäftigen. In seiner Dissertation, eingereicht bei Karl-Heinz Bohrer, setzt er sich dementsprechend mit der Musikphilosophie der Spätromantik auseinander; zeitlebens wird Gustav Mahler ein Fixpunkt seiner musikalischen Vorlieben bleiben.

Wäre da nicht die körperliche Behinderung gewesen, so hätte diese glänzend geschriebene Dissertation den Auftakt zu einer großen Karriere im akademischen Betrieb gebildet. Andreas Kuhlmann aber muss die eigenen Pläne seinen eingeschränkten Möglichkeiten anpassen und entschließt sich, eine Zukunft in der freien Autorenschaft zu suchen; vielleicht war dies der erste

Punkt in seinem Leben, an dem er zu realisieren begann, dass Freiheit unter den Bedingungen körperlicher Versehrtheit nur bedeuten konnte, sich zur eigenen Unfreiheit durch die Aktualisierung von bislang ungenutzten Potentialen möglichst selbstbestimmt zu verhalten (vgl. Kuhlmann 2006). Wie einige seiner Freunde und Kollegen macht sich der frisch Promovierte die Chance zunutze, dass die *Frankfurter Allgemeine Zeitung* Mitte der 1980er Jahre damit anfing, nach jüngeren Autoren Ausschau zu halten, um ihr Feuilleton den veränderten Zeitumständen anzupassen; mit 27 Jahren zieht Andreas Kuhlmann nach Frankfurt am Main, wird freier Mitarbeiter der Zeitung und beginnt damit, regelmäßig Beiträge zur geistesgeschichtlichen Lage zu verfassen. Der nüchtern-klare Stil seiner Artikel, der scharfe Blick für theoriepolitische Veränderungen und die moralisch eindeutigen, aber unaufgeregten Schlussfolgerungen lassen ihn schnell zu einer gewichtigen Stimme im deutschen Feuilleton werden; weder die sich abzeichnende Wiederkehr konservativ-reaktionärer Denkschemata noch die alsbald einsetzende Abrechnung mit der linksliberalen Intellektuellenkultur Westdeutschlands entgeht damals seiner kritischen Beobachtung. Der Wechsel von Bielefeld nach Frankfurt bedeutet aber mehr als nur die Einübung in eine veränderte Tätigkeitsform; angeregt durch die Fragestellungen, die an dem neuen Ort im Umfeld von Habermas verfolgt werden, entwickelt Kuhlmann ein verstärktes Interesse an der praktischen Philosophie. Für seinen weiteren Lebensweg wird diese Verlagerung des eigenen Arbeitsschwerpunktes von größter Bedeutung sein.

Allerdings nähert sich der Dreißigjährige damals den Frankfurter Theoriekreisen nur auf sehr indirekten Wegen. Er will seine Herkunft aus dem ästhetischen Denken Adornos nicht einfach verleugnen oder über Bord werfen, ihn bewegen daher weniger normative Begründungsfragen und metaethische Probleme, überhaupt steht er dem ganzen Aufwand um eine wasserdichte Rechtfertigung des moralischen Standpunktes eher befremdet gegenüber; was ihn stattdessen interessiert, was seine philosophische Aufmerksamkeit zunächst viel stärker in den Bann zieht, ist die Frage, wie sich in dem veränderten Rahmen der Habermasschen Kommunikationstheorie die kulturkritischen Anliegen Adornos noch einmal neu und besser artikulieren lassen. Kuhlmann verfolgt über Jahre hinweg in zahlreichen Artikeln die Weiterentwicklungen beider Theorien zugleich, um sie wechselseitig daraufhin zu befragen, ob und wie sie miteinander verschränkt werden können; ihn beschäftigt weiterhin die Absicht einer Kulturkritik der Moderne, aber er will dieses Vorhaben in einen konzeptuellen Rahmen spannen, der eine bessere Begründung der normativen Maßstäbe erlaubt (vgl. etwa Kuhlmann 1994). Auf dem Weg, den er damit einschlägt, muss Andreas Kuhlmann auf die Tradition der philosophischen Anthropologie gestoßen sein; auf jeden Fall finden sich seit Beginn der 1990er Jahre mit einem Mal vermehrt Artikel und Aufsätze, die auf ein verstärktes Interesse an dieser Tradition der deutschen Philosophie schließen lassen. Es beginnt eine Phase der begeisterten Lektüre von Helmuth Plessner, dessen Schriften er offenbar als eine Brücke zwischen Adorno und Habermas begreift, weil in ihnen die persönliche Autonomie des Menschen an die Voraussetzung eines spielerischen Umgangs mit der eigenen Physis gebunden wird (vgl. Kuhlmann 2002 [1999]).

Dass die Hinwendung zur Anthropologie Plessners jedoch nur in der Aussicht begründet ist, endlich einen Weg der Vermittlung zwischen sprachlicher Kommunikation und leiblichem Ausdrucksgeschehen zu finden, ist im Rückblick eher zu bezweifeln. Wer sich vor Augen führt, wie häufig in den späteren Veröffentlichungen Kuhlmanns indirekte Verweise auf zentrale Motive von Plessner zu finden sind, wird eher zu einer ganz anderen Vermutung gelangen: An der Schlüsselidee des großen Anthropologen, derzufolge wir im Unterschied zum Tier sowohl über unseren Körper verfügen wie auch aus unserem Leib heraus leben, macht Andreas Kuhlmann sich zum ersten Mal in systematischer Selbstbesinnung klar, welcher Abstand ihn aufgrund seiner körperlichen Behinderung von der Normalität des Menschen trennt. Diese Vorstellung einer unaufhebbaren »Differenz« des körperlich Behinderten, nicht in persönlicher, sondern in verallgemeinerter Form vorgetragen, bildet von nun an den roten Faden aller Arbeiten Kuhlmanns; sie ist in der anthropologischen These verankert, dass jeder physische Mangel an Beherrschung und Beseelung des eigenen Körpers eine Beeinträchtigung der eigenen Freiheit bedeutet, die durch keine noch so gut gemeinte Kompensationsmaßnahme aufzuheben ist.

Schon in einer frühen Darstellung der *Grenzen der Gemeinschaft* heißt es bei Andreas Kuhlmann scheinbar vollkommen unauffällig, dass Plessner zufolge die Teilnahme an der gesellschaftlichen Interaktion einen souveränen »Umgang mit der eigenen Physis« erfordere (ebd.: 18). Nur derjenige, der um die körperliche Behinderung des Autors weiß, wird bei der Lektüre dieses Satzes stutzen und sich den mitschwingenden Umkehrschluss dann zwangsläufig vergegenwärtigen: Jedem, dem durch Krankheit oder Behinderung ein Element der spielerischen Beherrschung des eigenen Körpers genommen ist, fehlt ein gewichtiger Teil jener Kommunikationsfähigkeit, die für eine soziale Realisierung von Freiheit unerlässlich ist. Plessner hatte in seinen anthropologischen Untersuchungen überzeugend gezeigt, wie beim Menschen unter normalen Bedingungen das »Haben« eines Körpers und das Leibsein spielerisch ineinandergreifen: Wir können uns gewöhnlich zwischen der Beherrschung unserer Körperfunktionen und dem leiblichen Selbstempfinden mühelos hin- und herbewegen, das eine Mal unsere Physis zur Verfolgung bestimmter Zwecke einsetzen, um im nächsten Augenblick daran aus unserem Leib heraus selbstbezüglich Genuss zu verspüren. Im Musizieren, um ein Beispiel von Andreas Kuhlmann (2006: 319) zu zitieren, vermögen wir nicht nur unsere Hände geschickt zur Hervorbringung von wohlklingenden Tönen zu verwenden, sondern empfinden zugleich Lust über das physische Geschick, das uns dies ermöglicht; beim Spazierengehen müssen wir uns nicht nur beinah selbstvergessen mit Hilfe unseres Körpers fortbewegen, sondern können simultan auch von den Reizen der Umgebung angenehm berührt und ergriffen werden. Dieser Selbstbezug der menschlichen Körpererfahrung, der Umstand, dass wir unsere körperlichen Vollzüge stets leiblich mitempfinden, ist aber nicht nur konstitutiv für jede Art von individuellem Weltbezug; vielmehr sind durch ihn auch ganz wesentlich all unsere Interaktionen mit anderen Personen grundiert, weil er uns wechselseitig über unendlich viele Möglichkeiten verfügen lässt, Bedeutungsnuancen mitzuteilen und kommunikative Missverständnisse zu korrigieren: Mit Hilfe unserer Mimik können wir sprachliche Äußerungen kommentieren, mit den Mitteln unserer Gestik Gesagtes bekräftigen oder in Frage stellen. Die zwischenmenschliche Kommunikation beschränkt sich nicht auf das Element der sprachlichen Verständigung, sondern bedarf grundsätzlich der Einbeziehung unserer leiblichen Vermögen: Mittels körperlicher Expressionen vervollständigen wir erst den Sinn des von uns sprachlich Gemeinten, mittels des leiblichen Rückbezugs werden wir uns erst der Art und des Grades unserer persönlichen Involviertheit bewusst. Insofern werden wir im kommunikativen Austausch nur durch unsere leiblich-körperliche Präsenz zu der Person, die wir wirklich sein wollen; wir besitzen in der Interaktion mit anderen umso mehr Chancen, uns in unserer Individualität zu artikulieren, je ungezwungener und spielerischer wir dabei unseren Körper einsetzen und unsere leiblichen Reaktionen empfinden können. Erfahren wir nun aber einen Funktionsverlust unserer Physis, sind wir durch schwere Krankheit oder Behinderung körperlich versehrt, so wird dadurch nicht nur unsere Bewegungsfreiheit, sondern auch unsere Freiheit der Selbstartikulation eingeschränkt: Wir vermögen uns in der Interaktion nicht mehr in der gewöhnlichen Weise als die Person zu verhalten, als die öffentlich zu erscheinen wir uns wünschen. Jeder dauerhafte Wegfall einer kommunikativ bedeutsamen Körperfunktion stellt mithin, so lässt sich mit Plessner schließen, eine Beeinträchtigung unserer sozialen Freiheit dar.

Nachdem Andreas Kuhlmann im Rahmen seiner Plessner-Lektüre zu diesen Erkenntnissen gelangt war und damit eine ihm schon lange vertraute Erfahrung theoretisch verarbeitet hatte, beginnen sich auch sein akademisches Selbstverständnis und seine Schreibweise allmählich zu ändern; er verfasst nun seine Beiträge nicht mehr aus der Mitte einer intellektuellen Öffentlichkeit heraus, sondern begreift sich zunehmend als ein Außenseiter, der von einer existentiellen Randposition aus theoriepolitische Vorgänge beobachtet. Inzwischen hatte er aufgrund der vehementen Zustimmung, mit der die *Frankfurter Allgemeine Zeitung* den Ersten Golfkrieg begleitete, seine dortige Mitarbeit aufgekündigt und war zum »festen Freien« der *Frankfurter Rundschau* geworden; die vielen brillanten Artikel, die er für diese Zeitung seit 1992 verfasst, sind erste Vorboten des thematischen Wandels, den er nun infolge seiner neuen Selbstverortung noch einmal vollziehen wird. Ins Zentrum seiner theoretischen Aufmerksamkeit rücken nämlich jetzt, so als müsse er auch philosophisch ernst nehmen, was seine Behinderung ihm auferlegt hat, all jene Fragen, die mit den Fortschritten in der Biomedizin zu tun haben; an die Stelle einer Vermittlung von Adorno und Habermas, an die Stelle von Versuchen einer theoretisch fundierten Kulturkritik, tritt bei Andreas Kuhlmann die ethische Beschäftigung mit den Chancen und Gefahren medizinischer Innovationen.

Im Zentrum der Arbeiten, die Kuhlmann nun in schneller Abfolge als Zeitschriftenartikel, Rezensionen oder Buchbeiträge verfasst, steht jener erweiterte Begriff von personaler Autonomie, den er sich in seiner Rezeption von Plessner angeeignet hatte: Zur individuellen Selbstbestimmung gehört trivialerweise, auch wenn dies philosophisch häufig ignoriert wird, die Fähigkeit, ungeschmälert über seinen Körper verfügen und sich als ein leibliches Wesen erfahren zu können; entfallen bei einer Person wichtige Elemente dieses Vermögens, so kann sie auch nicht einfachhin wie ein autonomes Individuum betrachtet und als Gleicher unter Gleichen behandelt werden. Im Fluchtpunkt einer solchen Beschreibung liegt ein medizinethischer Humanismus, der das Leiden der physisch Behinderten und Schwerkranken ernst nimmt, ohne sie im gleichen Atemzug sofort als pure Objekte paternalistischer Bevormundung und Betreuung zu begreifen; gefragt ist vielmehr ein besonnener Diskurs mit den Betroffenen, in dem in jedem Einzelfall aufs Neue entschieden wird, wie die angemessene Balance zwischen faktischer physischer Beeinträchtigung und Autonomieanspruch zu wahren ist. Andreas Kuhlmann ist sein neues Thema existentiell so wichtig, dass er sich nun nicht länger scheut, aktiv an öffentlichen Diskussionen teilzunehmen; trotz all der physischen Schwierigkeiten, die ihm das Sprechen bereitet, hält er eine Reihe von Vorträgen auf Konferenzen zur Medizinethik und mischt sich in die Debatten ein, die in den Behindertenverbänden geführt werden. Überhaupt beginnt sich in jenen Jahren sein öffentliches Erscheinungsbild insofern stark zu verändern, als er nicht länger vorzugeben versucht, mit der überlieferten Rolle des Intellektuellen und Publizisten einfach zurechtzukommen; so, als habe er seine existentielle Randlage jetzt nicht mehr nur privat für sich akzeptiert, sondern wolle auch vor der Welt für sie einstehen, gibt er sich viel stärker auch nach außen hin als Mitglied einer sozialen Minderheit zu erkennen.

Dieser Wandel im Selbstverständnis hat bei Andreas Kuhlmann offenbar zur Freisetzung zusätzlicher Energien geführt, denn er macht sich nun zum ersten Mal an die Abfassung ganzer Monografien; im Jahr 1995 erscheint ein Buch zur *Sterbehilfe* (Kuhlmann 1995); im Jahr darauf folgt eine Studie über *Abtreibung* (Kuhlmann 1996). Beide beschäftigen sich mit der Frage nach dem Maß an individueller Selbstbestimmung, das uns in bestimmten Schwellensituationen am Anfang und am Ende des Lebens zukommen sollte. Kuhlmann geht es dabei nicht um die Herleitung von normativen Grundsätzen, die uns helfen könnten, zu allgemein rechtfertigbaren Entscheidungen zu gelangen; solchen Versuchen einer Begründung von übergreifenden Prinzipien steht er ja schon seit seinen ersten Jahren in Frankfurt eher skeptisch gegenüber. Ihm ist es vielmehr um eine Art von moralischer Kasuistik zu tun, in der an typischen Einzelfällen veranschaulicht wird, wie vielschichtig die normativen Rücksichten und Belange sind, mit denen im konkreten Entscheidungsfall jeweils zu rechnen ist. Wollte man seine Argumentation überhaupt auf verallgemeinerbare Aussagen festlegen, so bezieht sie Stellung vor allem gegen zwei heute weit verbreitete Illusionen: Auf der einen Seite will er deutlich machen, dass die Fähigkeit zur Selbstbestimmung bei den Betroffenen häufig viel stärker herabgemindert oder beeinträchtigt ist, als es in den offiziellen Diskursen gewöhnlich unterstellt wird – der viel beschworenen Wahlfreiheit des Einzelnen sind enge Grenzen gezogen, weil er Verantwortlichkeiten gegenüber anderen besitzt, zum besonnenen Nachdenken selbst nicht ohne weiteres in der Lage ist oder immer wieder von unkontrollierbaren Ängsten heimgesucht wird. Könnte dies so klingen, als wollte Kuhlmann die Interventionsmacht medizinischer Experten stärken, so macht er auf der anderen Seite aber auch Front gegen deren verantwortungslose Präventions- und Heilsversprechen: Die Verheißungen der modernen, technologisch hochgerüsteten Medizin können eine Sogwirkung entfalten, in deren Folge wir unter dem »Zugzwang« einer immer weiteren Perfektion unserer Gesundheit geraten, an deren Ende die totale Fremdkontrolle und Verkümmerung unserer lebensweltlichen Bindungen steht (vgl. vor allem ebd.: Kap. 11). Keines der Argumente, die in den beiden Büchern mit dem Ziel einer solchen doppelten Frontstellung vorgetragen werden, ist bloß aus dem distanzierten Blickwinkel eines unbeteiligten Beobachters gewonnen; jeder Überlegung ist vielmehr anzumerken, dass hier jemand am Werk ist, dem es aufgrund seiner eigenen Randlage nur allzu leichtfällt, sich in die Perspektive der jeweils Betroffenen zu versetzen. Das, was zuvor medizinethischer Humanismus genannt wurde, ist Resultat dieser abgründigen Erfahrungsnähe – weder die Schrecknisse einer vorgeburtlichen Selektion noch die Tröstungen der Sterbehilfe waren dem Vorstellungsvermögen Andreas Kuhlmanns je persönlich fremd.

Ist der bald Vierzigjährige mit diesen Veröffentlichungen an den Punkt seines Lebens gelangt, an dem Schaffenskraft und öffentliche Wirkung ihren Zenit erreicht haben, so zeichnen sich bald danach schon erste Symptome einer weiteren Beeinträchtigung seiner physischen Konstitution ab; das Sprechen fällt ihm merklich schwerer, die Bewegungsabläufe sind mühsamer zu koordinieren, das kluge, Einvernehmen signalisierende Lächeln wird seltener – insgesamt ist nicht zu übersehen, dass die Langzeitwirkungen der spastischen Lähmung an Körper und Psyche zehren. Auch im Nachhinein ist es schwer, sich wirklich vorzustellen, welcher inneren Anstrengung und Kräfte es damals für Andreas Kuhlmann bedurfte, trotzdem der Linie seines Lebens treu zu bleiben und die intellektuelle Arbeit nicht fallen zu lassen. Durch seine Publikationen und Auftritte hatte er sich auf dem Feld der Behindertenpolitik inzwischen Feinde auf beinahe allen Seiten gemacht: Von den Repräsentanten der Behindertenbewegung wurde er beargwöhnt, weil er die Realisierbarkeit einer einfachen Gleichbehandlung in Zweifel zog, die dekonstruktivistischen Kritiker einer sogenannten »Differenzpolitik« brachten ihm Unwillen entgegen, weil er auf der tatsächlichen, nicht bloß politisch-diskursiv erzeugten »Differenz« des Behinderten bestand, und die Vertreter der offiziellen Medizin schließlich begegneten ihm mit Vorbehalten wegen seiner Warnungen vor den pathologischen Effekten einer medizinischen Technokratie. Als habe er sich gegen alle diese Anfeindungen mit einem Schlag zur Wehr setzen wollen, veröffentlicht Kuhlmann zu Beginn des neuen Jahrhunderts zwei Texte, die zwar höchst unterschiedlicher Art sind, sich aber komplementär zueinander verhalten: Im Jahr 2001 erscheint mit dem Buch *Politik des Lebens – Politik des Sterbens* (Kuhlmann 2001) eine Art Summe seiner medizinethischen Betrachtungen, zwei Jahre später folgt an eher unscheinbarem Ort ein kleiner Aufsatz, der unter dem Titel *Schmerz als Grenze der Kultur* (Kuhlmann 2003b) bereits andeutet, dass es sich hier um dasselbe Thema unter Einbeziehung von privaten Erfahrungen handelt. Die Monografie geht auf ein Forschungsprojekt zurück, das Andreas Kuhlmann mit Mitteln der Deutschen Forschungsgemeinschaft am Institut für Sozialforschung in Frankfurt durchführte, um empirisch die Funktion und Wirkungsweise von Ethikkommissionen zu untersuchen; damals traute er sich trotz seiner schwindenden Kräfte noch zu, ein Projekt diesen Zuschnitts in die eigenen Hände zu nehmen und im Austausch mit Kolleginnen und Kollegen unseres Hauses erfolgreich zum Abschluss zu bringen. Im Zentrum der Argumentation, die er auf der Basis seiner Untersuchungsergebnisse entwickelt, steht wiederum die elementare Bedürftigkeit des Patienten: So vorsichtig und skeptisch man auch zu sein hat, wenn es um die gesellschaftliche Zuschreibung von physischer Abweichung, Minderausstattung und Devianz geht, so sehr dabei auch Motive der sozialen Ausgrenzung und Stigmatisierung eine Rolle spielen dürften, nichts sollte darüber hinwegtäuschen, dass der körperlich Behinderte und Erkrankte zunächst einmal ein fundamentales Interesse an der Verbesserung seines Zustands und mithin an medizinischer Erleichterung hat. Im Lichte dieses Ausgangsbefundes, der im Kern ja eine Befürwortung biomedizinischer Innovationen enthält, versucht Kuhlmann dann auf eher wieder kasuistischem Wege zu klären, welche institutionellen Vorkehrungen andererseits gegen die Verselbständigung der Medizintechnologie und der Expertenkultur getroffen werden können; und in seiner Antwort umreißt er behutsam die Idee einer »Subpolitik«, die im Ausgang von der Zivilgesellschaft die Interessen der Betroffenen derart in Organisationen bündelt, dass sie mittels intermediärer Gremien und Kommissionen Einfluss auf die professionellen Entscheidungsprozesse nehmen kann (vgl. Kuhlmann 2001: insb. Kap. 7).

Gilt schon für dieses Buch, dass es zur Enttäuschung des Autors und zum Nachteil einer fruchtbaren Diskussion von der Fachöffentlichkeit eher links liegen gelassen wurde, so lässt sich das noch viel stärker für den kleinen Aufsatz über *Schmerz* sagen – ginge es gerecht zu in solchen Angelegenheiten, dann hätte der Text am Anfang eines jeden Sammelbandes zur Biopolitik oder Medizinethik zu stehen. Es sind freilich nicht so sehr die Stoßrichtung der Argumentation oder die Substanz der einzelnen Gedankenschritte, die dieser kurzen Studie ihre vollkommen singuläre Stellung in der gegenwärtigen Theorielandschaft verleihen; darin folgt Andreas Kuhlmann weitgehend dem, was er schon an anderen Orten zur unaufhebbaren Differenz des Behindertseins gesagt hatte. Hier aber wird ganz gegen seine Gewohnheit der Schleier der wissenschaftlichen Objektivität mit einem Mal durchbrochen, indem die bereits zuvor benannten Erfahrungen plötzlich aus der Sicht des Betroffenen selbst dargestellt werden: Uns wird unaufdringlich, aber phänomennah vorgeführt, was es bedeutet, angesichts des eigenen ungelenken Verhaltens auf der Straße beschämt zu sein, das Eigengewicht des versehrten Körpers ununterbrochen zu verspüren oder etwas Gemeintes nur unvollständig, zerhackt und kaum verständlich artikulieren zu können. All das wird aber nicht etwa deswegen so detailgenau ausgeleuchtet und geschildert, um im Leser Verständnis oder gar Mitgefühl für die eigene Lage zu wecken; jeder Anflug von Selbstmitleid war Andreas Kuhlmann stets fremd, nichts lag ihm je ferner, als um Tröstung zu buhlen. Der Text verfolgt vielmehr, wenn sich das so sagen lässt, einen philosophisch-anthropologischen Zweck: Mit der Autorität des verletzten Subjekts soll hier allgemein nachvollziehbar erkundet werden, welche Beeinträchtigungen uns eine physische Behinderung auferlegen kann, indem sie uns weder unseren Körper beherrschen noch in unserem Leib zu Hause sein lässt. Wollte Andreas Kuhlmann mit diesem Zeugnis wohl vor allem erreichen, dass dem Gerede von der Normalität des Behindertseins endgültig ein Riegel vorgeschoben wird, so ist es doch zugleich auch ein bewunderungswürdiger Akt der Selbstbestimmung: In der exakten Beschreibung seiner Versehrtheit verschafft sich der Autor die reflexive Distanz, die nötig ist, um sich zur eigenen Unfreiheit in ein Verhältnis setzen zu können.

Auf der vorletzten Seite dieses Aufsatzes findet sich eine Bemerkung, die vielleicht erklären kann, warum sich Andreas Kuhlmann in seinen letzten Jahren überraschenderweise noch einmal einem ganz neuen Thema zuwendet; den größten Teil seiner merklich schwindenden Kräfte widmet er nun nämlich einer intellektuellen Biografie von Thomas Mann, einem Autor, dem er bislang zwar schon immer größte Bewunderung entgegengebracht, nie aber eine Zeile gewidmet hatte. An der besagten Stelle heißt es, dass Schmerz oder »eine renitente Physis im weiteren Sinne« häufig nicht nur das Ende, sondern auch den »Anfang kultureller Leistungen« bedeuten kann (Kuhlmann 2003b: 126): Je stärker eine Person durch Krankheit und Behinderung dem eigenen, tyrannischen Körper ausgesetzt ist, desto eher kann sie auch durch eine kompensatorische Willensanstrengung versuchen wollen, einen Ersatz in geistig-kreativer Betätigung zu finden. Dieses Motiv stellt natürlich insofern eine Brücke zu Thomas Mann dar, als es auch für ihn zeitlebens ein Schlüsselthema gebildet hat; und vielleicht war die darin gegründete Wahlverwandtschaft für Andreas Kuhlmann ja der Anlass, sich mit der intellektuellen Physiognomie des von ihm geliebten Autors noch einmal vertieft auseinanderzusetzen. Auf jeden Fall beginnt er in den Jahren nach dem Abschluss des DFG-Projekts damit, Material zusammenzutragen und sich an die Abfassung erster Kapitel zu machen. Aus den Diskussionszirkeln am Institut für Sozialforschung zieht er sich nun zunehmend zurück, da die ständig wachsenden körperlichen Belastungen und die sich schnell einstellenden Erschöpfungen ihm eine aktive Teilnahme kaum mehr ermöglichen; zwar lässt er sich dazu überreden, an der Redaktion der neu gegründeten Zeitschrift *WestEnd* mitzuwirken, aber im Ganzen zeichnet sich doch ein Prozess schleichender Vereinsamung ab. Die Stunden am eigenen Schreibtisch, unterbrochen durch Anstrengungen zur Bekämpfung der Schmerzen und sich ausbreitender Depressionen, nutzt Andreas Kuhlmann weitgehend zur Arbeit an dem Thomas Mann-Projekt; ihn interessiert vor allem, welche sozialen und politischen Erfahrungen es waren, die es dem Autor erlaubt haben, sich aus dem kulturellen Milieu des deutschnationalen Bürgertums herauszulösen und allmählich demokratische Gesinnungen zu entwickeln. Alles, was den nunmehr Schwerstleidenden zuvor in seinem intellektuellen Leben beschäftigt hat, scheint hier noch einmal zusammenzukommen: die frühe Leidenschaft für die Musikphilosophie, das Interesse an den Ursachen des moralischen Versagens seines eigenen Herkunftsmilieus, das Motiv einer Kompensation physischer Unzulänglichkeiten durch Steigerung geistiger Fantasie, ja selbst die lebenslange Bindung an Adorno gelangt erneut zum Ausdruck, weil der umwegreiche Prozess der Annäherung zwischen Thomas Mann und dem Frankfurter Philosophen gesondert untersucht werden soll. Als Andreas Kuhlmann ein erstes, synoptisches Kapitel aus seinen Manuskriptunterlagen in der Zeitschrift des Instituts veröffentlicht (Kuhlmann 2005b), ist seine Erwartung hoch, bald einen Verlag für das Gesamtunternehmen gewinnen zu können; mit Recht glaubt er, mit seiner politisch-philosophischen Perspektive einen so neuartigen Zugang zum Werk Thomas Manns gefunden zu haben, dass trotz der vielen Veröffentlichungen zum 50. Todestag des Dichters das verlegerische Interesse stark genug sein dürfte. Nachdem aber die erhofften Reaktionen ausbleiben und nur wenige Lektoren überhaupt eine Bereitschaft zur ernsthaften Beschäftigung signalisieren, kommt zum alltäglichen Kampf gegen die Tyrannis des Körpers noch ein innerer Zermürbungsprozess hinzu; die Depressionen übernehmen nun die Vorherrschaft, der Austausch mit dem intellektuellen Freundeskreis kommt beinah vollständig zum Erliegen und die eigene Arbeit wird der aufsässigen Physis nur noch mühsam abgerungen. Die Aufsätze, die in der verbleibenden Zeit noch folgen, wirken in der Themenwahl und im Zuschnitt so, als seien sie bereits als theoretische Hinterlassenschaften eines an seine körperlichen Grenzen geratenen Behinderten gedacht: In einem Text über *Krankheit und Freiheit* (Kuhlmann 2006) geht Andreas Kuhlmann noch einmal systematisch der moralphilosophischen Frage nach, welche Spielräume der Freiheit uns bei einer physischen Verunmöglichung ursprünglicher Projekte und Vorhaben verbleiben, ein Essay über *Behinderung und die Anerkennung von Differenz* (2005a) setzt sich massiv dafür ein, die Fürsorge für Kranke und Behinderte als eine Aufgabe öffentlicher Verantwortung und gesellschaftlicher Arrangements zu begreifen.

Am 5. Februar 2009 hat Andreas Kuhlmann seinem Leben ohne jede Bitterkeit, wie er in Abschiedsbriefen formulierte, ein Ende gesetzt. Wir vermissen einen lebensklugen Mitarbeiter und großen Wissenschaftler, ohne den ein zentrales Kapitel in der Geschichte der philosophischen Anthropologie ungeschrieben geblieben wäre.

Axel Honneth

I. Bioethik

Die bioethische Debatte in Deutschland

Die epochalen Errungenschaften der Biowissenschaften führen nicht nur zu einer tiefgreifenden Transformation der »äußeren« Natur, sondern ebenso zu einer Neuformierung der physischen Konstitution des Menschen. Unter dem Einfluss der Biomedizin werden Menschen gleich in zweifacher Weise zum Gegenstand technologischer Eingriffe: Als Patienten nämlich sehen sie sich einem immer größeren Angebot an diagnostischen, präventiven und therapeutischen Dienstleistungen gegenüber. Und zugleich sehen sich Menschen in verschiedensten Lebensstadien Begehrlichkeiten ausgesetzt, da sie als Ressource für die Heilung anderer Personen nutzbar gemacht werden können.

Infolge dieser doppelten Rolle, die Menschen im Rahmen neuer therapeutischer Möglichkeiten zufällt, stellt sich zum einen die Frage, was *für* sie getan werden muss oder zumindest getan werden sollte, und zum anderen, wie *mit* ihnen verfahren werden darf. Die Vielfalt möglicher Hilfeleistungen lässt die Frage unabweisbar werden, wann sie versehrten Personen wirklich zugute kommen. Nicht zu übersehen ist dieses Problem am Lebensende: Ob es immer sinnvoll ist, lebenserhaltende Maßnahmen *in extenso* zum Einsatz zu bringen, beschäftigt nicht nur die Fantasie vieler Normalbürger, sondern in vielen Ländern längst auch zahlreiche Gerichtsinstanzen. Ein noch wesentlich größerer Einfluss auf die Gestaltung gesamter Lebensverläufe wird in Zukunft von der bloßen Möglichkeit ausgehen, Krankheitsdispositionen lange vor dem Zutagetreten irgendwelcher Symptome zu erkennen. Entscheidungen darüber, wie viel der einzelne Patient wissen will und welche Prävention er aufgrund solcher Prognostik betreibt, wird die Qualität seines Lebens erheblich beeinflussen – und dies ganz unabhängig davon, in welcher Weise Dritte über die gendiagnostisch ermittelten Daten verfügen.

Als *Objekt der Begierde* wird einem Menschen Aufmerksamkeit zuteil, wenn er als potentieller Proband für die Forschung oder als »Lieferant« von Zellmaterial und Organen Bedeutung erlangt. Und dies gilt nicht nur für

Personen, die erkrankt sind, im Koma liegen oder als »hirntot« gelten. Nachdem es im Jahre 1999 erstmals gelungen ist, embryonale Stammzellen zu isolieren und zu spezifischen Differenzierungsleistungen zu animieren, hat die seit Anfang der achtziger Jahre heftig umstrittene Möglichkeit, mit frühen Stadien menschlichen Lebens zu experimentieren und diese für die Heilung entwickelter Organismen zu nutzen, ganz neue Brisanz erlangt. Durch »therapeutisches Klonen« und die darauf folgende Verwendung der Stammzellen kommt es zu einer Engführung von Reproduktions- und »Reparatur«-Medizin: Neue Organismen werden nur noch hergestellt, um »alten« Organismen das Überleben zu sichern.

Bei einem bestimmten Typus von Patienten können sich die beiden möglichen Rollenzuschreibungen auch überschneiden. In Hinblick auf Personen, die sich bereits seit Jahren im Wachkoma befinden und die deshalb mit sehr hoher Wahrscheinlichkeit von einem irreversiblen Bewusstseinsverlust betroffen sind, wurde in der Öffentlichkeit wie vor Gericht heftig und langwierig darüber gestritten, ob sie bis hin zu einem »natürlichen« Ende künstlich ernährt werden müssen oder ob durch Entzug der Nahrung das Sterben beschleunigt werden darf.[1] Die gleichen, als »Teilhirntote« qualifizierte »Apalliker« gelten aber zugleich als Kandidaten für die Organentnahme (vgl. Veatch 1993; Hoffenberg et al. 1997). Für ein und dieselbe Personengruppe wird also einerseits postuliert, dass man die künstliche, häufig mit wiederholten kleineren Operationen verbundene Nahrungszufuhr in jedem Falle aufrechterhalten müsse; andererseits wird von anderen Autoren erwogen, ebendiese Patienten »aufzuschneiden« und ihre Organe zu explantieren.

Man muss nur einen flüchtigen Blick auf die neuen medizinischen Möglichkeiten werfen, um gewahr zu werden, dass bisher nicht gekannte Entscheidungszwänge unsere Vorstellungen davon, wie mit hilflosen Menschen umzugehen ist, einem Härtetest aussetzen. Und all diese Optionen sind mit

1 In Deutschland wurde vom Bundesgerichtshof 1994 erstmals bestätigt, dass es zulässig ist, bei dauerhaft bewusstlosen Patienten die Ernährung abzusetzen, wenn glaubhaft gemacht werden kann, dass dies ihrem mutmaßlichen Willen entspricht (vgl. Neue juristische Wochenschrift 48. 3 (1995), 204–207). Diese Auffassung wurde durch eine Entscheidung des 12. Zivilsenates des BGH vom März 2003 zwar grundsätzlich bestätigt, doch mit strengen Restriktionen verknüpft. Entscheidungen für einen Behandlungsverzicht oder -abbruch mit Todesfolge sollen nämlich nur dann zulässig sein, wenn das »Grundleiden« des Patienten bereits »einen irreversiblen tödlichen Verlauf genommen hat«. Und solche Entscheidungen sollen auch dann der Überprüfung durch ein Vormundschaftsgericht bedürfen, wenn sie von einem rechtlich bevollmächtigten Betreuer getroffen werden, der sich auf eine schriftlich fixierte oder mündlich geäußerte Willensbekundung des Patienten berufen kann. (Kritisch zu diesem Urteil: Bockenheimer-Lucius 2003; Höfling und Rixen 2003.)

der Notwendigkeit verbunden, einen differenzierenden, spezifizierenden Blick auf menschliche Organismen und erkrankte Personen zu werfen. Was *für sie* getan werden *muss*, was *mit ihnen* getan werden *darf*, lässt sich nur dann darlegen, wenn über den Status und die spezifische Bedürftigkeit der betroffenen menschlichen Individuen befunden wird. Genau darin besteht die Aufgabe der inzwischen schon hoch professionalisierten Bioethik, insofern sie sich den spezielleren Fragen der Biomedizin widmet. Ob Menschen als *Ressource* verwendet, also einer sehr weitgehenden Instrumentalisierung ausgesetzt werden dürfen, lässt sich nur mit Rekurs auf jene moralischen und rechtlichen Ansprüche darlegen, die sie während bestimmter Lebensstadien geltend machen können. Und der Nutzen medizinischer Unterstützung kann nur dann eruiert werden, wenn die Wünsche, Bedürfnisse und Chancen von Patienten in verschiedenen Abschnitten einer Erkrankung Berücksichtigung finden. Es sind also der moralische und rechtliche Status *und* die besonderen Interessen von Patienten (inklusive frühester Lebensstadien), die einen zentralen Gegenstand der Bioethik darstellen.

Genau diese Praxis der begrifflichen Spezifizierung hat nun aber die Bioethik in Deutschland einem Generalverdacht ausgesetzt. Dass mit Menschen in verschiedenen Lebens- und Krankheitsphasen in unterschiedlicher Weise umgegangen wird und umgegangen werden soll, gilt als rabiater Verstoß gegen elementare moralische und rechtliche Gebote. Die bloße Frage, wer in den Genuss welcher Unterstützungsleistungen kommen soll, erscheint als Ausdruck einer gleichsam in den Prämissen der neuen Disziplin verankerten Diskriminierung; und dass es Vertretern dieses Faches unter bestimmten Bedingungen als zulässig erscheint, mit Embryonen zu forschen oder Föten oder hirntote Personen als Reservoir für die Transplantationsmedizin zu nutzen, gilt als Verletzung des grundlegenden Instrumentalisierungsverbotes. Damit, so scheint es, wird lediglich die gnadenlose Verwertung menschlichen Lebens legitimiert. Die Bioethik gilt als »Durchsetzungsethik für die Modernisierung der Gesellschaft und die Beschleunigung des technologischen Fortschritts« und ihr »Sieg« als ein »Sieg der zynischen Vernunft« (Wunder 1994: 115). Ihr wird eine »Verwaltungsperspektive« attestiert, »die nach der optimalen Verteilung und Verwaltung des begehrten und begrenzten Gutes ›Leben‹ sucht« (Braun 2000: 57).

Die Überzeugung von der prinzipiellen Gleichwertigkeit menschlichen Lebens hat in Deutschland seinen Ausdruck in dem Prinzip gefunden, jeder Form menschlichen Lebens komme auch »Würde« zu. Mit diesem Dogma von geradezu zivilreligiösem Charakter glaubte man, die adäquaten Konsequenzen aus den mörderischen Verbrechen des Nationalsozialismus gezogen zu haben; beruhte doch deren eliminatorische Praxis auf dem willkürlichen Befund darüber, welche Menschen als »wertvoll« und schützenswert, welche hingegen als »lebensunwert« und deshalb auch als rechtlos zu qualifizieren seien. Ebendieser Anmaßung will man durch die Vorgabe begegnen, sich jeder Unterscheidung zwischen dem spezifischen Wert und der spezifischen Schutzwürdigkeit menschlicher Lebensstadien zu enthalten. Wie immer die Zuerkennung von Menschenwürde von einzelnen Autoren legitimiert wird: Selten fehlt der Hinweis darauf, dass es potenten Personen nicht zusteht, »willkürlich« über den Status schutzbedürftiger und vermutlich auch schutzwürdiger menschlicher Individuen zu befinden.

Die Begründung dafür, warum auch schon dem menschlichen Embryo von der Zellkernverschmelzung an Menschenwürde zu attestieren sei, fällt in der verfassungsrechtlichen Literatur durchweg äußerst knapp aus. So hat noch jüngst – ganz ähnlich wie viele Verfassungsinterpreten vor ihm (vgl. zum Beispiel Vitzthum 1985; Pap 1986; Günther 1990; Starck 2001) – Ernst-Wolfgang Böckenförde formuliert: Durch die »Befruchtung [...] bildet sich ein [...] neues und eigenständiges menschliches Lebewesen. Es ist durch die Zusammenfügung eines so und nicht anders bestimmten Chromosomensatzes unverwechselbar individuell gekennzeichnet. Dies ist [...] das biologische Fundament des einzelnen Menschen. Die spätere geistige und psychische Entwicklung ist darin schon mit grundgelegt; der Mensch ist eine Leib-Geist-Seele-Einheit. Nachdem der individuelle Chromosomensatz fixiert ist, gibt es nämlich keinen Einschnitt in die Qualität dessen, was sich entwickelt. Das genetische Programm der Entwicklung ist fertig vorhanden, bedarf keiner Vervollständigung mehr, es entfaltet sich im Zuge des Lebensprozesses von innen her, nach Maßgabe eigener Organisation.« (Böckenförde 2003: 812) Um seine Auffassung zu belegen, dass dem Embryo vom Augenblick der Keimzellverschmelzung an Menschenwürde zukommt, bedient sich Böckenförde implizit genau jener Kategorien, die die moral- und rechtsphilosophische Debatte seit Jahren beschäftigen (vgl. Damschen und Schönecker 2003). Der von Böckenförde vertretenen Position zufolge sind es nämlich das *Potential* der Zygote, zu einer menschlichen Person heranzuwachsen, die *Kontinuität* dieser Entwicklung sowie die substantielle *Identität* der Frühstadien menschlichen Lebens mit geborenen Personen, die es gebieten, schon Vier- oder Achtzellern Würdeschutz zuzuerkennen. Diese Argumentation ist ein eindringliches Beispiel dafür, dass der Begriff der »Menschenwürde« in der bioethischen Debatte »naturalisiert« wird und nicht mehr primär dazu dient, die *Autonomie*, sondern stattdessen die »Naturwüchsigkeit« von Menschen zu schützen (Birnbacher 2004: 250).

Die Tatsache jedoch, dass vom deutschen Recht unter ausdrücklicher Billigung der Verfassungsrechtsprechung de facto beim Lebensschutz erhebliche Unterschiede zwischen verschiedenen Entwicklungsstufen vorgeburtlichen menschlichen Lebens einerseits, zwischen vorgeburtlichem Leben und geborenen Menschen andererseits gebilligt werden, hat inzwischen auch Verfassungsrechtler dazu veranlasst, die normative Kraft des Menschenwürdeprinzips anzuzweifeln (vgl. Dreier 2002; Heun 2002). Es wird nicht nur eine Inflationierung des Menschenwürdearguments diagnostiziert, konstatiert wird zugleich ein »Verfall der Menschenwürde als einheits-stiftende[r] Idee«:

»Der Begriff, zur abschließenden Entscheidung eines die Gesellschaft aufwühlenden Konfliktes in die Waagschale geworfen, befriedet plötzlich nicht mehr, er beendet den Streit nicht, sondern wird selbst zum Anknüpfungspunkt seiner Fortsetzung […]. Die Würde des Menschen ist kein Kanzelwort mehr, das in Demut hingenommen wird, sondern nur noch ein Argument, das gegen andere steht.«

Vollständig, so der Autor, versage der Verweis auf die Menschenwürde bei der neuen »Schlüsseldebatte« um die Biomedizin: »Bislang hat sie nicht mehr ergeben als eine tiefgreifende Verunsicherung und die Erkenntnis, dass sich auch aus im Ausgang allgemein konsentierten Grundprinzipien kein fester Grund mehr gewinnen lässt.« (Volkmann 2003)

Dass das Prinzip Menschenwürde allein anscheinend nicht dazu taugt, besonders umstrittene, neuartige Optionen einer allgemein akzeptierten rechtlichen Regulierung zuzuführen, bedeutet jedoch keinesfalls, dass die Alltagsmoral der Bürger nicht auch weiterhin Gewissheiten darüber enthält, wann Menschen »unwürdig« behandelt werden. So gilt es als inakzeptabel und als schwere Verletzung der menschlichen Würde, wenn sterbende Personen in eine Besenkammer abgeschoben oder aber zum bloßen »Anhängsel« einer intensivmedizinischen Apparatur gemacht werden. Und von mangelnder Achtung vor der Würde eines dementen, stark verwirrten Patienten ist nicht nur dann die Rede, wenn man ihn in seinen Exkrementen liegen lässt, sondern ebenfalls, wenn man mit ihm ständig spricht wie mit einem unmündigen Kleinkind.

Es ist ein nicht unbedeutendes Verdienst des Philosophen und Bioethikers Dieter Birnbacher, dass er das Kind nicht mit dem Bade ausschüttet und aus der Beobachtung, dass auf die menschliche Würde häufig in allzu pauschaler, apodiktischer, aber keineswegs Konsens stiftender Weise verwiesen wird, *nicht* den Schluss zieht, dieser Begriff sei bedeutungslos oder inhaltsleer. Zunächst einmal in rekonstruktiver Absicht unterscheidet Birnbacher zwischen einer »starken« und zwei »schwächeren« Bedeutungen von Menschenwürde (ausführlich hierzu Birnbacher 2004; vgl. auch Birnbacher 2006: 86 ff.). Diese unterscheiden sich seiner Auffassung zufolge nach ihren Anwendungsbedingungen und ihrem normativen Gehalt. »Menschenwürde« in ihrer »starken« Bedeutung bezieht sich dementsprechend auf alle »geborenen Menschen« und impliziert einige wesentliche moralische Gebote, die einer *Abwägung* weitgehend entzogen sind. Die mit dem Würdeprinzip verknüpften Rechte geborener Personen sind für Birnbacher »das Recht, von Würdeverletzungen im Sinne der Verächtlichmachung und Demütigung verschont zu bleiben«, »das Recht auf ein Minimum an Handlungs- und Entscheidungsfreiheit«, »das Recht auf Hilfe in unverschuldeten Notlagen«, »das Recht auf ein Minimum an Lebensqualität im Sinne von Leidensfreiheit« sowie »das Recht, nicht ohne Einwilligung und in schwerwiegender Weise zu fremden Zwecken instrumentalisiert zu werden«. (Birnbacher 2004: 254 f.) Mit Blick auf »Vor- oder Reststadien« menschlichen Lebens (ebd.: 260) – gemeint sind Embryonen und Verstorbene – konstatiert Birnbacher hingegen, dass es sich bei ihnen nicht um Subjekte moralischer Rechte handele: »Weder von Embryonen noch von Leichnamen ist es sinnvoll zu sagen, dass sie gedemütigt, ihrer Freiheit beraubt oder in unverschuldeten Notlagen sich selbst überlassen werden.« (Ebd.: 260) Werdendes wie ehemaliges menschliches Leben verdiene eine »schwache Art der Achtung« (ebd.: 261), die insbesondere schwerwiegende Formen der Instrumentalisierung verbiete. Menschenwürde als »Gattungswürde« schließlich versteht Birnbacher als eine Art »Reinheitsgebot«, das es untersagt, die »Identität und Eindeutigkeit der Gattung als Ganzer« (ebd.: 263) aufs Spiel zu setzen. In diesem Sinne sei das Würdepostulat nicht nur für ein Verbot von Hybridbildungen, sondern auch für die Debatte um das reproduktive Klonen relevant.

Muss es den Anspruch auf kategorische Geltung, der dem Würdebegriff inhärent zu sein scheint, bereits entscheidend schwächen, wenn man ihn gleichsam aufspaltet, so nimmt Birnbacher einen weiteren Akt der Depotenzierung vor: »Würde« ist für ihn zwar ein bedeutsamer und unverzichtbarer Begriff der beschreibbaren *Alltagsmoral*, nicht aber einer der Moral*theorie*, also der *Ethik*. Dieser Begriff tauge deshalb nicht dazu, moralische Normen philosophisch zu begründen, sondern sei selbst legitimationsbedürftig. Aus der Sicht des von Birnbacher verteidigten »klassischen Utilitarismus« muss deshalb gezeigt werden, dass das Würdeprinzip elementare menschliche Interessen und Bedürfnisse schützt.[2] Dass dies für den Begriff in seiner starken Bedeutung gilt, wird schon durch seine Explikation deutlich und ist deshalb evident. Dass hingegen das Prinzip in seinen beiden schwächeren Spielarten nach dieser Lesart überhaupt noch normative Kraft zu entfalten vermag, leuchtet nicht unmittelbar ein: Ist es doch kaum sinnvoll, bei unreifen Embryonen, menschlichen Leichnamen oder gar der menschlichen »Gattung« als Kollektivsubjekt davon auszugehen, dass sie ihren jeweiligen Zustand als positiv oder negativ bewerten könnten. Deshalb können sie auch lediglich *Objekte* der Würde*zuschreibung*, nicht aber *Subjekte* verbindlicher Anspruchsrechte sein. Von der »Würde« menschlicher Föten oder Verstorbener zu sprechen ist jedoch auch für Birnbacher nicht bedeutungslos. Nur werden ihm zufolge damit nicht vermeintliche Interessen direkt Betroffener geschützt, sondern die Empfindungen Dritter. Im Falle der Instrumentalisierung von Embryonen oder Leichnamen nämlich werden tief verankerte Gefühle der *Solidarität* gegenüber allen einzelnen Individuen der menschlichen Gattung tangiert: »Menschliche Embryonen werden als ›zu uns‹ gehörig empfunden, auch dann, wenn ihre Fähigkeiten weit hinter den Fähigkeiten ausgewachsener Tiere zurückbleiben und wenn sie nicht einmal das Potenzial besitzen, diese Fähigkeiten zu erwerben.« (Ebd.: 268)

Die von Birnbacher explizierte *funktionale* Rechtfertigung des Würdeprinzips rekurriert also auch auf die Empfindungen von Personengruppen, die von einer Handlung nicht unmittelbar – als Nutznießer oder als Opfer – betroffen sind. Dies hat weitreichende Folgen für die moralische Reflexion: Bei der Bewertung bestimmter Verhaltensweisen muss dann auch auf die Werte, Interessen und Gefühle von Menschen Rücksicht genommen werden, die eine fragliche Praxis nur indirekt – als emotional anteilnehmende Beobachter oder als potentielle Patienten – angeht.

Die Stärken, aber auch die Grenzen des von Birnbacher anhand zahlreicher Fallkonstellationen erprobten utilitaristischen Folgenkalküls lassen sich exemplarisch anhand seiner Diskussion der aktiven Sterbehilfe erläutern. So hat Birnbacher auf der einen Seite gegenüber der von Peter Singer und Helga Kuhse mit missionarischem Eifer verkündeten Überzeugung, aktive Sterbehilfe (»Früheuthanasie«) sei bei schwerstgeschädigten Neugeborenen dann moralisch zwingend geboten, wenn den kleinen Patienten dadurch erhebliche Qualen erspart würden (vgl. Kuhse und Singer 1993), die Vorteile

2 Zur Erläuterung von Birnbachers moraltheoretischer Konzeption vgl. Birnbacher 2006: 47 ff. sowie 104 ff.

passiver Sterbehilfe – also des bloßen Behandlungsverzichts – kenntlich gemacht:

»Ein Grund ist, dass die Eltern mehr Zeit haben, sich mit der Aussicht, das Kind zu verlieren, abzufinden. Sie haben Zeit zum Abschiednehmen. Ein weiterer Grund ist, dass der Zeitgewinn verhindert, dass Eltern einer aktiven Sterbehilfe bei ihrem Neugeborenen zustimmen, während sie noch unter dem Einfluß des Schocks über die Krankheit ihres Kindes stehen, dies aber später bereuen. Ein dritter Grund ist, dass für eine aktive Sterbehilfe mit größerer Wahrscheinlichkeit bei allen Beteiligten Schuldgefühle zu erwarten sind. Ein Sterbenlassen erlaubt ein höheres Maß an psychischer Distanzierung, mag auch der vermeintlich geringere Grad kausaler Beteiligung letztlich auf einer Selbsttäuschung beruhen.« (Birnbacher 1995: 371)

Auf der anderen Seite hat Birnbacher angesichts des verbreiteten Arguments, Kranke, aber auch potentielle Patienten würden sich durch die Legalisierung der aktiven Sterbehilfe bedroht fühlen, weil sie Opfer einer von ihnen nicht gewollten Tötung werden könnten, die Gegenrechnung aufgemacht:

»Nach meinen Erfahrungen ist für den Patienten das Wissen um die Möglichkeit, gegebenenfalls auf aktive Sterbehilfe als Ultima ratio der Leidensbegrenzung rechnen zu können, eher willkommen. Daß viele Ärzte zu einer aktiven Sterbehilfe nicht bereit sind, wird von den Patienten nicht unbedingt als Erleichterung aufgenommen. Denn die Aussicht auf keine oder auf eine lediglich passive Sterbehilfe ist für viele ängstigender.« (Ebd.: 356)

In der Tat: In einer Zeit, in der immer mehr Menschen immer älter werden und zugleich wissen, dass damit die Wahrscheinlichkeit wächst, an schweren, chronischen Erkrankungen zu leiden, hat die Furcht vor einem qualvollen »Lebensabend« längst um sich gegriffen. Dieser Furcht aber wäre der Stachel genommen, wenn man sicher sein könnte, dass ein Arzt des eigenen Vertrauens dem Leiden ein Ende bereitet, sobald das Weiterleben unerträglich wird. Um Sterbehilfe bitten zu können, würde viele beruhigen und nicht nur auf diejenigen »heilsam« wirken, die davon tatsächlich Gebrauch machen.

Wie aber sind solche denkbaren positiven Auswirkungen einer legalisierten aktiven Sterbehilfe mit der Ablehnung durch andere indirekt Betroffene abzugleichen? Eine solche Abwehr kann in dreierlei Form zu Tage treten: als moralisches Verdikt, als rein subjektiv bestimmte Furcht und als mit mehr oder minder starken empirischen Anhaltspunkten gestützte Warnung. Birnbacher selbst macht geltend, dass die Verletzung moralischer Gefühle, welche sich gegenüber »Rationalisierungen« als resistent erweisen, respektiert und selbst ins Folgenkalkül einbezogen werden müsse. Nun ist aber unübersehbar, dass das vermeintlich willkürliche Verfügen über menschliches Leben bei vielen nach wie vor starke moralische Empörung auslöst. Schwerer wiegen dürfte das Gefühl individueller Bedrohtheit, und dies insbesondere dann, wenn man – wie aus utilitaristischer Sicht nahe liegend – »Mitleidstötungen« *ohne* einen jemals geäußerten diesbezüglichen Wunsch des Betroffenen moralisch prinzipiell für legitim erklärt. Dass eine solche Praxis die Furcht auslöst, man selbst oder nahe Bezugspersonen könnten gegen den eigenen Willen getötet werden, wird sich kaum verhindern lassen. Schließlich liefert auch das »holländische Experiment« starke, durch aufwendige Befragungen gesicherte Indizien dafür, dass eine Quasilegalisierung der aktiven Sterbehilfe von einer *nichtlegalen nichtfreiwilligen* Sterbehilfepraxis begleitet wird (vgl. Gordijn 1997).

Dieses Beispiel aber wirft die Frage auf, ob das utilitaristische Folgenkalkül – gerade wenn es als »angewandte Ethik« praktiziert wird – seine Offenheit noch verantworten kann. Bei aller durchaus zu unterstellenden Leidverminderung durch aktive Sterbehilfe müsste doch die Gefahr, dass durch die Zulassung einer solchen Praxis von den Betroffenen nicht erwünschte Tötungen provoziert würden, schwerer wiegen und den Ausschlag geben. Auch ohne sozialwissenschaftliche Begleitforschung hat ja die Mutmaßung, dass tolerierte »Mitleidstötungen« sich schwer werden eingrenzen lassen, eine erhebliche Plausibilität. Muss aber nicht das Gebot, Tötungen gegen den Willen des Betroffenen zu verhindern, schließlich entscheidend sein? Kann man, wenn die Gefahr solcher Vergehen erheblich ist, noch mit der Güterabwägung fortfahren und positive Effekte der aktiven Sterbehilfe in Anschlag bringen? Und stößt man mit einer solchen Schlussfolgerung nicht schließlich doch auf »Grund«, indem nämlich die *autonome* Verfügung über das eigene Leben als fundamentale Norm zu Tage tritt, der gegenüber sich alle Bemühungen um Leidminimierung und Nutzenmaximierung auszuweisen haben?

Dass sich aber aus dem Autonomieprinzip im Grenzbereich zwischen Leben und Tod häufig ebenso wenig unstrittige Handlungsmaximen ableiten lassen wie aus dem Verweis auf die menschliche Würde, zeigt die neuerlich entflammte Debatte über Menschen mit apallischem Syndrom (»Wachkoma«) sowie über Patienten mit fortgeschrittener Altersdemenz. In diesem Kontext ist vieles umstritten: die Frage zum Beispiel, ob die künstliche Nahrungszufuhr im Endstadium einer Alzheimerschen Erkrankung überhaupt die Lebensqualität des moribunden Patienten verbessert oder nicht vielmehr verschlechtert, und das augenscheinlich schwer lösbare Problem, inwieweit dem eigenständigen Wunsch oder »Willen« einer schwer kranken Person auch dann noch zur Durchsetzung verholfen werden kann, wenn dieser Patient die Fähigkeit zur Einwilligung nicht mehr besitzt. (Zu dem gesamten Problemkomplex vgl. Kolb 2003; Ethik in der Medizin 2004.) Die naheliegende Lösung scheint darin zu bestehen, Patienten im frühen Stadium ihrer Erkrankung dazu zu ermuntern, per selbst verfasster Patientenverfügung oder durch die Bestellung eines gesetzlich autorisierten Stellvertreters dafür zu sorgen, dass der eigene Wille das therapeutische Prozedere während des gesamten Krankheitsverlaufs gleichsam steuert. So hat der renommierte Rechtsphilosoph Ronald Dworkin bereits in seinem Buch *Die Grenzen des Lebens* darauf insistiert, dass solch ein schriftlich fixierter oder mündlich geäußerter Wunsch auch dann zu einem Behandlungsabbruch oder -verzicht führen müsse, wenn der Betroffene in seiner aktuellen Situation keineswegs zu leiden scheint, sich möglicherweise sogar an den alltäglichen Dingen des Lebens freut (vgl. Dworkin 1994: 313 ff.). Ein »Präferenzutilitarismus«, wie ihn Peter Singer vertritt, würde sich dieser Auffassung wohl anschließen: Haben für ihn doch allein jene subjektiven Wertüberzeugungen legitimierende Kraft, welche eine »rationale«, einsichts-, reflexions- und einwilligungsfähige Person artikuliert.

Eine moralphilosophische Perspektive jedoch, die sich – wie der von Birnbacher verteidigte »klassische Utilitarismus« – an dem konkreten Wohlbefinden eines Menschen orientiert, kann es nicht zulassen, dass die akut beobachtbare Lebensfreude einer dementen Person durch die früher einmal autonom getroffene Entscheidung gegen eine Lebensverlängerung in der antizipierten und jetzt eingetretenen Situation einfach für irrelevant erklärt wird. Und dieses nicht nur deshalb, weil der »Nutzen«, den ihr aktueller Zustand der betroffenen Person noch zu bieten scheint, in das moralische Kalkül zweifellos mit einfließen muss. Ein Utilitarismus, wie ihn Birnbacher vertritt, würde auch jene emotionalen Reaktionen berücksichtigen, die ein Verzicht auf Lebensverlängerung bei einer augenscheinlich lebenswilligen Person bei Pflegerinnen und Ärzten, aber auch bei nicht direkt betroffenen Personen hervorrufen würde. Dies gilt insbesondere dann, wenn es nicht darum geht, auf eine aufwendige, lebensverlängernde Operation zu verzichten, sondern »lediglich« darum, die künstliche Nahrungszufuhr einzustellen. Die Ernährung zählt für viele zu jener »Basispflege«, die man ausnahmslos jeder hilflosen und hilfsbedürftigen Person schuldet; und die Unterlassung einer solch elementaren Unterstützung wird daher auch häufig als brutales »Verhungernlassen« qualifiziert.

Dass die moralische Urteilsbildung derartige Reaktionen und Verdikte nicht ignorieren darf, bedeutet jedoch nicht, dass damit das gesamte Problem gelöst wäre. Nicht selten nämlich weigern sich Alzheimerpatienten, ihnen dargebotene Nahrung entgegenzunehmen. Dann sind nicht Schluckbeschwerden oder andere physiologische Defekte oder aber mangelhafte Pflege Ursache des ablehnenden Verhaltens, sondern allem Anschein nach ein häufig so apostrophierter »natürlicher Wille«, der sich gegen die Aufrechterhaltung lebenswichtiger Funktionen richtet. In solchen Fällen dürfte es zwar auch unmittelbar anteilnehmenden Personen leichter fallen, den Patienten sterben zu lassen; es kann aber nicht überzeugen, den Verzicht auf die Applikation einer Magensonde in einem solchen Fall durch Verweis auf eine vermeintlich autonome Entscheidung zu legitimieren. Denn der spontanen Abwehrreaktion des Patienten ermangelt es ja gerade an jenen zentralen Eigenschaften – unter anderem Einsichtsfähigkeit und Informiertheit –, die nicht zuletzt in der für die Geschichte der Medizinethik so bedeutsamen Erörterung des »informed consent« als Voraussetzung eigenständiger Willensbildung benannt wurden. In einem solchen Falle dürfte sich deshalb das von Birnbacher vertretene Paradigma bewähren, das sich nicht an einer irgendwann einmal formulierten Präferenz, sondern an dem akuten Wohlbefinden des Patienten orientiert. Wenn letzterer sich nämlich auch nach über einen gewissen Zeitraum wiederholten und mit größter pflegerischer Sorgfalt vorgenommenen Versuchen, ihm Nahrung zuzuführen, verweigert, so kann dies als Indiz dafür gewertet werden, dass ihm die Nahrungsaufnahme starkes Unbehagen bereitet und er auch keinen gleichsam kreatürlichen Lebenswillen mehr besitzt. In einem solchen Fall darf man, bei Aufrechterhaltung der sonstigen Pflege, auf die Ernährung verzichten, auch ohne sich auf einen vermeintlichen anspruchsvollen »Willen« dieses Patienten zu berufen.

Eine verwandte, aber doch deutlich unterschiedene Problematik stellt die Weiterernährung von Patienten mit »apallischem Syndrom« (»Wachkoma«) dar. Hier handelt es sich um Personen, die sich nach einem Ausfall der Großhirnrinde im Zustande andauernder Bewusstlosigkeit befinden, aber mittels künstlicher Ernährung und sonstiger Pflege über Jahre, nicht selten über Jahrzehnte, am Leben erhalten werden. Diese Patienten reagieren reflexartig auf Licht und Berührung, geben Laute von sich und erleiden erhebliche Muskelkontraktionen. Nach weithin geteilter Überzeugung sind sie jedoch zu keinerlei Wahrnehmung und Empfindung mehr fähig, und die Wahrscheinlichkeit, dass sie nach einem Jahr im Koma wieder zu sich kommen, gilt als minimal (vgl. The Multi-Society Task Force on PVS 1994).

Über die Frage, ob diese Patienten bis zu ihrem oft sogenannten »natürlichen Ende« weiterernährt werden müssen, ist in letzter Zeit vornehmlich im Kontext der Frage nach der Gültigkeit von Patientenverfügungen debattiert worden. Eine interdisziplinär besetzte Arbeitsgruppe der »Akademie für Ethik in der Medizin« setzte sich entschieden dafür ein, den gesamten Bereich der »passiven Sterbehilfe« – also des Unterlassens wie auch des Abbruchs medizinischer Maßnahmen – gesetzlich zu regeln und damit die Autonomie von Patienten abzusichern. Nach »Überzeugung der weit überwiegenden Mehrheit« dieses Gremiums hat die Entscheidung des Patienten, dass »lebenserhaltende Maßnahmen« unterlassen werden sollen, auch dann Gültigkeit, wenn sich diese Vorabverfügung ausdrücklich auf den »Zustand eines irreversiblen Wachkomas« oder das »Endstadium von Demenzen« bezieht (Oehmichen, Strätling und Simon 2003: 240).

Nach Auffassung der »Enquetekommission Ethik und Recht der modernen Medizin« des Deutschen Bundestages hingegen gehört die Versorgung mit Nahrung und Flüssigkeit zur so genannten »Basisversorgung«, die jedem Patienten in jedem Falle zusteht und deshalb auch nicht per unmissverständlicher schriftlicher Weisung abgelehnt werden kann. Doch die Kommission schränkt die Verbindlichkeit von Vorabverfügungen noch weiter ein: Dieser Position zufolge darf auf eine lebenserhaltende Maßnahme nur dann verzichtet werden, wenn die akute Sterbephase ohnehin bereits eingesetzt hat (vgl. Riedel 2005).

Eine für die deutsche Debatte überaus charakteristische Begründung dafür, warum die Ernährung bei zerebral schwerst geschädigten, dauerhaft bewusstlosen Patienten fortzusetzen ist, wenn der Sterbeprozess noch nicht eingesetzt hat, hat in jüngster Zeit der Theologe und Medizinethiker Ulrich Eibach vorgelegt. In dem renommierten Fachorgan *Medizinrecht* schreibt er: »Wenn zur *Befriedigung der Grundbedürfnisse* all das gehört, was ein *Säugling* an Bedürfnissen hat, aber nicht selbst befriedigen kann, so kommt man zu einer durchaus sinnvollen *Unterscheidung* zwischen einer *natürlichen* und *immer gebotenen* und *einer nicht natürlichen* und daher *außergewöhnlichen und nicht immer verpflichtenden Befriedigung von Grundbedürfnissen.*« Mit Blick auf das konkrete Problem argumentiert Eibach, dass »unter einer ›*natürlichen Ernährung*‹ jede über den *Verdauungstrakt mögliche Ernährung*, also auch die über eine Nasen- oder PEG-Sonde zu verstehen [sei], selbst wenn diese nicht mehr über den Mund geschieht und sie einen kleinen operativen Eingriff nötig macht« (Eibach 2002: 127).

Da Eibach den Nahrungsentzug bei noch nicht im Sterben begriffenen Personen als »›aktive‹ *Tötung durch Unterlassen*« (ebd.: 129) versteht, kann der Arzt auch nicht durch Patientenwillen hierzu genötigt werden. Darüber hinaus aber sprächen sozialethische Erwägungen dafür, der autonomen Entscheidung des Einzelnen nicht Folge zu leisten.

»Freie Entscheidungen eines Einzelnen über sein Leben werden für andere nur verbindlich in den Grenzen des sozialen Kontextes, auf den sie einwirken, und dies ist in diesem Fall letztlich der gesamte Bereich des Umgangs mit schwerstpflegebedürftigen Menschen in und außerhalb von Kranken- und Pflegeinstitutionen, jede Entscheidung zur Einstellung der Ernährung wird bei Ärzten und Pflegekräften im Bereich der Betreuung schwerstpflegebedürftiger Menschen zu tief verunsichernden Fragen wie der führen, ob sie mit ihrem Handeln nicht nur mehr oder weniger menschenunwürdiges Leben erhalten [...]. Die *Freiheit* des Einzelnen endet dort, wo für den *Schutz des Lebens* und der Freiheit *aller* – aber gerade der *schwächsten* – Menschen *fundamentale ethische Normen* – wie das Tötungsverbot – und *Rechte* – wie das Recht auf Leben – bedroht werden können.« (Ebd.: 129 f.)

Eibach wird nicht müde, davor zu warnen, zwischen schützenswertem menschlichem Leben einerseits und »menschenunwürdigem« oder »lebensunwertem« Leben andererseits zu unterscheiden. Folglich fühlt er sich bemüßigt zu dekretieren, was alles unter einem Leben in Würde zu verstehen sei: »Die Tatsache allein, dass ein Mensch an einem Zustand leidet, der eine künstliche Ernährung nötig macht, und dass diese durchgeführt wird, entwürdigt den Menschen ebenso wenig wie der krankheitsbedingte Verfall der körperlichen und seelisch-geistigen Kräfte.« (Ebd.: 130) Das Problem solcher häufig geäußerten Überzeugungen besteht darin, dass sie das verfehlen, was viele Menschen, wenn sie über das Lebensende nachdenken, tatsächlich unter einem würdevollen Sterben verstehen. Die kategorische Feststellung, allem menschlichen Leben, egal in welchem Zustand es sich befindet, komme »Würde« zu, setzt sich über den häufig geäußerten Wunsch hinweg, bestimmte Phasen des »Verfalls«, soweit diese durch medizinische Unterstützung herbeigeführt oder verlängert werden, nach Möglichkeit eben nicht zu erleben. Diese Personen empfinden gerade die Tatsache, gegen ihren Willen eine Phase lang anhaltender Bewusstlosigkeit, Hilflosigkeit und Abhängigkeit durchleben zu müssen, als massive Verletzung ihrer Würde.

Für solche Fälle erweist sich das von Birnbacher vertretene Paradigma abermals als hilfreich. Zwar beruft er sich, anders als viele andere Autoren, nicht auf ein abstraktes Prinzip menschlicher Autonomie, das dann gegen eine als objektiv gültig statuierte menschliche »Würde« ausgespielt würde, die eine Lebensverkürzung untersagt; und der Utilitarist kann sich im Hinblick auf das Wachkoma auch nicht auf ein von diesen Patienten subjektiv empfundenes Leid berufen. Er kann aber geltend machen, dass zahllose potentielle Patienten oder schon erkrankte Personen es tatsächlich als Herabwürdigung empfinden, wenn ihnen erklärt wird, sie könnten gegen bestimmte, von ihnen keineswegs als »natürlich« empfundene Interventionen keinerlei präventives Veto einlegen.

In zahlreichen seiner Beiträge zeigt Birnbacher zudem, dass gerade eine utilitaristische Perspektive eine von den deutschen »Anti-Utilitaristen« meist für sich reklamierte »sozialethische« Abwägung keineswegs ausschließt; eine solche erweiterte Reflexion ist vielmehr in den Prämissen dieses Ansatzes verankert. Dadurch unterscheidet sich Birnbacher von anderen Bioethikern liberaler Provenienz, die allein auf das Leid einzelner, isoliert wahrgenommener Patienten rekurrieren und damit schon ein unwiderlegliches Argument etwa für die Zulässigkeit aktiver Sterbehilfe gefunden zu haben glauben. Birnbachers »Kalkül« hingegen berücksichtigt – wie am Beispiel der Debatte über »Früheuthanasie« bereits gezeigt wurde – zum Beispiel auch die Situation jener Personen, die mit dem Gefühl, einer Tötung zugestimmt zu haben, weiterleben müssen. Und im Falle von Menschen mit fortgeschrittener Demenz, die einen durchaus zufriedenen Eindruck machen, würde er ein von dieser Person vorab verlangtes Sterbenlassen wohl auch mit dem Argument ablehnen, dass ein solches Respektieren einer früher einmal getroffenen Entscheidung für die Mitbetroffenen – vor allem Pflegerinnen, Ärzte und Angehörige – schwer erträglich sein müsste und, als etablierte Praxis, zu einer »Verrohung«, zur Unterminierung eines für jegliche Fürsorge konstitutiven Ethos führen könnte.

Die bioethische Debatte in Deutschland erweckt oft den Eindruck, als ginge es in der Regel um Alles oder Nichts, um eindeutige Ja- oder Nein-Entscheidungen. Solchen Situationsdeutungen wird dann mit dem Verweis auf fundamentale Prinzipien wie Würde, den Gleichheitsanspruch aller Menschen oder den Lebensschutz begegnet, und aus diesem Rekurs werden vermeintlich kategorische Gebote abgeleitet. Dabei wird übersehen, dass wir es weit häufiger mit Problemen der Abwägung – etwa zwischen den Prinzipien Autonomie und Fürsorge – oder der graduellen Angemessenheit und

Zuträglichkeit bestimmter Maßnahmen für einzelne Personen zu tun haben. Wenn die Medizin immer mehr Möglichkeiten bereitstellt, die zumindest potentiellen Gewinn für Betroffene versprechen, dann muss auch immer häufiger gefragt werden, ob deren Befinden hierdurch tatsächlich verbessert wird und ob die Verfügbarkeit solcher Optionen es nicht gebietet, die Möglichkeiten der Einflussnahme der Patienten zu stärken. Aus diesem Grunde besitzt das utilitaristische Paradigma, für das das subjektive Erleben direkt und indirekt Betroffener maßgeblich ist, für praktische Fragestellungen eine erhebliche Attraktivität.

Nicht zu leugnen ist aber auch, dass mit dem Verzicht, sich auf absolute, »objektive« Werte zu berufen, Verunsicherung provoziert wird. Es ist ja keineswegs klar, wer alles als »Betroffener« legitimerweise beanspruchen darf, berücksichtigt zu werden. Gravierender noch ist die Tatsache, dass sich sehr häufig einfach nicht sagen lässt, welchen Interessen und Gefühlen welches Gewicht beizumessen ist. Hinsichtlich der von Birnbacher diskutierten »selektiven Fortpflanzung« bedeutet dies, dass es keineswegs unstrittig ist, ob die Furcht der Mutter vor der Geburt eines behinderten Kindes oder aber das gekränkte Bewusstsein von Behinderten, dass »Menschen wie sie« unerwünscht sind, »schwerer wiegt« (vgl. Birnbacher 2006: 330 ff.). Immerhin weiß die werdende Mutter, wie häufig bemerkt wird, in den meisten Fällen tatsächlich nichts oder wenig über das Leben mit einem behinderten Kind. Wenn man der Frau dennoch das Recht zubilligt, sich gegen ein behindertes Kind zu entscheiden und bei positivem pränatalen Befund abzutreiben, dann wohl doch deshalb, weil wir dem Recht der unmittelbar Betroffenen auf autonome Entscheidung oberste Priorität zuerkennen.

Solch eine Inanspruchnahme des Autonomieprinzips ist aber – wie mit Blick auf Menschen mit fortgeschrittener Demenz gezeigt wurde – kein Königsweg, den man jederzeit beschreiten kann. Ebenso wenig belehrt uns das Würdepostulat in jedem Falle, was wir Menschen in prekären Lebenslagen schuldig sind. In diesen Situationen bedarf es der möglichst einfühlsamen Berücksichtigung menschlicher Befindlichkeiten, Bedürfnisse und Interessen. Diesem Anspruch zu genügen, soweit dies allein durch theoretische Reflexion überhaupt möglich ist, kann man einem Utilitarismus, wie ihn Birnbacher vertritt, durchaus attestieren.

Behinderung und die Anerkennung von Differenz

Seitdem 1994 das Diskriminierungsverbot mit Hinblick auf Behinderte in das deutsche Grundgesetz und anschließend in die meisten deutschen Landesverfassungen aufgenommen wurde, kann auch hierzulande – wie zuvor schon insbesondere in den USA, aber auch in anderen westlichen Nationen – von erheblichen Fortschritten in der Gleichstellungspolitik gesprochen werden.[1] Parallel zu diesen staatlichen Interventionen gibt es intensive Bemühungen um ein häufig so genanntes »neues Verständnis von Behinderung«. Diese Anstrengungen charakterisiert vor allem zweierlei: *Erstens* sollen die herrschenden Vorstellungen von körperlicher, seelischer oder geistiger »Beeinträchtigung« von jeglicher negativen Bewertung befreit werden. Physische oder psychische Funktionsdefizite sollen nicht mehr als etwas verstanden werden, das inhärent mit einer eingeschränkten, gar leidvollen Lebensperspektive verknüpft ist. *Zweitens* soll geltend gemacht werden, dass schon die Erfahrung, überhaupt »behindert« zu sein, keineswegs notwendigerweise mit der spezifischen Konstitution des Einzelnen einhergeht, sondern erst durch Einflüsse des sozialen Umfeldes zustande kommt. Beide Aspekte sind natürlich eng miteinander verbunden: Einhellig nämlich wird betont, dass viele Behinderte nicht deshalb unter ihrer Existenz zu leiden haben, weil sie von einer körperlich-geistigen Norm abweichen, die tatsächlich erfüllt sein müsste, um ein lebenswertes Leben zu führen. Nach dieser Auffassung sind es vielmehr die manifeste Marginalisierung und die Herabwürdigung durch Stigmatisierung, die die Betroffenen in ihrer Lebensführung massiv einschränken.

Im Folgenden soll, in einem ersten Schritt, gezeigt werden, welche Formen erstrebter Anerkennung für die neuen Konzepte von Behinderung maßgeblich sind (I). Zweitens wird sich erweisen, dass diese normativen Prämissen bestimmten sozialmoralischen Intentionen, wie sie für den politischen Liberalismus seit langem prägend sind, nicht gerecht werden. Zu-

---

1 Für hilfreiche Anmerkungen zu meinem Text danke ich Ferdinand Sutterlüty.

gleich aber zeigt ein genauerer Blick auf neuere Versionen dieses politischen Liberalismus, dass sie ebenfalls eine adäquate Anerkennung von Behinderten als Personen mit einer *differenten*, aber eben auch einer nicht zu leugnenden *defizitären* Konstitution keineswegs gewährleisten (II). *Drittens* schließt sich ein konzeptueller Vorschlag an, mit dem versucht werden soll, den nur allzu berechtigten Bemühungen um die Akzeptanz gerade auch schwer behinderter Personen gerecht zu werden, ohne davor zurückzuschrecken, gewisse »Kapazitäten« zu benennen, über die Individuen *nach Möglichkeit* verfügen sollten, um ein erfülltes Leben führen zu können (III).

I.

In einer Broschüre des Bundesgesundheitsministeriums zum 2002 verabschiedeten »Gesetz zur Gleichstellung behinderter Menschen« finden sich folgende einleitende Sätze: »Behinderte Menschen haben das Recht, in gleicher Weise wie nichtbehinderte am gesellschaftlichen Leben teilzuhaben und nicht auf die Fürsorge der Gesellschaft angewiesen zu sein. Neben dem Bestehen sozialrechtlicher Ansprüche ist es deshalb wichtig, ihre Bürgerrechte zu sichern. Dazu müssen alle Lebensbereiche so gestaltet werden, dass behinderte Menschen gleiche Chancen haben, am Leben der Gesellschaft teilzunehmen. Das Gleichstellungsgesetz für behinderte Menschen wird im öffentlich-rechtlichen Bereich Gleichstellungen und Barrierefreiheit verankern und Diskriminierungen vermeiden. Dabei geht es um die Möglichkeit zur Nutzung barrierefreier Verkehrsmittel, um zugängliche und behindertengerecht ausgestattete Gebäude, um barrierefreie Gaststätten sowie um die Verständigung in der eigenen Sprache mittels Gebärden oder die Übertragung mit geeigneten Kommunikationshilfen und um die Nutzbarkeit moderner Medien – wie das Internet – ohne durch grafische Oberflächen ausgeschlossen zu werden.« (Bundesministerium für Gesundheit und Soziale Sicherung 2003: 8) Nicht zuletzt die zahlreichen Wortwiederholungen dieser Passage indizieren, von welcher Vorstellung sich die Autoren – die hiermit keineswegs leere Versprechungen formulierten – haben leiten lassen: von der zumeist »soziales Verständnis von Behinderung« genannten, aber auch als »Bürgerrechtsperspektive« zu bezeichnenden Überzeugung nämlich, dass es vor allem das soziale Umfeld ist, das bestimmte Personen allererst die Erfahrung einer Beeinträchtigung machen lässt (hierzu grundlegend: Silvers 1994,

1995, 1998; Charlton 1998). Die inzwischen klassisch zu nennende Devise »Behindert ist man nicht. Behindert wird man« (vgl. Aktion Grundgesetz 1997) soll signalisieren, dass die Betroffenen nicht unter einem körperlichen oder psychischen Zustand, sondern unter einer gesellschaftlichen Praxis zu leiden haben.

Charakteristisch für diese Auffassung ist das – auch in den oben zitierten Sätzen formulierte – Misstrauen gegenüber jeglicher Form der Fürsorge. Mit einer unterstützenden oder gar beschützenden Zuwendung gegenüber Einzelnen nämlich werde der Eindruck zementiert, dass es sich bei diesen um »ihrer Natur nach« defizitäre und bedürftige Menschen handele. Als Personen, die zu einer autonomen Lebensführung durchaus befähigt sind, sollen die Betroffenen demgegenüber dann erkennbar werden, wenn sie nicht mehr an Hindernisse stoßen, die sie an ihrer Entfaltung hindern. Angemessene, »barrierefreie« architektonische Arrangements, avancierte Technologie am Arbeitsplatz sowie adäquate Kommunikationsformen sollen es den Behinderten ermöglichen, am gesellschaftlichen Leben zu partizipieren. Aus dieser Sicht kommt die persönliche Interaktion zwischen Behinderten und Nichtbehinderten im Allgemeinen ebenso wenig in den Blick wie die besondere Unterstützung, auf die Behinderte mit ihren individuellen Schwierigkeiten häufig angewiesen sind.

Die Bürgerrechtsperspektive ist zu unterscheiden von einer Normalisierungskritik,[2] der sich »Behinderung« weniger als Ergebnis manifester Deprivilegierung oder Ausgrenzung denn als das »Konstrukt« von Standardisierung und Stigmatisierung darstellt.[3] Den weitgestreuten kulturwissenschaftlichen Bemühungen der »disability studies« ist es um jene kulturellen

2 Die hier unter dem Begriff »Normalisierungskritik« subsumierten Positionen sind natürlich zu unterscheiden von dem »Normalisierungsprinzip« als einer heilpädagogischen Leitvorstellung, die in den fünfziger und sechziger Jahren in Dänemark und Schweden für geistig Behinderte entwickelt wurde (vgl. Mattner 2000: 87 ff.). Diesem bis heute in seinen Grundzügen nicht angefochtenen Ansatz geht es primär um die Beendigung der Anstaltsverwahrung, aber auch um Tagesrhythmen und Lebenszyklen für die Betroffenen, die sich am Alltag der Durchschnittsbevölkerung orientieren. Für die »Normalisierungskritik« ist ein notorisch ambivalentes Verhältnis zum »Normalisierungsprinzip« charakteristisch: Gelegentlich wird diesem offen vorgeworfen, dass es einen Anpassungsdruck auf Behinderte ausübe; andererseits aber wagt man es nicht, die konkreten Errungenschaften, die den Normalisierungsbefürwortern zu verdanken sind, in Frage zu stellen.

3 Die Thematisierung der »Bürgerrechtsperspektive« einerseits, der »Normalisierungskritik« andererseits beruht auf einer von mir vorgenommenen analytischen Unterscheidung. Die beiden Ansätze überschneiden sich in konzeptioneller Hinsicht wie mit Hinblick auf politische Postulate. Zur ausführlichen Darstellung beider Positionen vgl. Kuhlmann 2003a.

Mechanismen und mentalen Schemata zu tun, durch die Behinderten allererst eine besondere Identität zugeschrieben wird. Die Klassifikationsformen der Sozialstaatsbürokratie, die medizinische Technologie (wie zum Beispiel die Entwicklung von Prothesen), nicht zuletzt die massenmediale wie auch künstlerische Repräsentation von »Behinderung« führen aus dieser Sicht erst dazu, dass bestimmte Personengruppen als »Behinderte« identifiziert und ausgesondert werden (vgl. Mitchell und Snyder 1997; für die deutsche Rezeption dieses Ansatzes ist einschlägig: Lutz et al. 2003).

Bleibt der normative wie auch soziologisch-analytische Bezugsrahmen der Analysen der »disability studies« eher diffus, so geht es Hans-Uwe Rösner in seiner Studie *Jenseits normalisierender Anerkennung. Reflexionen zum Verhältnis von Macht und Behindertsein* (2002) um eine sowohl sozial- wie auch moraltheoretische Fundierung der Normalisierungskritik. Rösners ausführlich erläuterte Ausgangshypothese ist die Überzeugung, dass weder rechtspolitische und wohlfahrtsstaatliche Formen der Inklusion noch die Gerechtigkeitsnormen des politischen Liberalismus hinreichend sind, um einen Umgang mit Behinderten zu befördern, der ihrer Einzigartigkeit wirklich »gerecht« wird. Aus Rösners Sicht nämlich sind die Betroffenen, wenn sie zu Adressaten der »Ermächtigung« durch Antidiskriminierungspraktiken werden, bereits weitgehend als »behinderte« Individuen formiert. Im Anschluss an Michel Foucault identifiziert Rösner – wie andere Autoren auch[4] – die Unterscheidung von »Normalität« und »Anormalität« als jene elementare, aber zugleich für die Moderne spezifische soziale Praxis, die bestimmte Subjekte erst als defizitäre Wesen in Erscheinung treten lässt. »Die Erfahrung des Behindertseins wird gemacht, insbesondere weil der Behinderte von den normierten Körperbildern in der Gesellschaft – vom Ideal des Leistungsfähigen, Gesunden, Attraktiven und Schönen – abweicht.« (Rösner 2002: 286) Und Rösner führt dazu weiter aus: »Innerhalb dieses normiert-normierenden Blickes steht der alte und/oder behinderte Mensch in der Gefahr, seine Souveränität zu verlieren. Wie immer er sich und seine Welt auch begreifen und entwerfen mag: Ist er im Wahrnehmungsfeld der ›Behindernden‹

4 Die »Normalismustheorie«, wie sie im Anschluss an Jürgen Link für das Verständnis von Behinderung nutzbar gemacht wurde, verfügt über einen nicht explizierten und deshalb gänzlich verschwommenen normativen Bezugsrahmen. Einerseits lässt sich, wie ausdrücklich betont wird, unter den für diesen Ansatz zentralen zeitdiagnostischen Begriff der »flexiblen Normalisierung« vieles subsumieren, was als emanzipatorische Errungenschaft zu gelten hat; zugleich aber wird auch der »flexiblen Normalisierung« vorgeworfen, dass sie an der Dichotomie von Normalität und Abweichung festhält (vgl. Waldschmidt 1998, 2003a, 2003b).

erst einmal fixiert, wird er von dort aus in seiner Persönlichkeit zunächst auf die Aspekte seiner Abweichung vom idealen Körperbild reduziert. Indem der ›Behindernde‹ den ›Behinderten‹ so für sein eigenes idealisiertes Selbstbild verfügbar macht, gewinnt jener auf tragische Weise ein Bewusstsein seiner selbst. Einmal der Verdinglichung durch den ›Behindernden‹ ausgesetzt, kann sich der ›Behinderte‹ nur schwer außerhalb des Horizonts jener fremden Wahrnehmung auf sich beziehen. Ihm wird der Status eines Objekts zugewiesen, das einer Bewertung unterliegt und in seiner Selbsteinschätzung veranlasst, tatsächlich jenes Objekt zu sein, das der andere taxiert, beurteilt und damit für sich instrumentalisiert hat.« In zunehmendem Maß, so fährt der Autor fort, seien Behinderte deshalb heute der Gefahr ausgesetzt, »ihre Selbstachtung zu verlieren und Gefühle der Nichtzugehörigkeit, Unterlegenheit und sozialer Scham zu entwickeln« (ebd.: 312).

Die unterschiedlichen Ansätze der Normalisierungskritik, so lässt sich zusammenfassend feststellen, rekurrieren auf die doppelte Bedeutung des Wortes »Diskriminierung«: Ein begriffliches Prozedere – das Treffen einer Unterscheidung – wird mit einer moralisch verwerflichen sozialen Praxis – der Demütigung und Ausgrenzung von Personen – gleichgesetzt. Dieses allem Anschein nach äußerst suggestive Verfahren macht es dann aber praktisch unmöglich, von Behinderten als konkreten Personen mit bestimmten Eigenschaften überhaupt noch zu sprechen, ohne sich dem Verdacht auszusetzen, sie abwerten zu wollen. Es bleibt dann nur noch im Anschluss an Levinas und Derrida die Rede von der »*absoluten Andersheit* der einzelnen Person« und die rein defensive Anstrengung, »mit unserem Tun der Gewalt [zu] entkommen«, die »den/das Andere(n) zum Selben macht« und dabei »als Anderes vernichtet« (ebd.: 151 f.).[5]

5 Ebenfalls unter Rekurs auf Levinas expliziert Ursula Stinkes ein Konzept von »Fürsorge«, das andere Formen der Anerkennung erst fundiere. Sie plädiert für ein Verständnis des »Anderen«, der »unverfügbar ist und von keinem Wissen eingeholt werden und in keinem Wort aufgehen kann« (Stinkes 2002: 215). – Für Jean-Pierre Wils erfasst der Begriff der Anerkennung allein jenes reziproke und symmetrische Verhältnis, mit dem sich autonome Subjekte ihren Handlungsspielraum sichern. Im Anschluss an neuere Überlegungen von Judith Butler macht er demgegenüber geltend, dass die unwillkürliche Erfahrung von »Verletzlichkeit« und »Verpflichtetsein« für die Moral grundlegend sei (Wils 2004: 89 f.).

II.

Die »Bürgerrechtsperspektive« einerseits, die »Normalisierungskritik« andererseits akzentuieren einen je eigenen Modus moralischer Anerkennung: Versuchen die auf Selbstbestimmung sowie auf volle gesellschaftliche Partizipation abzielenden Positionen einen elementaren *Respekt* zur Geltung zu bringen, den man autonomen Personen schuldet, so artikuliert sich in der Kritik standardisierender und stigmatisierender kultureller Mechanismen per negationem die *Wertschätzung* vielfältigster Formen menschlicher Existenz.[6] Zwar ist es beiden Ansätzen im Kern darum zu tun, alle Menschen als *gleichwertig* anzuerkennen; aus der Sicht der Bürgerrechtler basiert diese Gleichwertigkeit jedoch auf *faktischer Gleichheit*: auf der zumindest potentiellen Fähigkeit aller Menschen, sich zu selbständigen Personen zu entwickeln. Die Kritiker der Normalisierung berufen sich hingegen auf *faktische Differenz*: Gleichwertigkeit ist demzufolge darin begründet, dass Menschen sich schon ihrer physischen wie psychischen Konstitution nach voneinander unterscheiden und deshalb verschiedene Facetten menschlicher Existenz zum Ausdruck bringen.

Beide Positionen kennzeichnet jedoch derselbe moralisch-politische Habitus: Ob es nun *primär* um den Respekt vor autonomen Personen oder aber *primär* um die Würdigung menschlicher Vielfalt geht – in beiden Fällen wird die *Akzeptanz* jener Menschen angestrebt, deren moralische und rechtliche Ansprüche zur Debatte stehen. Akzeptanz aber verlangt, Menschen zunächst einmal so zu nehmen und gutzuheißen, wie sie *sind* – mag dies auch die Umgestaltung eines sozialen Umfeldes erfordern, das sie an eben diesem Selbstsein hindert. Damit aber wird eine Perspektive zur relativen Bedeutungslosigkeit herabgestuft, die gerade für die progressiveren Ansätze liberaler Politik immer zentral war: Dass es nämlich der gezielten *Förderung* von

---

6 Bei der Unterscheidung von Formen der Anerkennung stütze ich mich auf die Arbeiten von Axel Honneth (vgl. unter anderem Honneth 1992; Fraser und Honneth 2003). Honneth begründet jedoch die Wertschätzung, die die Mitglieder einer Solidargemeinschaft einander als individuierten Personen gewähren, ausdrücklich mit den besonderen »Leistungen« der Einzelnen, keineswegs also mit Verweis auf so etwas wie ihre faktische, physische und psychische Existenz (zu einer entsprechenden Kritik vgl. Rösner 2002: 120 ff.). Das zentrale Problem der »Architektonik« von Honneths Konzeption – gerade im Kontext der Debatte über Behinderung – dürfte aber darin bestehen, dass er die Wahrnehmung individueller Bedürftigkeit der Anerkennungsform der »Liebe« zuordnet und praktizierte Fürsorge damit in die Sphäre personaler Nahbeziehungen wie Familie und Freundschaft verweist.

Personen bedarf, um es diesen allererst zu ermöglichen, ihre Gleichwertigkeit auch praktisch zur Geltung zu bringen. Neben einer ausreichenden Ausstattung mit materiellen Ressourcen war für diese Positionen deshalb immer die möglichst weitgehende Teilhabe aller (künftigen) Bürgerinnen und Bürger am Bildungssystem von größter Bedeutung.

Nun ist zwar die Forderung nach gleichem Zugang zu allen allgemeinen Bildungseinrichtungen auch für die Behindertenbewegung zentral. Ein anderer Aspekt der Förderung wird dagegen inzwischen weitgehend negativ bewertet: Die medizinische, im weiteren Sinne therapeutische Einflussnahme auf Behinderte gilt als illegitimer Versuch der *Korrektur*, der den Eigensinn der Betroffenen zwangsläufig verletzt.[7]

Mit einer gewissen logischen Konsequenz werden deshalb die herkömmlichen therapeutischen Intentionen inzwischen in Einzelfällen geradezu unterminiert, indem man sich zwar eines etablierten diagnostischen Verfahrens bedient, die damit normalerweise verfolgten Zwecke aber in ihr Gegenteil verkehrt. Gehörlose Paare nutzen die pränatale Diagnostik nämlich in den USA mittlerweile dazu, um Kinder zu bekommen, die so sind wie sie – nämlich gehörlos.[8] Unmissverständlicher könnte die Botschaft, dass eine körperliche Beeinträchtigung nichts ist, was der Korrektur oder Kompensation bedarf, nicht vermittelt werden.

Die radikale Kritik, die von Behindertensprechern und -fürsprechern am »therapeutischen Imperativ« geübt wird, macht anschaulich, dass Anerkennung von ihnen vor allem im Sinne der *Akzeptanz* von Personen mit einer besonderen, vom so genannten Normalmaß abweichenden Konstitution verstanden wird. Hiermit wird jedoch ganz bewusst ein Aspekt ausgeblendet, der die Situation vieler betroffener Personen kennzeichnet: ihre Bedürftigkeit, ihre Defizite, ihre partielle oder weitgehende Abhängigkeit von Fürsorge (vgl. Kuhlmann 2003b). In vielen Fällen gravierender physischer wie psychischer Beeinträchtigung lassen sich diese Befindlichkeiten jedoch nicht einfach einem feindseligen sozialen Umfeld ankreiden. Deshalb aber ist auch die Notwendigkeit, den Personen selbst individuelle Förderung zukommen zu lassen, keineswegs obsolet. Damit auch Behinderte, soweit dies ihr Zustand denn zulässt, über ihre individuelle Lebensgestaltung selbst befinden können, müssen viele von ihnen dazu gezielt erst *ermächtigt* werden. Mit Hinblick auf die Medizin bedeutet dies, dass nicht therapeutische Hilfeleistungen selbst abzulehnen sind, sondern dass ein hartgesottener Paternalis-

7 Zur ausführlichen Erläuterung und Kritik dieser Position vgl. Kuhlmann 2003a.

8 Vgl. den Artikel *Wunschkind* in: Die Zeit, Nr. 18 vom 25. April 2002.

mus zu kritisieren ist, der die besonderen Bedürfnisse und realen Möglichkeiten der Patienten ignoriert.

Allerdings ist es mit der Abwehr eines »starken« Paternalismus nicht getan. Mit dem für die gesamte neuere Medizinethik so zentralen Prinzip des »informed consent« können Entscheidungen nicht legitimiert werden, die gleichsam treuhänderisch zugunsten unterstützungsbedürftiger Personen getroffen werden. Sowohl die Unterstützung behinderter Kinder wie die gesellschaftspolitische Ermöglichung bestimmter, medizinisch relevanter Forschungsvorhaben setzen sich nämlich Ziele, die nicht durch die Zustimmung der akut oder potentiell Betroffenen gedeckt sind. Bei solchen Entscheidungen kommen deshalb notgedrungen Vorstellungen davon ins Spiel, welche Eigenschaften und Fähigkeiten Personen *generell* zukommen sollten, damit sie ein zuträgliches, nach Möglichkeit auch selbstbestimmtes Leben führen können. Genau hiermit aber berührt man ein zentrales Thema der Philosophie des politischen Liberalismus: Diesem ist es um die Identifizierung jener Interessen oder Kompetenzen zu tun, deren Befriedigung beziehungsweise Beförderung durch ein legitimes gesellschaftliches Arrangement in jedem Fall garantiert sein sollte. Ob es um die Ausstattung mit ausreichenden Subsistenzmitteln, um Persönlichkeits-, Bürger- und soziale Teilhaberechte oder um Bildungschancen geht: Stets stehen jene Bedingungen zur Debatte, die gegeben sein müssen, damit Personen menschenwürdig leben können.

Nun sind von der politischen Philosophie unlängst als Kritik allzu sparsam operierender klassischer liberaler Konzeptionen vielfältige Anstrengungen unternommen worden, eben jene Persönlichkeitsmerkmale, Fähigkeiten und Teilhabeoptionen auszubuchstabieren, die die Voraussetzungen einer intakten personalen Identität darstellen und es den Einzelnen erst erlauben, sich als Gleiche unter Gleichen im öffentlichen Raum zu bewegen. Besondere Prominenz hat in diesem Zusammenhang Martha Nussbaums »Liste« von Fähigkeiten erlangt, die es Personen ermöglichen sollen, ein im emphatischen Sinne »menschliches« Leben zu führen (Nussbaum 1999). Mit Nussbaums Ansatz werden jedoch Probleme heraufbeschworen, die insbesondere dann zutage treten, wenn man sie mit Hinblick auf die besondere Förderung von Behinderten anzuwenden sucht. Nussbaums programmatische Behauptung nämlich, dass sie lediglich eine »vage« Charakterisierung vorgenommen habe, die mannigfaltige individuelle und kulturelle Modifikationen zulässt, wird durch ihre Aufzählung essentiell »menschlicher« Kompetenzen ein Stück weit dementiert. Da ist von der »Fähigkeit, die fünf Sinne zu benutzen« die Rede, der »Möglichkeit zu sexueller Befriedigung«, der »Fähigkeit, in Verbundenheit mit Tieren, Pflanzen und der ganzen Natur zu leben und pfleglich mit ihnen umzugehen«, der Bereitschaft, »diejenigen zu lieben, die uns lieben und für uns sorgen, und über ihre Abwesenheit traurig zu sein«, und anderem mehr (ebd.: 57 f.). Für Nussbaum sind im Übrigen ebenso wie für den von ihr kritisierten John Rawls jene Kompetenzen rationaler Lebensplanung von zentraler Bedeutung, die es Menschen erlauben, über ihre individuellen Ziele nachzudenken, diese unter Berücksichtigung von Alternativen gegebenenfalls zu modifizieren und ihre konkrete Lebensgestaltung auch tatsächlich an diesen Vorgaben auszurichten. Zwar hat Nussbaum unlängst jene Kritik aufgegriffen, die insbesondere von feministischen Autorinnen am gerechtigkeitstheoretischen Kontraktualismus geübt wird: dass nämlich aus dieser Sicht die ethischen Standards eines politischen Gemeinwesens mit jenen Verpflichtungen gleichgesetzt würden, die voll kooperationsfähige Subjekte wechselseitig eingehen, um einander die Voraussetzungen einer eigenständigen Lebensführung zu sichern (Nussbaum 2003). Und Nussbaum schließt sich folglich der Einsicht an, dass die Tatsache, dass Menschen während verschiedener Phasen ihres Lebens auf die Zuwendung anderer angewiesen sind und deshalb nicht primär autonome oder gar autarke, sondern in beträchtlichem Maße bedürftige und abhängige Wesen sind, als zentrale Prämisse einer politischen Moral zu gelten hat (vgl. Kittay 1995, 1997; MacIntyre 2001 [1999]). Die Anerkennung menschlicher Bedürftigkeit ist für Nussbaum jedoch primär die Voraussetzung dafür, um Personen die Ausbildung der ganzen Skala »menschlicher« Kompetenzen zu ermöglichen. Zwar räumt sie ein, »man müsse über die Bedürfnisse von geistig behinderten Kindern und Erwachsenen nachdenken, indem wir eine Spezifizierung einer allgemeinen Fähigkeit vornehmen, die zu ihren Bedürfnissen passt [...]. Es kann sich mitunter als nötig erweisen, das Fähigkeitenziel mit Bezug auf einen bestimmten Typus von Behinderten zu spezifizieren.« Sie fährt dann aber fort: »Im Allgemeinen sollte es jedoch das Ziel sein, allen Bürgern alle Fähigkeiten zu eröffnen, auf einem irgendwie angemessenen Niveau und in irgendeiner Form. Meine Lösung dieser Probleme konzentriert sich auf die Wichtigkeit, jedem einzelnen Bürger eine ganze Palette von Fähigkeiten zu eröffnen, die er nutzen kann, um sein Leben für sich selbst zu entwerfen.« (Nussbaum 2003: 198)

Nussbaums Auflistung menschlicher Kompetenzen erweist sich jedoch als allzu spezifisch: Zu sagen, dass jemand, der nicht über alle fünf Sinne verfügt, keine sexuelle Befriedigung erfährt oder als Charakter eher solipsistisch veranlagt ist, kein wirklich »menschliches« Leben zu führen vermag, ist offensichtlich unangemessen und öffnet der Abwertung konkreter Lebensstile Tür und Tor. Insbesondere durch die deutliche Auszeichnung ausgeprägt rationaler Kompetenzen hat Nussbaum die Hürde für die Anerkennung von Menschen *als* Menschen sehr hoch gelegt. Die gleiche fragwürdige Tendenz macht sich geltend in Elisabeth Andersons »Theorie der demokratischen Gleichheit«, die sich wie Nussbaums Programm als kritische Modifikation klassischer liberaler Positionen wie der von John Rawls versteht. Anderson spricht von »drei Funktionsweisen der Person«: nämlich von denen »als Mensch, als Teilnehmer an einem System kooperativer Produktion und als Bürger eines demokratischen Staates«. Schon die elementare Bestimmung einer Person als eines »menschlichen« Wesens jedoch wird von der Autorin an außerordentlich anspruchsvolle Bedingungen geknüpft: »Die effektive Verfügung der Mittel, die für den Erhalt der eigenen biologischen Existenz notwendig sind [...], und das Erfülltsein der Grundvoraussetzungen menschlicher Handlungsfähigkeit – das Wissen um die eigenen Umstände und Wahlmöglichkeiten, die Fähigkeit, Mittel und Zwecke abzuwägen, die psychologischen Bedingungen für Autonomie, einschließlich des Muts zu selbständigem Denken und Urteilen, die Freiheit des Denkens und die freie Ortswahl – sind Bedingungen für eine Funktionsfähigkeit als Mensch.« (Anderson 2000: 157)

III.

Ausgerechnet bei Autorinnen, die sich darum bemühen, allzu begrenzte Sichtweisen des politischen Liberalismus zu überwinden, zeigt sich also, dass es bis jetzt noch nicht gelungen ist, auf jene Positionen angemessen zu reagieren, die die Bedürftigkeit und Abhängigkeit von Menschen ins Zentrum der Aufmerksamkeit rücken.[9] Auf der anderen Seite jedoch reicht es eben

9 In geradezu desaströser Weise wird dieses Scheitern manifest an John Rawls' Versuch, die genannten Einwände in der kurz vor seinem Tod erschienenen revidierten Fassung seiner Gerechtigkeitstheorie aufzugreifen. Rawls wird nicht müde zu betonen, dass die von ihm ausgezeichneten »Grundgüter« es den Bürgern ermöglichen sollen, »ein Leben lang normale und voll kooperierende Mitglieder der Gesellschaft zu sein und ihren Status als freie und gleiche Bürger aufrechtzuerhalten« (Rawls 2003 [2001]: 260). Die medizinische Normalversorgung soll dementsprechend dazu dienen, jene Phasen zu überbrücken, in denen eben diese Fähigkeit zur »vollen Kooperation« eingeschränkt ist. Rawls scheut sich nicht

nicht aus, einfach zu konstatieren, dass menschliche Individuen in erheblichem Maße von emotionaler Zuwendung und von konkreter Fürsorge abhängig sind. Mit der Ausnahme seelisch oder geistig extrem gestörter Personen müssen wir nämlich auch solchen Menschen Selbstverantwortung *zutrauen*, die nur unter erheblichen Einschränkungen ihr Leben fristen. Auch Personen, die der Fürsorge bedürfen, sollen sich ja zu dieser Tatsache *selbst* verhalten. Es bedarf deshalb auch weiterhin einer Verständigung darüber, welche Vermögen Personen *nach Möglichkeit* sollten ausbilden können, um genau hierzu in der Lage zu sein.

Um jedoch nicht der Gefahr zu erliegen, Individuen mit starken körperlichen, geistigen oder seelischen Einschränkungen abzuwerten, sollte man an Stelle sehr spezifischer und anspruchsvoller *Kompetenzen* einige wenige *Kapazitäten* nennen, die Voraussetzungen dafür darstellen, dass die Einzelnen am menschlichen Leben bis zu einem gewissen Grade Anteil nehmen können. Von »Kapazitäten« statt von »Kompetenzen« zu sprechen soll bedeuten, dass es nicht so sehr um konkrete Verhaltensweisen und kognitive Leistungen geht, sondern um bestimmte Empfänglichkeiten und Reaktionsweisen, die es Menschen erst erlauben, sich überhaupt als Teil der natürlichen wie sozialen Umwelt zu erfahren und sich auf diese Weise auch zu sich selbst zu verhalten.[10]

Eine solche Zugänglichkeit der Welt wird eröffnet durch sinnliche Wahrnehmung, durch elementare Formen der Kommunikation und emotionale Anteilnahme. Dieses nun sind gewiss Vermögen, über die nicht nur Menschen verfügen. Die Tatsache jedoch, dass auch Tiere zur Wahrnehmung,

---

zu betonen, dass die »Stärke der Ansprüche auf medizinische Versorgung [...] mit der Aufrechterhaltung unserer Fähigkeit« korreliert, »als normale Mitglieder der Gesellschaft zu fungieren« (ebd.: 268). Der Frage gegenüber, wie sich die Ansprüche gravierend und dauerhaft geschädigter Personen sollen rechtfertigen lassen, gesteht Rawls seine Hilflosigkeit ein. In einer Fußnote gegen Ende seines Buches – gleichsam zum Beschluss seines Lebenswerkes – bemerkt er hierzu: »Die extremen Fälle habe ich hier nicht betrachtet, womit ihre Wichtigkeit aber nicht bestritten werden soll. Nach meinem Dafürhalten liegt es auf der Hand und entspricht dem Common sense, dass wir gegenüber allen Menschen in der Pflicht stehen, einerlei, wie schlimm sie behindert sind [...]. An irgendeinem Punkt müssen wir demnach prüfen, ob die Konzeption der Gerechtigkeit als Fairneß so erweitert werden kann, dass sie Richtlinien für diese Fälle liefert, und ob sie, wenn dies nicht der Fall ist, abgelehnt und nicht durch eine andere Konzeption ergänzt werden muss. Es wäre verfrüht, diese Angelegenheit hier zu betrachten.« (Ebd.: 270)

10 Mit dieser terminologischen Differenzierung versuche ich lediglich den genannten Gefahren zu begegnen, die das anspruchsvolle »Menschenbild« des politischen Liberalismus heraufbeschwört. Schon meine eigenen Erläuterungen verraten, dass der Sache nach nicht strikt zwischen »Fähigkeiten« und »Kapazitäten« zu unterscheiden ist.

Kommunikation und zu unterschiedlichsten Reaktionsweisen befähigt sind, führt keineswegs zu einer Nivellierung der Erwartungen, die wir an hoch entwickelte Tiere einerseits, an unsere Kinder andererseits richten. Dieser Vergleich verweist umgekehrt in aller Deutlichkeit auf die Hoffnung, dass die genannten Vermögen im Verlaufe der individuellen *menschlichen* Entwicklung eine Ausdifferenzierung erfahren. Denn die Empathie, die wir bestimmten Tieren entgegenbringen, lässt im Rückschluss erkennen, dass wir uns selbst ein weiter entwickeltes, weit subtileres Rezeptions- und Reaktionsvermögen zuschreiben als diesen nichtmenschlichen Lebewesen. Dies aber bedeutet, dass es uns eben nicht genügen *kann*, wenn wir bei Mitmenschen eine lediglich rudimentäre Empfänglichkeit und Artikulationsfähigkeit konstatieren. Wenn wir Personen wirklich als Mitmenschen anerkennen, dann erwarten wir, dass sich die genannten Kapazitäten – im Unterschied eben zu Tieren – *nach Möglichkeit* bis zu einem bestimmten Differenzierungsgrad ausbilden.

Wenn man aber mit einer gewissen Emphase betont, dass bestimmte Kapazitäten ein menschliches Leben zu einem wahrhaft menschlichen machen, dann heißt dies zugleich, dass ihnen ein *intrinsischer Wert* zuerkannt wird. Über ein möglichst ausgebildetes wahrnehmungsphysiologisches und emotionales Sensorium und mannigfaltige Fähigkeiten zur Kommunikation zu verfügen, scheint *an und für sich* einen Wert darzustellen, der keiner weiteren, zum Beispiel instrumentellen Begründung bedarf. Deshalb erschrecken wir mit gutem Grund, wenn etwa ein schwerbehindertes Neugeborenes oder eine Person nach einem Unfall nur über ein stark eingeschränktes Reaktions- und Artikulationsvermögen verfügt. Und wir setzen mit ebenso gutem Grund auf therapeutische Möglichkeiten, die diese Kapazitäten auszubilden oder zu restituieren versprechen. Dies aber bedeutet – entgegen häufig geäußerter Befürchtungen – *nicht*, dass Menschen, die auf einer rudimentären Stufe des Reaktionsvermögens verbleiben, ihre Menschlichkeit abgesprochen wird. Denn dass menschliche Personen wie Neugeborene oder altersgeschwächte Menschen nur (noch) in reduziertem Maße an ihrer Umwelt teilnehmen, ist uns ja allzu vertraut. Im Übrigen gibt es viele Fähigkeiten, denen ein intrinsischer Wert zugesprochen wird: Wer jedoch eine Leidenschaft für das Erleben der Natur, fürs Musikhören oder für eine Sportart hat, wird Personen, die über diese Passionen nicht verfügen, wohl kaum geringschätzig behandeln. Das gleiche gilt für die verschiedenen Wahrnehmungsweisen: Die Feststellung, dass es *an und für sich* wünschenswert ist, die Welt auch als akustisches oder visuelles Phänomen zu erfahren, besagt nicht, dass das Leben eines gehörlosen oder blinden Menschen nicht lebenswert ist. Ohnehin kann niemand alle menschlichen Möglichkeiten zur Entfaltung bringen, und das Fehlen bestimmter Fähigkeiten kann durch die besondere »Schärfung« der verbleibenden Vermögen häufig mehr als kompensiert werden. Hierdurch aber sollte sich niemand ermächtigt fühlen, künftigen Personen gezielt die Möglichkeit, die Welt in einer bestimmten Art und Weise zu erfahren, vorzuenthalten. Was einen intrinsischen Wert hat, muss nicht Voraussetzung dafür sein, überhaupt ein lebenswertes Leben führen zu können. Dennoch steht es niemandem zu, einen Menschen daran zu hindern, seiner Umwelt in einer bestimmten, potentiell bereichernden Art und Weise zu begegnen.

Mit einer schlichten Affirmation von »Verschiedenheit« oder auch »Unvollkommenheit« ist es also nicht getan. Der moderne Menschenrechtsgedanke setzt voraus, dass Menschen, um verschieden sein zu können, nicht nur *als Gleiche* behandelt werden, sondern in einem elementaren Sinne auch faktisch *gleich sein* sollten. Nur wenn sie bestimmte »Kapazitäten« mitbringen oder ihnen zur Ausbildung dieser Möglichkeiten verholfen wird, können sie wirklich ihr eigenes Leben führen. Zugleich aber erfordert eine angemessene Unterstützung der Einzelnen, dass sie von vorneherein *auch* als Individuen mit einer ganz spezifischen Konstitution und mit individuellen Bedürfnissen wahrgenommen werden. Die Orientierung an allgemeinen »Standards« *und* am individuellen Wohl steht dabei durchaus in einem Spannungsverhältnis, das man nicht kaschieren sollte. Denn die Erwartung, dass Personen Bestimmtes (seien es nun »Kompetenzen« oder »Kapazitäten«) erlernen sollten, droht einen Schrecken erregenden, repressiven therapeutischen Paternalismus sowie die Fetischisierung einer inzwischen hochtechnisierten Medizin zu ermächtigen.[11] Es ist deshalb völlig legitim, diesen Bedrohungen mit der Forderung zu begegnen, dass menschliche Personen zunächst einmal als schon von Natur aus individuierte, wie auch immer defizitär konstituierte Wesen *angenommen* und als die Subjekte moralischer wie rechtlicher Ansprüche *wahrgenommen* werden sollen. Dieses Postulat entledigt die verantwortlichen Personen aber keineswegs der dringlichen Überlegung, was gerade für jene Personen zu tun ist, die sich selbst über die eigene Situation und die eigenen Interessen sowie über Handlungsoptionen noch

11 Diesen Aspekt akzentuierte, mit Blick auf die jüngere Medizingeschichte, die Ausstellung *Der (im-)perfekte Mensch*, welche 2001 in Dresden und 2002 in Berlin zu sehen war (vgl. Stiftung Deutsches Hygiene-Museum und Deutsche Behindertenhilfe – Aktion Mensch e.V. 2001).

nicht, nicht mehr oder grundsätzlich nicht ausreichend Rechenschaft geben können. Schwerversehrte Personen haben gewiss ein Recht darauf, von einem Konformitätsdruck verschont zu bleiben, der von Normen ausgeht, welche mit den genuinen Bedürfnissen und Wünschen der Betroffenen nichts zu tun haben. Zugleich aber kann man durchaus von einem »Recht auf Normalität« sprechen: Von der Notwendigkeit nämlich, auch Behinderten eine Entwicklung zu ermöglichen, die den Erwartungen, die ein *jeder* mit Hinblick auf seinen Lebensweg hegen darf, möglichst nahe kommen.

Damit ist aber ein Typus von Anerkennung gefordert, der einer generalisierten Fürsorge in öffentlicher Verantwortung entspricht, und nicht nur Personen zuzumuten ist, denen Behinderte im privaten Bereich oder professionsbedingt anvertraut sind. Schon die Frage, welche Therapien Kindern sinnvollerweise zuzumuten sind, setzt eine Verständigung darüber voraus, was sie möglichst können sollten, und welche Belastungen für die Erlangung dieser Fähigkeiten legitimerweise in Kauf zu nehmen sind. Und die Investition in medizinische Forschung und Versorgung verlangt ebenfalls, dass man sich über angemessene therapeutische Ziele klar wird. Eine Anerkennung, die nicht nur der *Differenz*, sondern auch der konstitutionsbedingten *Bedürftigkeit* vieler Behinderter gerecht werden will, darf sich also nicht in *Akzeptanz* im Sinne von Respekt oder Wertschätzung erschöpfen, sondern muss sich als konkrete Anteilnahme und gegebenenfalls als praktizierte *Fürsorge* – von Einzelpersonen wie von Institutionen – zur Geltung bringen.

Die Gesundbeter. Warnung vor den Warnern: Die Feinde der Medizin treten an

Am heutigen Abend hat der Bundespräsident zu einem Essen ins Schloss Bellevue geladen, um die Eröffnung des »Jahres der Lebenswissenschaften« zu feiern. Das Jahr 2001 verdankt diesen Titel dem Jahr 2000, das von Erfolgsmeldungen der hochinnovativen Biowissenschaften bestimmt war. Zur Jahreswende sind noch einmal Angstfantasien beschworen worden, die längst Staub angesetzt haben. *Das perfekte Kind. Wie Eltern und Genforscher Babys nach Maß erschaffen*, betitelt *Spiegel Reporter* seine Januarausgabe. Das Magazin illustriert seinen Bericht über amerikanische Fortpflanzungslabors mit simulierten Werbefotos adretter Neugeborener vom »Typ« Bill Gates, Claudia Schiffer, Boris Becker, Hillary Clinton und – immerhin – Nelson Mandela. Für den renommierten Soziologen Zygmunt Bauman duldet es »keinen Zweifel«: »Das Angebot, Kinder nach Maß zu fertigen, für das eine neue Sorte kundenorientierter Genetiker die Trommel rührt, ist eine Möglichkeit, die nur von wenigen Eltern abgelehnt werden wird. In einer prekären Welt von Idolen, die ebenso schnell verfallen, wie sie entstehen«, sei, schrieb Bauman am 28. Dezember 2000 in der *Zeit*, »schon die Gewißheit, ein Produkt ohne versteckte Mängel zu kaufen, der Gipfel der Glückseligkeit.« Und kurz vor Weihnachten sprach Wolfgang Thierse zur Eröffnung der Ausstellung *Der im-perfekte Mensch. Vom Recht auf Unvollkommenheit* im Dresdener Hygienemuseum mahnende Worte: »Wer bestimmt eigentlich das ideale Maß des Menschen, wer setzt die Norm? Was heißt überhaupt perfekt, was ist defekt? Was ist dem Menschen gemäß? Wie weit wollen wir das Streben nach Effizienz und Perfektion noch treiben?«

Die längst redundant gewordene Warnung vor »Designerbabys« und »Maßmenschen« ist jedoch nichts anderes als das Reversbild irreführender technokratischer Allmachtsfantasien. Wer nur halbwegs aufmerksam die seriöse Berichterstattung über die Entschlüsselung des menschlichen Genoms verfolgt hat, muss doch eines wissen: Der Fortschritt der Gendiagnostik macht uns alle auf absehbare Zeit nicht immer »vollkommener«, sondern, im Gegenteil, immer »kränker«. Jeder Einzelne kann als Träger mehrerer krankmachender Dispositionen identifiziert werden, schon lange bevor irgendein Symptom zutage tritt. Verfahren zur Prävention oder Heilung der entsprechenden Erkrankungen stehen bis dato meistens nicht zur Verfügung. Stattdessen gerät der Einzelne in ein immer engermaschiges Netz der Supervision und der versuchsweisen und vorläufigen Symptomkontrolle. All das wird dazu führen, dass Abweichungen vom Normalbefund auffälliger und aufdringlicher werden – von Perfektion und Makellosigkeit also keine Spur.

Die falsche Dramatisierung möglicher negativer Auswirkungen biomedizinischer Errungenschaften geht einher mit der Bagatellisierung jener Krankheiten und Behinderungen, deren Überwindung avisiert wird. Wird auf der einen Seite der wissenschaftlichen Avantgarde unterstellt, sie eifere perversen Wunschfantasien von Supermännern und Superfrauen nach, werden andererseits reale und massive, physische wie psychische Beeinträchtigungen ins verharmlosende Licht des Allzumenschlichen, Natürlichen und Normalen getaucht. In diesem Sinne wurde 1997 und 1999 unter der Federführung der damals noch so genannten »Aktion Sorgenkind« bundesweit auf riesigen Plakaten verkündet: »Behindert ist man nicht. Behindert wird man« – »Jeder Mensch ist mehr oder weniger behindert« – »Mir fehlt nichts. Und ihnen?« und »Sind Sie etwa normal?«. Die gnadenlose Gleichmacherei gipfelte in dem Slogan: »Geistig behindert ist auch normal.« Bei rororo-aktuell erschien damals ein Kampagnenband unter dem Titel *Die Gesellschaft der Behinderer*. Die Botschaft, für die über 90 Behindertenverbände und Selbsthilfegruppen verantwortlich zeichneten, ist ebenso simpel wie wirklichkeitsfremd: Behinderte leiden angeblich nicht unter ihrer körperlichen oder geistigen Beeinträchtigung, sie leiden hingegen unablässig unter den Anfeindungen, denen sie sich ausgesetzt sehen.

Menschenwürde als Formel

Dieser Überzeugung verleiht auch Wolfgang Thierse Ausdruck, wenn er feststellt: »Von jeher hatten die Menschen das Bedürfnis, ihre Mängel auszugleichen und ihre Grenzen zu überwinden. Von jeher haben sie behinderten Menschen, denen sichtbare und spürbare Grenzen gesetzt sind, Integration und Anerkennung verweigert.« Man kann Thierses Gedankenverbindung nur so verstehen: Indem die Menschen versuchen, ihre kreatürlichen Schranken, ihre »Grenzen« zu überwinden, verweigern sie jenen, die mit Beeinträchtigungen leben müssen, die Anerkennung. Schon wer Einschränkung und Leiden als etwas begreift, gegen das anzugehen ist, macht sich demzufolge der Herabwürdigung behinderter Menschen schuldig. Dass diese Personen selbst darum kämpfen könnten, die ihnen gesetzten Grenzen zu verschieben, indem sie Defizite kompensieren, wird hierdurch völlig ausgeblendet. Ihnen wird ja unterstellt, dass sie allein unter mangelnder Akzeptanz leiden und ein »ganz normales« Leben führen könnten, wenn man ihnen mit größerem Wohlwollen begegnete.

Tatsächlich führt es zu einem unerträglichen Paternalismus und zu mitleidiger Herablassung, wenn Behinderte primär und pauschal als leidende und bedürftige »Kreaturen« wahrgenommen werden. Dann wird allzu leicht verkannt, was in den Einzelnen an Möglichkeiten steckt. Insofern ist das Bemühen, versehrte Personen als Menschen mit individuellen Fähigkeiten kenntlich werden zu lassen, völlig legitim und notwendig. Doch man überwindet die verzerrte Wahrnehmung nicht, indem man das eine Stereotyp durch ein anderes ersetzt. Das Argument, dass Behinderte angemessene Achtung nur finden würden, wenn man sie als Menschen mit besonderen Fähigkeiten zur Kenntnis nimmt, führt in die Irre, wenn zugleich Schmerzen, Entstellung und eingeschränkte Entfaltungsmöglichkeiten geleugnet werden. Eine Anerkennung, die der Persönlichkeit – der Lebenserfahrung, den Möglichkeiten und Defiziten, Hoffnungen und Enttäuschungen – von Behinderten wirklich gerecht wird und sie als vollwertige, aber eben »besondere« Menschen gelten lässt, ist mit Hilfe einer solchen Darstellung sicher nicht zu erreichen. Niemandem soll ausgeredet werden, dass er auch mit erheblicher Beeinträchtigung ohne inneren Zwiespalt zu leben vermag. Sehr oft aber sind es gerade diese gewiss bewundernswürdigen Personen, die in der Öffentlichkeit auftreten und ihr Lebensgefühl für allgemeingültig erklären. Indem sie beispielsweise auch im Namen geistig schwer Behinderter zu sprechen vorgeben, vollziehen sie genau die paternalistische Anmaßung, gegen die sie sich zur Wehr setzen.

Eine Verständigung über Behinderung, die auf völlig unangemessenen Voraussetzungen beruht, muss den Disput über den biomedizinischen Fortschritt verzerren. Es ist äußerst bequem, Innovationen auf diesem Gebiet zu kritisieren, wenn ohnehin kein rechter Bedarf für therapeutische Errungenschaften zu bestehen scheint. Wenn versehrte Menschen unter ihrem Schicksal gar nicht leiden, dann kann man die in der Tat ja oft fragwürdigen Versprechungen der Spitzenforscher einfach beiseite schieben. So werden die vermeintlichen Interessen von Behinderten und Schwerkranken häufig gegen die mutmaßlich finsteren Machenschaften von profilierungssüchtigen und profitgierigen Forschern und Ärzten ausgespielt. Nicht, dass der »therapeutische Imperativ« immer das letzte Wort sein müsste: Aber mit der Leugnung, dass überhaupt eine echte Nachfrage nach medizinischen Errungenschaften besteht, entzieht man sich in komfortabler Weise der Notwendigkeit, zwischen den Bedürfnissen und Hoffnungen konkreter Personen und diesen möglicherweise entgegenstehenden moralischen Prinzipien oder langfristig zu erwartenden schädlichen Konsequenzen abwägen zu müssen.

Gesellschaft als Ausrede

Wenn Behinderte unter ihrer Behinderung niemals leiden, dann darf man natürlich auch nicht eingestehen, dass es oft mühselig ist, mit diesen Menschen zu leben. Beschwerlich wird dieses Zusammenleben einer weitverbreiteten Sprachregelung zufolge nur, weil die Gesellschaft keine optimale Unterstützung garantiert. Nur dies soll dann auch der Grund dafür sein, dass Zehntausende von Frauen jahraus, jahrein pränatal diagnostizieren und viele von ihnen bei »positivem« Befund abtreiben lassen. Dies ist eine besonders zählebige deutsche Lebenslüge: Dass der Wunsch, ein gesundes Kind zu bekommen, gar nicht authentisch ist und dass Frauen und Paare, wenn sie nur unbehelligt von »gesellschaftlichem Druck« entscheiden könnten, in der Regel keine selektiven Fortpflanzungsentscheidungen treffen würden.

All jene tagtäglich wirksamen und auch gut nachvollziehbaren Motive, die Paare dazu veranlassen, der Geburt eines behinderten Kindes nach Möglichkeit vorzubeugen, fallen dabei unter den Tisch: Dass dieses Kind nämlich die Frau in ihrer Lebensführung erheblich einschränken und auch für die übrige Familie eine Belastung darstellen würde; dass dieses Kind Schmerzen sowie andere Beeinträchtigungen erleiden würde, die man ihm ersparen möchte oder die mit anzusehen man sich selbst nicht zutraut; dass schließlich die bloße Vorstellung, ein schwergeschädigtes Kind zu haben, einen solchen Schock und eine solche Kränkung auslösen kann, dass es einer weiteren Begründung, warum man dieses Kind nicht zur Welt bringen will, gar nicht bedarf.

Längst geben kleinere Befragungen Anzeichen dafür, dass eine Diskrepanz herrscht zwischen dem, was im Namen von Behinderten erklärt wird, und dem, was diese Patienten selbst und ihre Angehörigen für angemessen halten. Diesen Untersuchungen zufolge sprechen sich die meisten Vertreter von Verbänden gegen die pränatale Diagnostik aus. Die große Mehrheit der Betroffenen selbst sowie ihrer Eltern gibt jedoch zu Protokoll, dass sie einen vorgeburtlichen Test und eine damit verknüpfte Abtreibung bei einer zu befürchtenden, ihnen selbst nur allzu gut bekannten Schädigung legitim finden. Auch solche Meinungen sind natürlich kein ausreichendes Argument für die Selektion. Sie zeigen aber, dass es häufig keineswegs äußere »Zwänge« sind, die Menschen dazu treiben, sich vor Behinderung zu schützen.

Die in Deutschland verbreitete rigoristische Medizinkritik kann dazu führen, dass die Interessen von Betroffenen nicht angemessen berücksichtigt und organisiert werden. Wenn in Abrede gestellt wird, dass medizinische Neuerungen Behinderten und ihren Angehörigen zugute kommen können, muss es überflüssig erscheinen, sich um die angemessene Repräsentanz dieser Gruppen im Medizinsystem zu bemühen. Die ganze subtile Debatte um humangenetische Beratung, »informed consent«, Patientenverfügungen und Patientenvertretung kann nicht aufgegriffen werden, wenn man das moderne Medizinsystem insgesamt als »Biomacht« und damit als Bedrohung für versehrte Menschen abqualifiziert.

Es ist wahrlich müßig, ein »Recht auf Unvollkommenheit« zu proklamieren, wie es die »Aktion Mensch« jetzt aus Anlass der Dresdener Ausstellung tut. Dringlicher ist es, die Mitspracherechte jener Personen zu stärken, die – da darf man getrost sein – auch in Zukunft mit »Unvollkommenheiten« zu leben haben.

Entscheidungen für den Tod. Behandlungsverzicht und Sterbehilfe

Die Fortschritte bei der medizinischen Krisenintervention werden wie von einem Schatten von umstrittenen »Erfolgen« begleitet. Was als Sieg über bedrohliche Krankheitssymptome gefeiert wird, schafft häufig nur neue Formen versehrter Existenz. Natürlich stellt das nicht alle therapeutischen Errungenschaften in ein schlechtes Licht, doch erhebt sich, je verbissener um die Lebensverlängerung gekämpft wird, desto dringlicher die Frage, ob das Weiterleben eines Menschen immer wünschenswert ist. Da man inzwischen unendlich viel tun kann, um Krankheitsverläufe aufzuhalten, muss man sich häufig bewusst entscheiden, ob dies noch sinnvoll erscheint. Mit der Verfügungsmacht über die menschliche Physis wächst auch die Verantwortung: Ärzte müssen darüber befinden, ob therapeutisches Handeln für den Kranken zumutbar und ihm zuträglich ist. Und Patienten werden versuchen, auf das Vorgehen der Ärzte während oder schon vor einer Erkrankung möglichst großen Einfluss zu nehmen.

Über die Angemessenheit von Behandlungen muss aber nicht nur entschieden werden, wenn es um massive, technisch höchst aufwendige Eingriffe geht. Auch weniger komplexe medizinische Hilfeleistungen geraten ins Zwielicht. Sogar Bestandteile der sogenannten Basispflege, die man jedem, aber auch jedem hilflosen Patienten zu schulden scheint, sind längst daraufhin befragt worden, ob sie immer garantiert werden sollen. Patienten im »apallischen Syndrom«, die sich nach einem Ausfall der Großhirnrinde im Zustand andauernder Bewusstlosigkeit befinden, können mittels künstlicher Ernährung und sonstiger Pflege über viele Jahre, nicht selten über Jahrzehnte, am Leben erhalten werden. Diese Patienten reagieren auf Licht und Berührung, sie ächzen und stöhnen, sie zeigen erhebliche Muskelkontraktionen, denen mit krankengymnastischen Übungen entgegengewirkt wird.

Nach weithin geteilter Überzeugung sind Apalliker zu keinerlei Wahrnehmung und Empfindung mehr fähig, und es gilt als höchst unwahrscheinlich, dass sie nach einem Jahr im »Wachkoma« wieder zu sich kommen (vgl.

The Multi-Society Task Force on PVS 1994). Die Chance, in diesem ersten Jahr das Bewusstsein wiederzuerlangen, hängt vom Alter des Patienten und von der Ursache der Hirnschädigung ab. Angesichts der äußerst schlechten Prognose nach Ablauf einer längeren Frist verliert nun auch die Nahrungszufuhr ihren ganz und gar unschuldigen Charakter: Mit der Ernährung wird der Patient in einem Stadium gehalten, das für viele als ein Dasein zwischen Leben und Tod erscheint. Für andere – nämlich die Anhänger des »Teilhirntodkriteriums« – sind diese Patienten ohnehin bereits tot und damit Kandidaten für die Organexplantation.

Kann und darf man aber eine hilflose Person »verhungern« lassen? Ist nicht, wie ein alarmierter deutscher Ärztefunktionär vor Jahren einwarf, das Absetzen der Sondenernährung bei Patienten im andauernden Koma mit dem Verhungernlassen eines Säuglings gleichzusetzen (vgl. Klinkhammer 1994)? Wird mit dem Nahrungsentzug nicht die Grenze zwischen der – erlaubten – »passiven Sterbehilfe« und der – in fast allen Ländern verbotenen – »aktiven Sterbehilfe«, also dem direkten und gezielten Töten, überschritten?

In verschiedenen Ländern haben sich in konkreten Fällen über Jahre hinweg Ärzte, Angehörige von Patienten, Krankenhausverwaltungen, staatliche Aufsichtsbehörden und Gerichte darüber gestritten, ob ein Nahrungsentzug erlaubt oder gar geboten sein kann. Weltweite Berühmtheit erlangte die US-Amerikanerin Nancy Cruzan, die 1983 nach einem schweren Autounfall in einer Klinik reanimiert wurde und danach im Wachkoma verblieb (vgl. Eser und Koch 1991: 746 ff.). 1987 erteilte die erste Gerichtsinstanz auf Antrag der Eltern die Erlaubnis, die Magensonde zu entfernen. Dieses Urteil wurde 1988 vom Supreme Court Missouri aufgehoben. Zwei Jahre später schließlich entschied der US-amerikanische Supreme Court in diesem Fall. Wie schon in vorangegangenen Urteilen bekräftigte das Gericht, dass die Verfügung über das eigene Sterben durch ein verfassungsmäßiges »right of privacy« gedeckt sei; das höchste amerikanische Gericht monierte jedoch, dass die Richter der ersten Instanz nicht geklärt hatten, ob der Nahrungsentzug tatsächlich dem Wunsch Nancy Cruzans entsprechen würde. In einem weiteren Verfahren vor Ort kam man dann zu dem Schluss, dass für einen solchen »mutmaßlichen Willen« der Patientin genügend Indizien sprächen. Die Magensonde wurde entfernt und Nancy Cruzan starb am 26. Dezember 1990 – fast acht Jahre nach dem Unfall.

Ganz anders als die amerikanische Justiz argumentierten englische Richter im Falle Anthony Bland (vgl. Benzenhöfer 1999: 148 f.; Singer 1998: 61 ff.).

Der Achtzehnjährige wurde 1989 bei einer Massenpanik im Fußballstadion von Sheffield schwer verletzt. Er wurde reanimiert, blieb jedoch im Wachkoma. Nach drei Jahren wollte der zuständige Arzt mit Zustimmung der Familie Blands die künstliche Ernährung absetzen. Die ersten beiden Gerichtsinstanzen billigten dieses Vorhaben, der vom Familiengericht bestellte Betreuer Blands legte jedoch jedes Mal Widerspruch ein: Schließlich gab das englische Oberhaus, die höchste Berufungsinstanz des Landes, dem Wunsch der Familie statt. Bland starb im März 1993. Anders als die amerikanischen, versuchten die englischen Richter erst gar nicht herauszufinden, ob ein Behandlungsabbruch wohl den Wünschen des Patienten entsprochen hätte. Alle drei Instanzen hielten es für möglich, von einer überparteilichen Warte aus zu bestimmen, was »im Interesse« des Patienten sei. Auf seine geringe »Lebensqualität« wurde verwiesen, darauf, dass der Bewusstlose von einer Weiterbehandlung keinerlei »Nutzen« mehr haben könne und dass diese deshalb »sinnlos« sei.

Weitgehend im Sinne der amerikanischen Rechtsprechung argumentiert ein Urteil des deutschen Bundesgerichtshofs aus dem Jahre 1994, das ebenfalls den Nahrungsentzug bei Apallikern unter bestimmten Voraussetzungen für legitim erklärt (vgl. Neue Juristische Wochenzeitschrift 1995, 3: 204–207). Der Arzt und der Sohn einer Patientin hatten im März 1993 in einem Kemptener Pflegeheim beantragt, bei der zweiundsiebzigjährigen Frau, die seit drei Jahren im Wachkoma lag, die künstliche Ernährung abzusetzen. Das Pflegepersonal folgte dieser Anweisung nicht, schaltete vielmehr das Vormundschaftsgericht ein, das die Fortsetzung der Ernährung anordnete. Die Patientin starb dann, nachdem ein Lungenödem aufgetreten war, ein halbes Jahr später.

Der Sohn und der Arzt wurden im März 1994 vom Landgericht Kempten wegen »versuchten Totschlags in einem minder schweren Fall« in erster Instanz zu Geldstrafen verurteilt. Der Bundesgerichtshof hat dieses Urteil im selben Jahr aufgehoben und den Fall zur Neuverhandlung ans Landgericht zurückverwiesen. Die Bundesrichter stellten fest, ein Behandlungsabbruch mit absehbarer Todesfolge sei unter den gegebenen Umständen nicht grundsätzlich zu verwerfen, vorausgesetzt, ein »mutmaßliches Einverständnis« des Patienten könne nachgewiesen werden. Der Frage aber, ob von einem solchen Einverständnis auszugehen sei, hätten die Richter der ersten Instanz keine Aufmerksamkeit geschenkt. Nach einer weiteren Verhandlung wurden die Angeklagten dann im Mai 1995 vom Landgericht freigesprochen: Nach Anhörung mehrerer Freunde und Angehöriger der Kranken hatte sich ergeben, dass diese einer aufwendigen Lebensverlängerung ablehnend gegenübergestanden hatte. Der Sohn der Patientin hatte sich, bevor er dem Behandlungsabbruch zustimmte, mit den Zeugen abgesprochen. Er und der Arzt konnten also davon ausgehen, mit ihrer Entscheidung dem Wunsch der Kranken zu entsprechen.

»Grundsätzlich« hat der Bundesgerichtshof konstatiert, dass ein Behandlungsabbruch auch bei Patienten, bei denen »der Sterbevorgang noch nicht eingesetzt« habe, »bei entsprechendem Patientenwillen als Ausdruck seiner allgemeinen Entscheidungsfreiheit und des Rechts auf körperliche Unversehrtheit« zu akzeptieren sei. An die Ermittlung des »mutmaßlichen Willens« jedoch seien »erhöhte Anforderungen« zu stellen. »Der Gefahr, dass Arzt, Angehörige oder Betreuer unabhängig vom Willen des entscheidungsunfähigen Kranken nach eigenen Maßstäben und Vorstellungen das von ihnen als sinnlos, lebensunwert oder unnütz angesehene Dasein des Patienten beenden«, so der Bundesgerichtshof, »muss von vornherein entgegengewirkt werden.« (Ebd.: 204)

Auf irgendein Gesetz, das Fragen des Behandlungsverzichts regelte, konnten sich die Karlsruher Richter ebenso wenig berufen wie ihre amerikanischen und englischen Kollegen. Sie begaben sich jedoch mit ihrem vorsichtig, fast tastend formulierten Urteil in offenen Konflikt zur offiziellen ärztlichen Standesethik. Erst 1993 nämlich hatte die Bundesärztekammer ihre 1979 verabschiedeten »Richtlinien zur Sterbehilfe« in revidierter, jetzt »Richtlinien für die ärztliche Sterbebegleitung« genannter Fassung vorgelegt (Hoppe 1993). Darin wird ein Behandlungsabbruch mit absehbarer Todesfolge nur bei Patienten gebilligt, bei denen ohnehin »der Eintritt des Todes in kurzer Zeit zu erwarten ist«. Patientenwünschen, die auf eine Verkürzung des Sterbeprozesses abzielen, misstraut die Ärztekammer dagegen zutiefst. »Grundsätzlich«, so heißt es in den »Richtlinien«, »setzt der Arzt bei der Behandlung von Kranken und Verletzten die Maßnahmen ein, die der Lebenserhaltung und/oder Leidensverminderung dienen.« Es folgt zwar der Hinweis, dass der »Wille des angemessen aufgeklärten Patienten zu respektieren« sei, doch diese Beteuerung wird dann stark relativiert durch die apodiktische Weisung: »Der Arzt soll Kranken, die eine notwendige Behandlung ablehnen, helfen, ihre Einstellung zu überwinden.« Auch die seit je – und keineswegs grundlos – umstrittene Bedeutung von Patientenverfügungen wird in den »Richtlinien« mit Skepsis beurteilt. »Solche Patiententestamente mögen im Einzelfall juristisch einfache Problemlösungen bedeuten; ethisch und ärztlich sind sie keine nennenswerte Erleichterung.« Sie sind lediglich

»Anhaltspunkte«, nicht aber Anweisungen des Patienten, an die sich der Arzt zu halten hat.

Insgesamt verhalten sich die Verfasser der revidierten Fassung der »Richtlinien« defensiv gegenüber dem Patientenwillen. Die Aufforderung an den Arzt, Patienten, »die eine notwendige Behandlung ablehnen«, dahin zu bringen, dass sie »ihre Einstellung überwinden«, verrät einen forschen Paternalismus. Dabei hätte ein Blick über die Grenzen gezeigt, dass man so den anstehenden Entscheidungskonflikten wohl kaum begegnen kann.

Auch die Schweizerische Akademie der Wissenschaft hat 1993 eine neue Fassung ihrer Richtlinien zur Sterbehilfe vorgelegt (Schweizerische Akademie der medizinischen Wissenschaften 1993). Die Schweizer unterscheiden jedoch schon im Titel ihrer Empfehlungen zwischen »sterbenden« und »cerebral schwerst geschädigten Patienten«. Auf »lebenserhaltende Maßnahmen«, so heißt es dort, kann auch dann verzichtet werden, wenn der Tod noch nicht bevorsteht, der Patient sich aber in einem »chronischen vegetativen Zustand« befindet. Zu den »lebenserhaltenden Maßnahmen« werden ausdrücklich »künstliche Wasser- und Nahrungszufuhr« gerechnet.

In den USA hat man aus den quälenden Kontroversen um Behandlungsabbrüche inzwischen handfeste administrative Konsequenzen gezogen: Der »Patient Self Determination Act« von 1991, ein Bundesgesetz, verpflichtet Institutionen des Gesundheitswesens dazu, den Patienten über sein Recht aufzuklären, über eine Behandlung oder einen Behandlungsabbruch selbst zu bestimmen und seinen diesbezüglichen Willen schriftlich festzuhalten. In vielen US-Bundesstaaten bieten die Kliniken dem Patienten vor einer größeren Operation die Möglichkeit, eine »do not resuscitate order« zu unterschreiben. Und immer mehr Menschen in den USA beauftragen für den Fall ihrer Entscheidungsunfähigkeit eine Person ihres Vertrauens, für sie über medizinische Maßnahmen zu bestimmen.

Zu ähnlich konsequenten und praktikablen Schlussfolgerungen fühlte sich die Bundesärztekammer auch nach dem Urteilsspruch von Karlsruhe nicht bemüßigt. Zwar hat der 98. Deutsche Ärztetag 1995 den Vorstand der Bundesärztekammer damit beauftragt, die »Richtlinien« einer neuerlichen Überarbeitung zu unterziehen (Bundesärztekammer 1995), wobei er es nach dem Urteil des Bundesgerichtshofs vor allem für notwendig erachtete, den Stellenwert von Patiententestamenten exakt zu bestimmen. Die Formulierungen des Beschlusses zeigen jedoch, dass der artikulierte Patientenwille – wie schon in der »Richtlinien«-Version von 1993 – in erster Linie als Zumutung, wenn nicht gar als Bedrohung empfunden wurde, gegen die man sich standesrechtlich abzusichern habe.

Zu entsprechend zaghaften Änderungen kam es in den 1998 vorgelegten »Grundsätzen der Bundesärztekammer zur ärztlichen Sterbebegleitung« – dem dritten Grundsatzpapier der Standesorganisation zu diesem Thema im Verlaufe von nur zwei Jahrzehnten (Bundesärztekammer 1998). Erstmals wird das »Selbstbestimmungsrecht des Patienten« in der Präambel genannt und als maßgeblich anerkannt. Ärzte sollen nicht länger Patienten, die eine »notwendige Behandlung« ablehnen, dabei helfen, ihre Entscheidung »zu überwinden«, sondern nur noch dazu beitragen, dass sie diese »überdenken«. Grundsätzlich sei der Arzt an den »mutmaßlichen Willen« des Patienten gebunden. Die Patientenverfügungen werden als »wesentliche Hilfe für das Handeln des Arztes« charakterisiert.

Die Anerkennung des Patientenwillens scheint aber keineswegs so weit zu reichen, dass es zum definitiven Behandlungsabbruch auch dann käme, wenn eine Lebensverlängerung mit relativ geringem therapeutischem Aufwand möglich ist. »Patienten mit einer lebensbedrohenden Krankheit, an der sie trotz generell schlechter Prognose nicht zwangsläufig in absehbarer Zeit sterben, haben, wie alle Patienten, ein Recht auf Behandlung, Pflege und Zuwendung. Lebenserhaltende Therapie einschließlich – gegebenenfalls künstlicher – Ernährung ist daher geboten. Dieses gilt auch für Patienten mit schwersten cerebralen Schädigungen und anhaltender Bewusstlosigkeit (apallisches Syndrom, so genanntes Wachkoma). Bei fortgeschrittener Krankheit kann aber auch bei diesen Patienten eine Änderung des Therapieziels und die Unterlassung lebenserhaltender Maßnahmen in Betracht kommen. So kann der unwiderrufliche Ausfall weiterer Organfunktionen die Entscheidung rechtfertigen, auf den Einsatz technischer Hilfsmittel zu verzichten. Die Dauer der Bewusstlosigkeit darf dabei nicht alleiniges Kriterium sein.« (Ebd.: A-2367)

Zaghafter, zögerlicher, zweideutiger hätte die Stellungnahme nicht ausfallen können: Es wird zwar eingeräumt, dass ein Behandlungsabbruch auch dann gerechtfertigt sein kann, wenn der Sterbeprozess noch nicht eingesetzt hat, die Prognose aber miserabel ist. Das auffälligste Krankheitssyndrom von Patienten im andauernden Koma – die Tatsache nämlich, dass sie das Bewusstsein verloren haben und nach längerer Zeit nur noch eine verschwindend geringe Chance haben, dieses wiederzuerlangen – soll aber gerade kein Grund für einen Behandlungsabbruch sein. Erst der Ausfall »weiterer Organfunktionen« rechtfertige die Entscheidung, auf neue Interventionen zu verzichten.

Das entspricht einer weitverbreiteten Praxis des Aufschubs: Da weigern sich Ärzte, den mehrfach geäußerten Wunsch einer Frau im fortgeschrittenen Krebsstadium zu erfüllen, deren Knochenmetastasen bereits eine Querschnittslähmung verursacht haben. Gegen den Willen der Patientin brechen sie die künstliche Beatmung nicht ab, beteuern aber zugleich, der Patientin etwa bei einer schweren Lungenentzündung keine Antibiotika mehr geben zu wollen. Bei einer anderen schwer kranken Patientin betreibt man gegen den Willen der Angehörigen Infektionsbekämpfung und gibt zu verstehen, dass man eine künstliche Beatmung, falls sie nötig werden sollte, nicht mehr aufnehmen werde (vgl. Eickhoff und Schöne-Seifert 1996).

Häufig weigern sich die Ärzte also, eine Behandlung abzubrechen oder auf eine akut anstehende Maßnahme zu verzichten, obwohl sie längst das Urteil gefällt haben, auf weitere lebensverlängernde Maßnahmen zu verzichten. Sie halten eine Lebensverlängerung nicht mehr für sinnvoll und hoffen geradezu darauf, dass eine neuerliche Komplikation das Sterben beschleunigt, denn dann wäre ihnen die Entscheidung abgenommen, eine lebenserhaltende Maßnahme abzubrechen oder auch auf eine Routinebehandlung zu verzichten. Zwar muss man sich zu jedem Zeitpunkt bewusst dafür entscheiden, den Patienten sterben zu lassen, doch beim Auftreten zusätzlicher Symptome kann man sich wohl einreden, einem letztlich übermächtigen Krankheitsverlauf gegenüberzustehen und für das Sterben keinerlei Verantwortung zu tragen.

Solche manchmal inkonsistenten, manchmal widersprüchlichen Vorstellungen vom ärztlichen Handeln sind insbesondere von philosophischer Seite einer gnadenlosen, unermüdlichen Kritik unterzogen worden. Diese Kritik verfehlt nicht selten die ärztlichem Handeln innewohnende Logik, aber dennoch trifft sie etwas Wichtiges: Je mehr Möglichkeiten der Lebensverlängerung es gibt, desto häufiger fällen Ärzte mit – und öfter wohl ohne – Beteiligung der Patienten oder ihrer Angehörigen Urteile darüber, ob ein Hinauszögern des Sterbens sinnvoll ist oder nicht. Wenn sie dabei zu der Überzeugung gelangen, dass das Sterben nicht mehr aufgehalten werden sollte, weigern sie sich häufig trotzdem, auf bestimmte Behandlungen zu verzichten, die ihnen aus irgendwelchen Gründen geboten erscheinen. Kommt es dann zu einer weiteren Verschlechterung, lässt man der Natur ihren Lauf und glaubt sich der Verantwortung enthoben. Oft ist gar nicht erkennbar, was die ursprüngliche Situation prinzipiell von der späteren unterscheidet und warum der Arzt im zweiten Fall weniger individuelle Verantwortung für das jetzt beschleunigte Sterben zu übernehmen hätte.

Der Arzt tritt in den verschiedensten Situationen als Handelnder in Erscheinung, der dafür Verantwortung trägt, dass der Tod zu einem bestimmten Zeitpunkt eintritt – ganz gleich, ob dies nun zu einem früheren oder späteren Zeitpunkt geschieht, ob durch Behandlungsabbruch oder Behandlungsverzicht, ob durch »Tun« oder »Unterlassen«, ob durch gezielte Lebensbeendigung oder »Inkaufnehmen« eines beschleunigten Sterbens. Indem der Arzt sich aber über die eigene Rolle hinwegtäuscht, beraubt er sich der Möglichkeit, über sein Handeln vor sich selbst und vor anderen Rechenschaft abzulegen. So kommt es ausgerechnet bei Fragen des Behandlungsverzichts zu einer extrem uneinheitlichen Entscheidungsfindung.[1] Je nachdem, an welche Ärzte ein Patient gerade gerät, wird sehr unterschiedlich über Lebensverlängerung oder Lebensverkürzung in seinem konkreten Fall entschieden werden.

Wenn der Arzt aber ohnehin sehr häufig aktiv dazu beiträgt, dass das Sterben einen beschleunigten Verlauf nimmt, kann er dann nicht auch zur »Todesspritze« greifen, wenn es für den Patienten am zuträglichsten wäre? Ist »aktive Sterbehilfe« nicht die letzte, logische und deshalb notwendige Konsequenz einer Medizin, die über eine Fülle von Interventionen verfügt und diese immer darauf befragen muss, ob sie dem Kranken zugute kommen oder nicht? Warum frönt man einem nie erlahmenden therapeutischen Aktionismus und verweigert einem unheilbar Kranken, sterbensmüden Patienten die letzte Hilfeleistung?

Die weitverbreitete und hartnäckige Forderung nach einer Legalisierung der aktiven Sterbehilfe kann sich also auf den therapeutischen Interventionismus der modernen Medizin selbst berufen, ihre tiefsten Wurzeln aber hat sie in einer säkularisierten und individualisierten Moral. In westlichen Gesellschaften halten nur noch wenige Selbstmord für ein moralisches Vergehen. Nach weithin geteilter Überzeugung sollte es letztlich jedem selbst überlassen bleiben, wann und wie er sich dem Tod stellt. Der Suizid mag häufig nicht im wirklichen Interesse des Einzelnen liegen, zumindest aber übereilt sein. Und natürlich fürchtet sich jeder davor, einen Angehörigen oder Freund durch Selbstmord zu verlieren. Die Selbsttötung ist nicht selten eine Katastrophe für die Zurückbleibenden, weil sie deren Lebensweise, den ganzen Halt gebenden, zwischenmenschlichen Zusammenhang erschüttert. Deshalb wird man alles Erdenkliche tun, um einen Lebensmüden von der

1 So das Resümee von Eickhoff und Schöne-Seifert 1996: 206.

Selbsttötung abzuhalten. Das bedeutet aber nicht, dass man seinen Wunsch, aus dem Leben zu scheiden, prinzipiell für unmoralisch hält.

Bei solch genereller Toleranz gegenüber dem Suizid wird die »Tötung auf Verlangen« in einem fortgeschrittenen und schwer erträglichen Krankheitsstadium erst recht auf Verständnis stoßen. Dass man bei besonders schwerem körperlichem Verfall nicht weiterleben möchte, ist unschwer nachzuvollziehen, und es ist naheliegend, dass der Patient sich mit dem Todeswunsch an den Arzt wendet: Er kann beurteilen, ob es um den Kranken wirklich so hoffnungslos steht, wie es diesem erscheint; er sollte erkennen können, ob es sich um einen anhaltenden, ernsthaften, allein vom Interesse des Patienten selbst bestimmten Todeswunsch handelt; und natürlich weiß der Arzt am besten, wie ein solcher Tod schonend herbeizuführen ist.[2]

In modernen Gesellschaften nimmt das Interesse an diesen Fragen zu, denn es werden immer mehr Menschen immer älter. Diese Menschen wissen jedoch, dass mit dem Alter die chronischen Erkrankungen zunehmen. Zwar können diese Krankheitsverläufe aufgehalten und in die Länge gezogen werden, aber das kann ein langes, qualvolles Alter bedeuten. Der Angst davor wäre der Stachel genommen, wenn man sicher sein könnte, dass ein Arzt des eigenen Vertrauens dem Leiden ein Ende setzt, sobald das Leben unerträglich wird. Um Sterbehilfe bitten zu können, würde viele beruhigen und nicht nur auf diejenigen »heilsam« wirken, die davon tatsächlich Gebrauch machen.

Es kann also weder prinzipiell falsch sein, wenn sich Hilflose mit starkem Todeswunsch um die Unterstützung anderer bemühen, noch scheint es in jedem Fall gegen das ärztliche Ethos zu verstoßen, einem solchen Patientenwunsch zu entsprechen. Bei näherem Hinsehen stellt sich aber heraus, dass die Forderung nach legalisierter aktiver Sterbehilfe zwar von sehr vielen Menschen und von verschiedenen »Sterbehilfegesellschaften« in aller Welt erhoben wird, dass sie aber bisher nur sehr selten auf die Ebene der offiziellen Politik vordringt. Was vielen als Ausweg aus tiefer Not akzeptabel, ja begrüßenswert erscheint, hat kaum eine Chance, zu einer generell gutgeheißenen, gesetzlich zugelassenen und geregelten Praxis zu werden. Man behilft sich in vielen Ländern, indem man Menschen, die aktive Sterbehilfe leisten, zwar

2 »Schweres, unheilbares Leiden«, ausdrücklicher Wunsch des Betroffenen »nach freier und reiflicher Überlegung« und ausreichender Aufklärung sowie Durchführung durch einen Arzt nennt Norbert Hoerster (1998: 37 f.) in seiner grundlegenden und höchst aufschlussreichen Abhandlung als Bedingungen für legitime und zu legalisierende aktive Sterbehilfe.

verurteilt, aber mit so geringen Strafen bedenkt, dass dies einem moralischen Freispruch gleichkommt.

Man sollte sich über diesen Widerspruch nicht vorschnell entrüsten, sondern darin den Ausdruck einer vielleicht nur um den Preis einer »mörderischen« Konsequenz aufzulösenden Ambivalenz sehen. Dass man aktives Töten nicht institutionalisieren und damit normalisieren möchte, hat gute Gründe: Das Verbot zu töten ist so tief verwurzelt, dass die Legalisierung einer bestimmten Form der Tötung zu Recht vehementes Erschrecken auslöst. Ist erst der erste Schritt getan, kann man nicht sicher sein, ob es bei dieser einen, auf ganz bestimmte Situationen beschränkten Legalisierung des Tötens bleibt. Selbst wenn man zu der Auffassung gelangt, dass Ärzte, die den Todeswunsch eines Patienten erfüllen, diesem einen kaum zu überschätzenden Dienst erweisen, bleibt die Frage, ob legalisierte aktive Sterbehilfe einzig und allein in einem eng und genau umschriebenen Rahmen betrieben würde. Wenn in diesem Punkt keine Sicherheit herrscht, dann ist es gerechtfertigt, ja geboten, die aktive Sterbehilfe weiterhin generell zu untersagen.

Nur in den Niederlanden ist bisher der Schritt vom wiederholten Freispruch einzelner aktiver Sterbehelfer durch Gerichte zur Quasilegalisierung der »Tötung auf Verlangen« vollzogen worden. Der Prozess der Entkriminalisierung dieser Praxis ist aber noch keineswegs abgeschlossen, sondern wird durch immer neue Gerichtsurteile und gesetzliche Bestimmungen vorangetrieben (Eser und Koch 1991: 451 ff.; Benzenhöfer 1999: 175 ff.). Was man auch immer dagegen vorbringen mag: Als Anschauungsfeld für die Debatte über aktive Euthanasie – eine Debatte, der man sich in liberalen Gesellschaften wohl stellen muss – ist das »holländische Experiment« nicht zu überschätzen.[3]

Freilich gibt es in den Niederlanden Rahmenbedingungen, die den Optimismus nähren, man könne das Töten Schwerkranker ausreichend einengen und kontrollieren. Das niederländische Gesundheitssystem erzwingt eine starke, oft sehr langfristige und die ganze Familie einbeziehende Bindung des Patienten an den Hausarzt. Dieser ist am ehesten in der Lage, den Patienten über seinen Zustand sorgfältig aufzuklären und sich zu vergewissern, dass der Sterbewunsch ernst gemeint ist. Und tatsächlich ist es in den meisten Fällen ein Hausarzt, der in den Niederlanden Sterbehilfe leistet. Auch wenn im Ausland heftig kritisiert wird, dass nicht selten die Tötung

3 Anton Leist (1996) macht – im Unterschied etwa zu Hoerster – eine sehr sorgfältige Bewertung der niederländischen Erfahrungen für die ethische Reflexion fruchtbar, gelangt jedoch zu einem aporetischen Ergebnis.

sogar ohne das ausdrückliche Verlangen des Patienten erfolgt, kann immerhin unterstellt werden, dass der Arzt aufgrund seiner engen Beziehung zu dem Kranken um dessen intime Wünsche weiß. Da in den Niederlanden Pflegebedürftige durch staatliche Sozialleistungen und vielfältige Betreuungsangebote gut abgesichert und versorgt sind, kann man auch davon ausgehen, dass die niederländische Gesellschaft nicht unbedingt dazu neigt, sich kranke und alte Menschen vom Halse zu schaffen.

In den 1970er und 1980er Jahren kam es in den Niederlanden zu einer Reihe von Gerichtsurteilen, die die aktive Sterbehilfe in konkreten Einzelfällen als gerechtfertigt einstuften. Die Reaktion auf diese Urteile zeigte, dass die Bevölkerungsmehrheit, aber auch die Regierung und andere maßgebliche Institutionen dazu bereit waren, das Töten unter bestimmten Voraussetzungen als legitime Form ärztlicher Hilfeleistung gutzuheißen. Im Frühjahr 1985 wurde erstmals ein Arzt freigesprochen, der das Leben einer Patientin mit einer tödlichen Injektion beendet hatte. Die krebskranke Frau hatte ihn darum über Monate hinweg immer wieder gebeten. Obwohl auch in den Niederlanden bis heute die »Tötung auf Verlangen« gesetzlich verboten ist, billigte das Bezirksgericht Rotterdam dem Angeklagten zu, dass seine Pflichten als Arzt in Konflikt gerieten und er aus einer Situation des »Notstands« gehandelt habe: »Gegenüber dem Interesse, das Artikel 293 des Strafgesetzbuchs zu schützen sucht (Erhaltung des Lebens), stand das in diesem Fall ebenso gewichtige Rechtsinteresse, dem Leiden der Patientin durch ärztliche Hilfestellung bei der Beendigung ihres Lebens ein Ende zu machen. Diesem letzteren Interesse hat der Angeklagte durch die Injektion des Pavulon gedient. Der Angeklagte konnte dies als Teil seiner Aufgabe als Arzt auffassen. Die Tat des Angeklagten war daher wegen Notstands gerechtfertigt.« (Eser und Koch 1991: 483) Mit ihrem Freispruch konnten sich die Richter auf ein Urteil des höchsten niederländischen Gerichts aus dem Jahre 1984 berufen, in dem es heißt: »Es besteht die Möglichkeit, dass die Injektion tödlicher Stoffe durch einen Arzt als ein nach objektiver medizinischer Einsicht im Notstand verrichtetes Handeln gerechtfertigt ist.« (Ebd.: 476)

In weiteren Urteilen wurde Mitte der 1980er Jahre präzisiert, dass ein Arzt das Leben gezielt beenden darf, wenn a) der Wunsch des Patienten nach Lebensbeendigung wohlüberlegt, freiwillig und ernsthaft erscheint; b) die Krankheit für den Patienten schweres Leiden mit sich bringt und keine Aussicht auf grundlegende Besserung besteht; c) der Patient über seine Situation vollständig aufgeklärt ist; d) ein unabhängiger Kollege die Diagnose und Prognose des behandeln den Arztes bestätigt hat; e) die Tötung mit aller ärztlichen Sorgfalt vorgenommen wird; f) der Arzt sein Vorgehen genau protokolliert.

Auch die Königlich-Niederländische Gesellschaft zur Förderung der Heilkunde hat aktive Sterbehilfe für gerechtfertigt erklärt, wenn diese Kriterien erfüllt sind. Konkretisiert wurden die Bedingungen für eine nicht rechtswidrige Tötung auf Verlangen schließlich in drei Gesetzentwürfen, die in der zweiten Hälfte der achtziger Jahre dem niederländischen Parlament vorlagen. Damals aber fanden sie noch keine Mehrheit, obwohl sich in Rechtsprechung und öffentlicher Meinung schon die Auffassung durchgesetzt hatte, dass Ärzte aktive Sterbehilfe leisten dürfen, wenn sie dabei mit Vorsicht und Sorgfalt vorgehen. Längst war es zu einer schleichenden Aushöhlung des geltenden Rechts gekommen: 1988 wurden 181 Fälle aktiver Sterbehilfe bekannt, doch man schätzt, dass dies nur zwei bis fünf Prozent der tatsächlichen Fälle sind. Nur zweimal kam es zur Anklageerhebung, keiner der Ärzte wurde verurteilt.

1990 veranlassten die niederländischen Ministerien für Justiz und für Gesundheit eine umfangreiche Untersuchung zur Sterbehilfe. Die Studie sollte alle Entscheidungen berücksichtigen, die Ärzte treffen, um den Sterbeprozess schwerkranker Patienten zu beschleunigen (vgl. van der Maas, van Delden und Pijnenborg 1992). Besonders die absoluten Zahlen, die die Untersuchung zutage förderte, haben international für Aufsehen und Aufregung gesorgt: Den Befragungen zufolge wurden 1990 in den Niederlanden 2300 Patienten auf ihren ausdrücklichen Wunsch hin von Ärzten getötet; in 400 Fällen wurde von Ärzten Beihilfe zum Suizid geleistet; rund tausendmal wurde aktive Sterbehilfe praktiziert, ohne dass der Patient darum gebeten hatte.

Die Studie unterscheidet zwei typische Situationen, in denen nicht freiwillige Euthanasie durchgeführt wurde: Entweder hatte der Patient, der inzwischen nicht mehr bei klarem Bewusstsein war, früher vage den Wunsch geäußert, dass man sein Leben beenden solle, wenn die Situation hoffnungslos sei; oder es handelte sich um Patienten im terminalen Stadium, deren Schmerzen nach Angaben der Ärzte nicht befriedigend gelindert werden konnten. Der Untersuchung zufolge war die Mehrheit der Patienten wegen getrübten Bewusstseins, andauernder Bewusstlosigkeit oder Demenz zu einer eigenständigen Entscheidung nicht mehr fähig. Für 14 Prozent der Kranken aber, die getötet worden waren, obwohl sie nicht darum gebeten hatten, gaben die Ärzte an, dass diese Patienten vollständig einsichts- und entscheidungsfähig gewesen seien. Dies betraf also nicht weniger als 140 Menschen! Außerdem wurde nur für 43 Prozent der Fälle, in denen eine Tötung ohne

Befragen des Patienten vollzogen wurde, angegeben, dass schmerzstillende Mittel nicht wirksam gewesen seien. »Unerträglicher Schmerz« ist also keineswegs die primäre oder gar alleinige Begründung für praktizierte Euthanasie.

Diese Zahlen sind unterschiedlich interpretiert worden. Vor allem vielen ausländischen Beobachtern beweisen sie, dass die Tolerierung von aktiver Sterbehilfe einem unkontrollierten Töten Tür und Tor öffnet. Die Autoren der Studie selbst hingegen weisen immer wieder darauf hin, dass in den allermeisten Fällen die Entscheidung von den Ärzten sorgfältig und verantwortungsbewusst getroffen wurde und dass zumeist die anerkannten Verfahrensregeln befolgt wurden. Gerade die Möglichkeit, straffrei Sterbehilfe zu leisten, erlaubte ja eine wirksame Kontrolle.

Die niederländische Regierung schloss sich dieser Auffassung an. Im November 1993 verabschiedete die Erste Kammer des Parlaments (nachdem die Zweite Kammer bereits zugestimmt hatte) mit 37 gegen 34 Stimmen ein Gesetz, das den Rahmen für nicht strafbare aktive Sterbehilfe absteckt. »Tötung auf Verlangen« bleibt in den Niederlanden auch weiterhin prinzipiell untersagt. Das neue Gesetz legt jedoch fest, in welchen Fällen eine Strafverfolgung unterbleiben darf: Der Arzt meldet die erfolgte aktive Sterbehilfe dem kommunalen Leichenbeschauer. Dieser informiert den Gemeindearzt, der eine Leichenbeschau vornimmt. Das Meldeformular, das der Arzt auszufüllen hat, enthält fünfzig Punkte. Es enthält darunter Angaben zur Krankengeschichte, zur Frage, ob es sich um Sterbehilfe auf Verlangen, Hilfe bei der Selbsttötung oder Euthanasie ohne ausdrückliche Zustimmung des Patienten handelt, zur erfolgten Konsultation von Arztkollegen, zu Art und Weise der Sterbehilfe.

Mit Hilfe dieser Angaben erstellt der Arzt eine Selbstbezichtigung. Mit der Darstellung der Vorgeschichte und des Tatherganges der Sterbehilfe muss er glaubhaft machen, dass er aus einem »Notstand« gehandelt hat, für ihn also die Pflicht der Leidensverminderung schwerer wog als die Pflicht zur Lebenserhaltung. Gelingt ihm dies, so wird von der Strafverfolgung abgesehen.

1995 gab das niederländische Parlament eine neue empirische Studie in Auftrag, die die Auswirkungen der veränderten gesetzlichen Rahmenbedingungen offenlegen sollte.[4] Aufgrund von Befragungen wurde nun geschätzt, dass 1995 in etwa 3200 Fällen aktive Sterbehilfe auf Verlangen geleistet wurde (dies sind 900 Fälle mehr als 1990). Wiederum 400 Patienten erhielten

4 Eine Zusammenfassung findet sich bei Gordijn 1997: 17 ff.

Beihilfe bei der Selbsttötung, und in etwa 900 Fällen tötete der Arzt, ohne vom Patienten darum gebeten worden zu sein. Es ist also lediglich ein leichter Rückgang bei dieser Form der Sterbehilfe zu verzeichnen. 23 Prozent der befragten Ärzte hatten sie bereits mindestens einmal praktiziert, 32 Prozent noch nie durchgeführt, wären aber grundsätzlich dazu bereit. Als Gründe für die Tötung ohne ausdrücklichen Patientenwunsch wurde am häufigsten das beängstigend vage Argument genannt, dass »jede medizinische Handlung sinnlos geworden« war (67 Prozent). Weitere Begründungen lauteten: »keine Aussicht auf Besserung« (44 Prozent), »die Nächsten konnten es nicht mehr ertragen« (38 Prozent) und »geringe Lebensqualität« (36 Prozent). Nur 30 Prozent der Ärzte beriefen sich auf einen »(unterstellten) Wunsch des Patienten«, und nur noch neun Prozent nannten als Grund »Vermeidung von Entwürdigung/weiterem Leiden«.

Die vielen Tötungen, bei denen sich die Ärzte nicht einmal auf den mutmaßlichen Willen des Patienten berufen konnten, hätten eigentlich dazu führen müssen, das niederländische Euthanasie-Experiment grundsätzlich zu überdenken. Dessen stärkste Legitimation war ja das Bedürfnis, dem autonomen Willen voll zurechnungsfähiger und schwer leidender Patienten zu entsprechen. Von nichtfreiwilliger Euthanasie war in den offiziellen Verlautbarungen überhaupt nicht die Rede. Aus den Ergebnissen der Studie von 1990 hätte immerhin eine Konsequenz gezogen werden müssen: der Bedingung der Freiwilligkeit durch den Gesetzgeber unmissverständliches Gewicht zu verleihen und Abweichungen von dieser angeblich einzig legitimen und quasilegalen Form der Euthanasie mit erhöhten Sanktionsdrohungen zu bedenken.

Niemand wird leugnen wollen, dass die Zulassung von Euthanasie ein höchst riskantes Unterfangen ist. Um das Risiko unter Kontrolle zu halten, muss man jeder nicht offiziell anerkannten Form der Sterbehilfe mit besonderer Entschiedenheit entgegentreten. Jede Liberalisierung muss eine komplementäre Wachsamkeit und Sanktionswilligkeit der Justiz herausfordern. Genau diese Konsequenz hat man in den Niederlanden jedoch nicht gezogen, wie die gegenüber 1990 fast unveränderte Zahl von Fällen nichtfreiwilliger aktiver Sterbehilfe belegt. Da die durchführenden Ärzte diese Fälle nicht meldeten, wurde die der niederländischen Gesetzgebung zugrunde liegende Erwartung nicht erfüllt, eine offizielle Duldung bestimmter Formen der Sterbehilfe würde zu einer größeren Transparenz und Kontrollierbarkeit der entsprechenden Praxis führen. Auch von den Fällen aktiver Sterbehilfe auf Verlangen wurden 1995 nur 41 Prozent gemeldet.

Aus dieser mangelnden Bereitschaft zur Offenlegung zog der niederländische Gesetzgeber die Konsequenz, dass die Entkriminalisierung noch weitergetrieben werden müsse. Seit 1998 bestimmt deshalb ein Gesetz, dass die vorgeschriebene Selbstbezichtigung des Arztes nicht mehr direkt an den Staatsanwalt geht, sondern zunächst von einer Kommission von Ethikern, Juristen und Ärzten begutachtet wird. Diese beurteilt das Vorgehen des Arztes und übergibt ihre Stellungnahme dem Staatsanwalt. Dieser fällt dann zwar die Entscheidung, ob es zu einer Strafverfolgung kommen soll oder nicht, folgt dabei aber der Einschätzung der Kommission. Ein Gesetzentwurf von 1999 sieht sogar vor,[5] dass Fälle aktiver Euthanasie nur dann dem Staatsanwalt gemeldet werden, wenn die Kommission Zweifel am rechtlichen Vorgehen des Arztes hegt. Zwar bleibt die Tötung auf Verlangen weiterhin offiziell verboten, doch die bekanntgewordenen Fälle werden nicht mehr der automatischen Prüfung durch staatliche Aufsichtsbehörden unterzogen.

Mit der geplanten Gesetzesnovelle wurden ferner Grenzfälle quasilegaler Sterbehilfe bestimmt. So soll in Zukunft dem Sterbewunsch von 16- und 17-Jährigen auch dann entsprochen werden dürfen, wenn deren Eltern nicht zustimmen. Zunächst war vorgesehen, dies in Ausnahmefällen auch bei 12- bis 16-Jährigen zu gestatten. Nach der kontroversen Debatte dieses Aspekts wurde aber darauf verzichtet. Auch bei nicht einwilligungsfähigen Patienten, etwa Patienten im fortgeschrittenen Stadium einer Demenz, soll aktive Sterbehilfe dem neuen Gesetz zufolge offiziell zulässig sein. Ein entscheidungsunfähiger und nicht mehr ansprechbarer Patient soll dann getötet werden dürfen, wenn er dies zu einem früheren Zeitpunkt im Hinblick auf das Spätstadium seiner Erkrankung verlangt hat. Allerdings soll dieser Wunsch allein nicht ausschlaggebend sein, vielmehr müssen andere »schwerwiegende Umstände« vorliegen, um eine Tötung zu rechtfertigen.

Wie auch immer solche Umstände im Einzelnen umschrieben werden mögen – der Fall der Minderjährigen und der Dementen zeigt: Tötung auf Verlangen soll auch dann zulässig sein, wenn es zumindest sehr fraglich ist, ob der Todeswunsch des Patienten auf einer mündigen, aktuellen, vollgültigen autonomen Entscheidung beruht. In den Niederlanden haben Gerichte bereits Ärzte freigesprochen, die eindeutig schwer depressiven Menschen Sterbehilfe leisteten. Bei nicht mehr einwilligungsfähigen Patienten sollen

5 Vgl. Flintrop 2000: A-97 f. – In diesem Artikel wird allerdings unzutreffend behauptet, es gehe um eine definitive »Legalisierung« der Euthanasie. Für Hinweise zum neuesten Stand der niederländischen Gesetzgebung danke ich Jeantine Lunshof.

aber auch von dritter Seite die Umstände daraufhin befragt werden, ob dem früher einmal geäußerten Sterbeverlangen Rechnung getragen wird oder nicht. Auf diese Weise soll anhand »objektiver« Kriterien darüber entschieden werden, ob es für den Patienten noch sinnvoll ist, weiterzuleben. Dann aber liegt es nahe, solche Kriterien auch anzuwenden, wenn der Patient zu keinem Zeitpunkt Sterbehilfe erbeten hat. Hierdurch wären die vielen Fälle nichtfreiwilliger Euthanasie in den Niederlanden zu erklären.

Es ist überhaupt nicht zu leugnen: Die niederländische Praxis ist gekennzeichnet durch das fortlaufende »Ausfransen« jener Gruppe von Patienten, bei denen Sterbehilfe grundsätzlich akzeptiert wird. Die ursprüngliche Devise, dass Tötung auf Verlangen nur dann zulässig sein soll, wenn der entsprechende Wunsch des Patienten »wohlüberlegt, freiwillig und ernsthaft« erscheint, wurde nie wirklich befolgt. Längst werden auch offiziell Fälle von Sterbehilfe gutgeheißen, in denen es sehr fraglich ist, ob eine autonome Entscheidung des Patienten vorliegt. Dass die gespenstische Option, sogar zwölfjährigen Kindern gegen den Willen ihrer Eltern Sterbehilfe zu leisten, bis in einen Gesetzentwurf der Regierung gelangen konnte, lässt die Anstrengung erahnen, mit der ein weiteres Ausufern der Euthanasiepraxis abgewehrt wird.

Das Beharren darauf, dass man Menschen mit Euthanasie eine Wohltat erweist, macht, so scheint es, die Vorstellung unerträglich, dass diese Wohltat bestimmten Gruppen vorenthalten wird. So geht dann unversehens das zuvor unablässig als Bedingung legitimer und legaler aktiver Sterbehilfe proklamierte Kriterium der – und sei es »mutmaßlichen« – Einwilligung des Patienten verloren.[6] Die Tötung von Patienten, die ursprünglich gar nicht zum Kreis der Betroffenen gehörten, wird dann nicht mehr als kriminelle Abweichung begriffen, sondern mit Hilfe eines überstrapazierten therapeutischen Ethos als konsequente Ausweitung einer inzwischen fest etablierten Praxis anerkannt. Dass der gesamte Komplex lebensverkürzender Entscheidungen durch die Zulassung der sogenannten Tötung auf Verlangen transparenter und dadurch kontrollierbarer würde, hat die niederländische Praxis nicht bestätigt. Dem Staat muss aber primär daran gelegen sein, jede Form illegitimer Tötung zu verhindern. Hilfeleistung durch Sterbehilfe kann nur garantiert werden, wenn damit nicht das Risiko willkürlicher Lebensverkürzung verbunden ist. Obwohl für manche Patienten ein »schnelles Ende« die beste, die humanste Lösung wäre, haben sie keinen Anspruch auf Sterbehilfe, wenn

6 Genau diesem Sog der eigenen Argumentation erliegt auch Norbert Hoerster 1998: 96.

dadurch andere einer nicht kalkulierbaren Gefährdung ihrer Existenz ausgesetzt werden.

Auch die weithin tolerierte »passive Euthanasie«, also Behandlungsabbruch und Behandlungsverzicht, ist in einer Grauzone angesiedelt. Dass der Willkür ausgerechnet dort, wo es um Leben und Tod geht, großer Spielraum gelassen wird, rechtfertigt aber nicht, diesem Vorgehen einen weiteren kaum einzuhegenden Typus lebensverkürzenden Handelns hinzuzufügen. Aktive Tötungen kann man weitgehend unterbinden, weil sie als solche klar zu identifizieren sind. Fragwürdiger Behandlungsverzicht hingegen lässt sich wohl prinzipiell nicht ausschließen, weil das Unterlassen sinnwidriger Eingriffe der therapeutischen Praxis inhärent ist und zwischen gerechtfertigtem und nicht gerechtfertigtem »Rückzug« der Medizin keine klar erkennbare Demarkationslinie verläuft. Dass jedoch solche prekären Entscheidungen getroffen werden, müsste auch in Deutschland deutlicher eingestanden werden. Erst dann können diese Entscheidungen wie in anderen Ländern zum Gegenstand offener Erörterung etwa von »Klinischen Ethikkomitees« werden, was sie der völlig unkontrollierten Befugnis einzelner Ärzte ein Stück weit entziehen würde.

II. Reproduktive Autonomie

Der Embryo als öffentliches Gut. Alte und neue Kontroversen

Der 1995 vom Bundestag verabschiedeten neuen gesetzlichen Regelung der Abtreibungspraxis ist in den letzten Jahren allein deshalb noch öffentliche Aufmerksamkeit zuteil geworden, weil sich die deutschen Bischöfe mit dem Papst nicht darüber einigen konnten, ob kirchliche Institutionen sich an der Schwangerenberatung und der Ausstellung entsprechender Bescheinigungen beteiligen sollen oder nicht. Die durch die reformierten Paragraphen vollzogene Erlaubnis von Abtreibungen bis zur zwölften Schwangerschaftswoche nach obligatorischer Beratung der Schwangeren kann nun aber schwerlich mit der katholischen Lehre, die das menschliche Lebewesen vom Zeitpunkt der Keimzellverschmelzung an als »Kind Gottes« apostrophiert, in Übereinstimmung gebracht werden. Die paradox anmutende Bereitschaft großer Teile der deutschen Katholiken, sich dennoch an der Schwangerenberatung und mit der Ausstellung von Scheinen auch an der Legitimierung früher Schwangerschaftsabbrüche zu beteiligen, wirft deshalb ein helles Licht auf jene Prämissen, die der im Parlament erzielten Übereinkunft zugrunde liegen.

Die Entschlossenheit vieler Kirchenvertreter und katholischer Laien, sich nicht von dem System der staatlichen Schwangerenbetreuung abzukoppeln, beruht auf einer denkbar simplen Einsicht: Nur innerhalb dieses Systems besteht die Chance, mit jenen Frauen in Kontakt zu kommen, die noch zweifeln, ob sie ein Kind zur Welt bringen sollen oder nicht – eben weil es unmöglich wäre, ein ungeborenes Kind ohne die Mitwirkung der Schwangeren zu schützen. Dieses Axiom führte auch während des politischen Meinungsbildungsprozesses schließlich zu einer fraktionsübergreifenden Allianz zwischen moderaten Konservativen, Liberalen und Sozialdemokraten. Die gesetzliche Maßgabe, dass Schwangere dann »straffrei«, wenn auch nicht »rechtmäßig« abtreiben lassen dürfen, wenn sie sich zuvor haben beraten lassen, konnte deshalb Akzeptanz finden, da sie sich aus zweierlei Perspektiven als angemessen erwies: Für Liberale im weitesten Sinne war damit der

Überzeugung Rechnung getragen, dass der Frau zumindest bis zu einem bestimmten Zeitpunkt die letzte Entscheidung über die Fortführung der Schwangerschaft zusteht, weil damit einem an und für sich anerkennungswürdigen Selbstbestimmungsrecht dieser Person entsprochen wird.

Auch unter dem Blickwinkel des Lebensschutzes konnte nun aber argumentiert werden, dass es illusorisch sei, ohne die verantwortliche, besonnene Entscheidungsfindung der Schwangeren ihr Kind »retten« zu wollen. Dafür sprach die historische Erfahrung: Noch so drakonische Strafandrohungen hatten in der Vergangenheit Frauen nicht davon abhalten können, dann, wenn sie kein Kind haben wollten, die Schwangerschaft abzubrechen. Diese illegalen Abbrüche hatten zudem dazu geführt, dass sich Frauen erheblichen Gefährdungen ihrer Gesundheit, ja ihres Lebens aussetzten. Die 1976 verabschiedete Indikationenregelung hatte diese Missstände zwar weitgehend beseitigt, aber neue Probleme geschaffen. Auch konservative Beobachter mussten schließlich einräumen, dass das Urteil, ob sich eine Schwangere in einer »Notlage« befände, das Ergebnis höchst willkürlicher Schlussfolgerungen war. Zudem machte diese Urteilsfindung geradezu inquisitorische Befragungen erforderlich, wie etwa der Prozess von Memmingen anschaulich demonstrierte. Da es sich als problematisch erwies, die wahren Umstände eines Schwangerschaftskonfliktes zu erkunden, wenn die betroffene Frau sich zugleich vom Strafrecht bedroht sah, und da es zudem utopisch war, zu einer einheitlichen, nicht willkürlichen Indikationsstellung durch Dritte zu gelangen, sah man sich schließlich zu dem Eingeständnis genötigt, dass der Frau – unter gewissen Kautelen – ein Recht auf Letztentscheidung zuzugestehen sei.

Damit aber war in Deutschland – ganz anders etwa als durch die Rechtsprechung des US-amerikanischen Supreme Court – keineswegs ein grundlegendes Recht der Frau anerkannt, in einer Angelegenheit autonom zu entscheiden, die primär ihre eigene physisch-psychische Integrität betrifft. Dem Interesse des Staates, ungeborenes Leben zu schützen, war mit der »verkappten Fristenlösung« nicht abgeschworen worden. Was der relativen Liberalisierung solch große Akzeptanz verschaffte, war lediglich die strategische Einsicht, dass eine Fortführung der Schwangerschaft in unzähligen Einzelfällen ohne die Bereitwilligkeit der betroffenen Frau nicht zu erreichen sein würde. In diesem Sinn hat das Bundesverfassungsgericht in seinem für die spätere Gesetzgebung maßgeblichen Urteil von 1993 die Rolle beschrieben, die es der Frau im Falle eines Schwangerschaftskonfliktes zuerkennt. Wenn sie nämlich keine Angst vor Strafe mehr zu haben braucht, dann soll die Schwangere sich ohne Vorbehalte offenbaren können. Dadurch soll die Möglichkeit gesellschaftlicher Instanzen, auf das Verhalten der Schwangeren zum Schutz des ungeborenen Lebens Einfluss zu nehmen, verbessert werden. Denn nur – so der Wortlaut des Urteils – die Schwangere und »von ihr selbst ins Vertrauen Gezogene wissen in diesem Stadium der Schwangerschaft um das neue Leben, das noch ganz der Mutter zugehört und von ihr in allem abhängig ist. Diese Unentdecktheit, Hilflosigkeit und Abhängigkeit des auf einzigartige Weise mit der Mutter verbundenen Ungeborenen lassen die Einschätzung berechtigt erscheinen, dass der Staat eine bessere Chance zu seinem Schutz hat, wenn er mit der Mutter zusammenwirkt.«

Die Verfassungsinterpreten verhielten sich gegenüber der Schwangeren rein strategisch: Es wurde eine Regelung gesucht, die die Frau so konditioniert, dass sie beim Schutz des ungeborenen Lebens mitwirkt. Die Kooperation mit der Frau ist der Umweg, den zu beschreiten man sich genötigt sieht, um das Ungeborene zumindest in indirekter Weise zu erreichen. Und es ist genau diese Einsicht, die die deutschen Bischöfe so lange zögern ließ, der päpstlichen Weisung zum Ausstieg aus der Beratungspraxis Folge zu leisten.

Ganz gleich jedoch, ob die Unterstützer der »Fristenlösung mit Beratungszwang« der Schwangeren ein genuines Recht auf Selbstbestimmung zuerkennen oder ob ihr die Letztentscheidung nur eingeräumt wurde, um sie so zur Kooperation mit staatlichen, dem Lebensschutz verpflichteten Instanzen zu bewegen: In der konkreten Beratungssituation ist es die Frau, und nicht das ungeborene, unreife Kind, mit dem es die Dialogpartner zu tun haben. Welchem Beratungsziel sie sich auch letztlich verpflichtet fühlen – der Eigensinn, die Intentionen der Schwangeren können nicht einfach im Sinne des Lebensschutzes umgebogen und so dem strategischen Kalkül nutzbar gemacht werden. Vielmehr erzwingen es die Gegebenheiten, die Frau als autonome Person ernst zu nehmen und sie mit guten Gründen davon zu überzeugen zu suchen, dass ihre Lage vielleicht weniger verzweifelt ist, als es ihr im Moment erscheinen mag. Durch diese Nötigung, die schwangere Frau im Dialog als verantwortlichen Partner anzusprechen, wird ihr aber – gleichsam unter der Hand – weit mehr an Entscheidungskompetenz attestiert, als es manchen Verfassungsdogmatikern und anderen Lebensschützern lieb sein kann. Wenn man sich überhaupt auf die Beratung im Rahmen der geltenden Regelung einlässt, so hat man immer schon anerkannt, dass die Frau selbst sich aus eigenem Willen für das Kind entscheiden muss.

Diese Unhintergehbarkeit der Schwangerschaft bei jeder »herkömmlichen« menschlichen Fortpflanzung verhinderte bisher, das verfassungsrechtliche wie auch religiöse Dogma von der Menschenwürde und dem daraus abgeleiteten Lebensrecht des menschlichen Embryos strikt in geltendes Recht umzusetzen. Da dieser Embryo eben nur, wie es ein antiquiertes, aber höchst anschauliches Wort sagt, als »Leibesfrucht«, also als Teil der mütterlichen Physis angesehen werden konnte, war es auch unmöglich, bei den ihn betreffenden Sanktionen von der Existenz der schwangeren Frau zu abstrahieren. Die Revolution der menschlichen Fortpflanzung, welche mit der Geburt des ersten »Retortenbabys« im Jahre 1978 ihr markantestes Datum verzeichnete, besteht nun in der Auflösung des Konnexes von Zeugung, Schwangerschaft und Reproduktion. Zwar gehen auch bei der natürlichen Zeugung ohne Einflussnahme von außen viele Embryonen in einem frühen Stadium zugrunde. Durch die In-vitro-Fertilisation tat sich jedoch zwischen der Keimzellverschmelzung und dem Beginn einer Schwangerschaft ein »unnatürlicher« Spalt auf, der nur durch gezieltes Agieren in jedem konkreten Falle wieder zu schließen ist. Sanktionen, die dem Schutz des Embryos gelten, haben es in diesem Kontext nicht mehr vornehmlich mit der Spannung zwischen den mutmaßlichen Rechtsansprüchen früher Lebensstadien und dem Verhalten der Schwangeren zu tun, sondern gelten dem Ziel, die Verfügungsmacht von Ärzten und Forschern einzuschränken. Das restriktive deutsche Embryonenschutzgesetz kann als Versuch verstanden werden, jenen »Umweg« übers Labor möglichst kurz zu halten, den eine Eizelle im Falle der Infertilität eines Paares nehmen muss, um im befruchteten Zustand wieder in den Körper der Frau zurückzukehren. Dieser Umweg wurde mit allen möglichen Hinweis- und Verbotsschildern markiert, die eine Zweckentfremdung des Embryos verhindern sollen. Diesem Ziel dienen die Bestimmungen, dass eine Befruchtung im Labor einzig und allein zu dem Zweck durchgeführt werden darf, eine Schwangerschaft herbeizuführen, und dass immer nur so viele Embryonen erzeugt werden dürfen, wie umgehend in die Gebärmutter der Frau transferiert werden können. Das Eingreifen des Gesetzgebers soll also genau jene Leerstelle füllen, die durch den Wegfall der Sexualität bei der Fortpflanzung entstanden ist: Garantiert der intime körperliche Kontakt zwischen Mann und Frau im Normalfall, dass von entstehendem Leben überhaupt dann erst die Rede ist, wenn die Frau schwanger ist, so müssen bei der künstlichen Befruchtung minutiöse Bestimmungen dafür sorgen, dass der im Labor erzeugte Embryo zu nichts anderem verwendet wird, als eine Schwangerschaft einzuleiten.

Sobald jedoch konkurrierende Ziele namhaft gemacht werden, gerät diese konventionelle Verknüpfung der Reproduktion mit Schwangerschaft und

Geburt unter Rechtfertigungszwang. Tritt der Embryo nicht mehr als »Leibesfrucht«, sondern als isoliertes *factum brutum* im grellen Licht des Labors zutage, wird zwangsläufig strittig, welchen Funktionsbestimmungen er unterworfen werden darf und soll. In ganz anderer Weise noch als schon im Disput um die Abtreibung wird der Embryo als »öffentliches Gut« perzipiert; und da dieser Embryo nicht mit der schwangeren Frau leiblich vereinigt und nur mit ihrer Hilfe am Leben erhalten werden kann, fühlen sich unterschiedlichste gesellschaftliche Instanzen dafür zuständig, häufig in konträrer Weise über Wert und Wesen rudimentärer Lebensstadien zu befinden.

Schon im Falle der Präimplantationsdiagnostik konkurrieren gänzlich unvereinbare Situationsdeutungen und Zielvorgaben miteinander. Wird dieses Verfahren zum einen als eine besonders schonende Form der Fortpflanzung dargestellt, die der Frau einen Test im Verlaufe der Schwangerschaft und eine Abtreibung zu einem relativ späten Zeitpunkt ersparen soll, erscheint es auf der anderen Seite als eine gänzlich mechanisierte, dehumanisierte Form der Reproduktion. Die simultane Verfügbarkeit einer Mehrzahl von Embryonen sowie der Umstand, dass die In-vitro-Fertilisation innerhalb relativ kurzer Zeitabstände wiederholt werden kann, erlaubt es aus dieser Sicht, dass – je nach Stand der Genentschlüsselung – immer angepasstere, »perfektere« Kinder zur Welt gebracht werden. Diese »Selektion« scheint dadurch erleichtert zu werden, dass der Vier- oder Achtzeller eben nicht das Ergebnis einer sexuellen Vereinigung von Mann und Frau ist, sich noch außerhalb des weiblichen Körpers befindet und dass ihm genau deshalb kaum affektive Anteilnahme entgegengebracht wird. Diese Exponiertheit soll auch dazu führen, dass nicht eigentlich die Wünsche der Frau oder des Paares, sondern Kriterien sozialer Nützlichkeit und Konformität bei der Auswahl erwünschter Embryonen maßgeblich sein werden.

Von den Befürwortern der neuen Diagnostik hingegen wird von Paaren berichtet, die bereits ein Kind mit einer schweren Erbkrankheit haben, dieses auch mit aller Liebe großziehen, sich nun aber noch sehnlichst ein gesundes Kind wünschen. Diese Eltern haben bereits zweimal nach eingetretener Schwangerschaft diagnostizieren lassen, jedes Mal mit dem Ergebnis, dass das Kind wieder erkrankt sein würde, worauf die Schwangerschaft abgebrochen wurde. Die Durchführung einer Diagnostik im Labor – also eine »Zeugung auf Probe« – wünscht sich das Paar nun deshalb, weil der Frau damit eine abermalige »Schwangerschaft auf Probe« erspart bliebe. Geraten also einmal der gleichsam preisgegebene und deshalb anscheinend zugleich schutzbedürftige und schutzwürdige Embryo sowie das beängstigende Szenario einer ungehemmten Selektionspraxis in den Blick, gilt die Aufmerksamkeit der Apologeten der Labordiagnostik ganz den Wünschen einzelner Personen und dem Versuch, eine durch einen späten, »positiven« pränataldiagnostischen Befund nicht mehr in Mitleidenschaft gezogene Schwangerschaft einleiten zu können.

Geht es im Falle der Präimplantationsdiagnostik noch um die Frage nach einer angemessenen, moralisch akzeptablen Form der Kindeszeugung, so wird bei der Embryonenforschung jenes Kontinuum, das im günstigen Fall von der Zeugung zu Schwangerschaft und Geburt führt, unterbrochen. Würden Embryonen überhaupt erst zu dem Zweck hergestellt, der Forschung zu dienen, so wäre sogar von Anfang an nicht nur der Konnex mit menschlicher Sexualität, sondern auch die intentionale Ausrichtung auf die Geburt eines Kindes unterbunden. So kann es nicht verwundern, dass diese Form der »Zweckentfremdung« von großen Teilen der Öffentlichkeit als exemplarischer Fall einer Verletzung der Menschenwürde wahrgenommen wird. Wird doch hier mit entstehendem Leben in einer Weise hantiert, die von den Wünschen künftiger Eltern, aber auch von einer natürlichen vorgeburtlichen Individualentwicklung gänzlich abstrahiert. Stattdessen werden Embryonen einer Zielsetzung dienstbar gemacht, die mit ihnen selbst, mit ihrem eigenen Gedeihen, nicht das Geringste zu tun hat.

Die Frage jedoch, ob sich das strikte Verbot aller Embryonenforschung in Deutschland aufrechterhalten lässt, macht zwangsläufig auch die gängige Praxis der Abtreibung sowie der Empfängnisverhütung zum Gegenstand immer neuer Legitimationsbemühungen. Längst hatte sich sozusagen im Windschatten jener offiziellen, vom Bundesverfassungsgericht vorgegebenen und der politischen Kompromissfindung dienlichen Sprachregelungen eine nicht deklarierte, aber weitverbreitete moralische Akzeptanz von unbeschwerter Sexualität und strafloser Abtreibung durchgesetzt. Hier stellt sich die Frage, warum man sich in diesem Falle permissive Regelungen glaubt leisten zu können, während man mit Hinblick auf Laborembryonen jegliche Güterabwägung strikt verwirft. Der Staat hätte, wenn es ihm tatsächlich hierum zu tun wäre, durchaus Mittel, zum Beispiel die Empfängnisverhütung, bei der Embryonen an der Einnistung gehindert und dadurch vernichtet werden, einzuschränken. Man sollte sich außerdem darauf besinnen, dass eine Bundestagsmehrheit zweimal ein noch wesentlich liberaleres Abtreibungsgesetz als das heute gültige verabschiedete, bevor man – 1976 und 1993 – vom Bundesverfassungsgericht abgemahnt wurde.

Die radikalen Veränderungen im Umgang mit Leben und Tod, die durch die Errungenschaften der neuen Bio-, insbesondere der Reproduktionsmedizin hervorgerufen werden, werden allerorten begleitet von dem Ruf nach einer substantiellen Moral, ja nach kategorischen Verboten. Solche Beschwörungen werden vermutlich keinen nennenswerten Einfluss haben auf die längst »lax« gewordene alltagsmoralische Haltung gegenüber Sexualität, Fortpflanzung und Schwangerschaft. Der einigermaßen aufrichtigen öffentlichen Verständigung förderlich jedoch sind allzu vollmundige Bekundungen, die dem Embryo vom Zeitpunkt der Keimzellverschmelzung an unantastbare Menschenwürde zusprechen, mit Sicherheit nicht.

Reproduktive Autonomie? Zur Denaturierung der menschlichen Fortpflanzung

Einleitung

Die moderne Medizin hat eine teils schon manifeste, teils noch latente tiefgreifende Transformation der menschlichen Fortpflanzung bewirkt. Mindestens vier Aspekte dieser Veränderung lassen sich erkennen.[1] Der erste betrifft die Dispersion von Elternfunktionen. Durch Gametenspende und Leihmutterschaft kommt es zu einer Aufspaltung der Elternrolle je nach genetischer, Schwangerschafts- und sozialer Funktion. Im Extremfall gäbe es fünf Personen, die an der Elternschaft teilhaben: Eizellen- und Samenspender, Leihmutter und das Paar, das das Kind großzieht. Zweitens kann jede dieser Personen hinsichtlich sozialer Bindung und sexueller Orientierung vom herkömmlichen Elternschema abweichen. Nicht nur Unverheiratete, sondern auch Homosexuelle sowie Alleinlebende können eine Elternrolle übernehmen. Die soziale Elternschaft wird von Anfang an festgelegt, das heißt schon bei der Initiierung der Reproduktion, unabhängig von der Fähigkeit einer Person, biologisch (genetisch oder durch Schwangerschaft) zur Zeugung beizutragen. Drittens kommt es zu einer zeitlichen Streckung: Zwischen Gametenspende, Befruchtung und Schwangerschaft/Geburt können – durch die Konservierung von Gameten und Embryonen – jeweils Zäsuren eingeschoben werden. Die Geburt kann als biografisches Datum präziser eingeplant werden und wird zeitlich unabhängig von der Fertilität, ja von der Lebenszeit der genetischen Eltern. Der vierte Aspekt betrifft die vorgeburtliche Selektion: Durch Chromosomenuntersuchungen und molekulargenetische Tests können immer mehr Eigenschaften des künftigen Kindes schon im frühen Embryonalstadium diagnostiziert werden. Vergewissern sich schon heute viele Eltern durch pränatale Diagnostik, dass bestimmte

1 Für Kommentar und Kritik, die mir bei der Präzisierung meiner Überlegungen sehr geholfen haben, danke ich Rainer Forst, Martin Frank und Rahel Jaeggi.

Abweichungen bei ihrem Kind nicht vorliegen, so können künstlich erzeugte Embryonen bereits im Labor einem Ausleseverfahren unterzogen werden.

Das deutsche Embryonenschutzgesetz unterwirft nun Fortpflanzungsentscheidungen, die mit moderner medizinischer Technologie verknüpft sind, einer weitgehenden – und im internationalen Vergleich wohl einmaligen – Restriktion. Grundsätzlich verboten ist die Leihmutterschaft; Ärzte, die entsprechende Eingriffe vornehmen, werden hierzulande mit einer Gefängnisstrafe von bis zu drei Jahren bedroht. Untersagt ist zudem die Eispende. Minutiöse Verfahrensregelungen sollen des Weiteren garantieren, dass bei der In-vitro-Fertilisation nur so viele Embryonen entstehen, wie der Frau sogleich wieder transferiert werden können. Damit soll verhindert werden, dass Embryonen auf Wunsch der Eltern tiefgefroren und für spätere Gelegenheiten gelagert oder aber allein für Zwecke der Forschung erzeugt werden. Indirekt verhindert diese Reglementierung aber auch, dass die Embryonen einem genetischen Screening unterworfen werden. Denn durch die Bestimmung des Gesetzes, dass mit dem extrakorporal erzeugten Embryo nichts unternommen werden darf, was nicht seiner »Erhaltung« dient, wird zum einen verhindert, dass neue diagnostische Methoden getestet werden, zum anderen wird die Anwendung solcher Diagnostik unterbunden; denn sie würde ja, fiele der Befund »positiv« aus, dazu führen, dass ein Embryo vernichtet würde. Geschlechtsselektion wird vom deutschen Gesetz ohnehin ausdrücklich verboten.

Um das Ausmaß der in Deutschland geltenden Restriktionen würdigen zu können, muss man neben dem Embryonenschutzgesetz noch die ärztliche Berufsordnung berücksichtigen. Derzufolge nämlich darf die künstliche Befruchtung »grundsätzlich« nur bei Ehepaaren durchgeführt werden; und »grundsätzlich« dürfen dabei nur Eizellen und Samen der Ehepartner Verwendung finden; Ausnahmen bedürfen der Genehmigung entsprechender Kommissionen der Ärztekammern.

Reglementierungen wie die in Deutschland geltenden werfen eine Vielzahl von Fragen auf. Werden doch hierdurch Handlungsmöglichkeiten, die durch die Fortpflanzungsmedizin eröffnet werden, gleichsam unter Verschluss gehalten. Dass die neuen Optionen bei der Reproduktion aber sowohl der autonomen Entscheidung Einzelner förderlich sein wie auch gesellschaftlich egalisierend wirken können, ist offensichtlich. Die Möglichkeiten für Personen, die aus medizinischen Gründen, wegen ihrer sexuellen Orientierung oder aber weil sie allein leben, keinen Nachwuchs bekommen können, doch zu einem »eigenen« Kind zu kommen, wurden vermehrt. Damit wurden nicht nur biologische Barrieren bei der Reproduktion durchlässig gemacht; auch soziale Konventionen wurden latent außer Kraft gesetzt. Die heterosexuelle Ehe als Leitbild bürgerlicher Lebensform, welche bisher in der Natur der menschlichen Fortpflanzung gleichsam eine Legitimationsbasis zu haben schien, könnte so einem weiteren Geltungsschwund ausgesetzt werden.

Welches also könnten gute Gründe für ein liberales politisches Gemeinwesen sein, Reproduktionsmöglichkeiten dennoch einzuschränken? Um diese Frage zu klären, wird zunächst ein starkes Konzept von »reproduktiver Autonomie« vorgestellt, das den Anspruch aller interessierten Personen auf die Nutzung künstlicher Fortpflanzungsverfahren vorsieht (I). Im Folgenden wird am Beispiel der Leihmutterschaft gezeigt, dass ein solches Konzept in dem Sinne kritisiert werden kann, dass autonome Entscheidungen als selbstsubversiv beschrieben werden; bestimmte Optionen werden durch diese Art der Kritik ihres Anscheins beraubt, den Entscheidungsspielraum aller beteiligten Personen tatsächlich zu erweitern. Einschränkend muss vorweggeschickt werden, dass es in diesem Kontext nur um die Interessen der an der Reproduktion aktiv teilhabenden Person gehen kann. Aus der Diskussion ausgeklammert bleiben muss dabei die für die Debatte um die Reproduktionsmedizin so wichtige Frage nach dem moralischen Status von Embryonen (II). Danach geht es mit Hinblick auf die »Qualitätskontrolle« des Nachwuchses um die wesentlich schwierigere Frage, ob die Reproduktionsmedizin stichhaltig auch problematisiert werden kann, ohne dass dabei auf das »wahre« Interesse der zur Fortpflanzung entschlossenen oder auf das zu schützende Interesse dritter Personen Bezug genommen werden könnte (III). Schließlich kristallisieren sich zwei höchst unterschiedliche Konzepte von »reproduktiver Autonomie« heraus, die jedoch beide mit Hinblick auf den ihnen gemeinsamen »antizipativen« Charakter kritisiert werden können (IV).

I.

Es ist das Verdienst des amerikanischen Juristen und Medizinethikers John A. Robertson, einen anspruchsvollen Begriff von »procreative freedom« formuliert und daraus Folgerungen für den Umgang mit den Reproduktionstechnologien abgeleitet zu haben. Dem Rekurs auf »procreative freedom«,

»procreative liberty« oder »procreative choice« erkennt Robertson gleich zu Beginn seiner Überlegungen eine »presumptive Priorität« zu (Robertson 1994: 16): Ihm gegenüber müssten sich alle Versuche ausweisen, die Nutzung der neuen Fortpflanzungstechnologien einzuschränken. Dieser Primat soll nun dadurch gerechtfertigt sein, dass die Möglichkeit, über Fortpflanzung und Nichtfortpflanzung verfügen zu können, zentrale Bedeutung für die Identität einer Person hat: Wird eine Frau der Möglichkeit beraubt, sich gegen ein Kind zu entscheiden, so hat das gravierende Folgen für ihr körperliches Befinden, ihre psychische Integrität wie für ihre sozialen Bindungen. Nicht weniger schwerwiegend sollen nun aber die Verletzungen sein, die eine Person erleidet, wenn sie gegen ihren Willen keine Kinder bekommen kann. »Although the desire to reproduce is in part socially constructed, at the most basic level transmission of one's genes through reproduction is an animal or species urge closely linked to the sex drive. In connecting us with nature and future generations, reproduction gives solace in the face of death.« Des Weiteren komme der Fortpflanzung so große Bedeutung zu, weil sie als Ausdruck der Liebe und der Einheit eines Paares erfahren wird. Vielen Menschen schließlich erschienen eigene Kinder als »Geschenk Gottes«. »Its denial – through infertility or governmental restriction – is experienced as a great loss, even if one has already had children or will have little or no rearing role with them.« (Ebd.: 24)

Einen normativen Primat räumt Robertson Fortpflanzungsentscheidungen also deshalb ein, weil sie folgenreich sind für die »Gestalt und Bedeutung« des individuellen Lebens einer Person. Das »moralische Recht« auf Fortpflanzung soll künstliche Weisen der Reproduktion ebenso schützen wie natürliche Elternschaft. Infertilität, stellt Robertson fest, solle Personen ebenso wenig disqualifizieren, sich fortzupflanzen, wie zum Beispiel andere körperlich Behinderte daran gehindert werden, sich mit mechanischen Hilfen fortzubewegen, oder wie Blinden schriftlich festgehaltene Informationen vorenthalten werden dürfen.[2] Demgegenüber könnten Maßnahmen, die bestimmte

2 »[C]onsider the analogous effect of blindness on the First Amendment right to read books. Surely a blind person has the same right to acquire information from books that a sighted person has. The inability to read visually would not bar the person from using braille, recordings, or a sighted reader to acquire the information contained in the book. Because receipt of the book's information is protected by the First Amendment, the means by which the information is received does not itself determine the presence or absence of First Amendment rights. Similarly, if bearing, begetting, or parenting children is protected as part of personal privacy or liberty, those experiences should be protected whether they are achieved coitally or noncoitally.« (Ebd.: 39)

Arten der Fortpflanzung unmöglich machen, nur dann gerechtfertigt werden, wenn Letztere anderen Personen nachweislich gravierenden Schaden zufügen würden (»substantial harm to tangible interests of others«). Robertson unterscheidet solche Auswirkungen künstlicher Fortpflanzung, die manifeste Folgen für andere Personen nach sich ziehen, von Effekten »symbolischer« Natur. Diese betreffen nicht die Interessen von Personen, sondern ihre Vorstellungen davon, wie sich Fortpflanzung in biologischer, sozialer, zeitlicher Hinsicht vollziehen *sollte.* »At issue in these cases is the symbolic or constitutive meaning of actions regarding prenatal life, family, maternal gestation, and respects for persons over which people in a secular, pluralistic society often differ. A majoritarian view of ›right‹ reproduction or ›right‹ valuation of prenatal life, family, or the role of women should not suffice to restrictions based on differing individual views of such preeminently personal issues.« (Ebd.: 41)

Robertson hat so von vornherein eine große Anzahl von Argumenten aussortiert, die einer weitgehenden Anerkennung der »procreative freedom« im Wege stehen könnten. Die proklamierte Freiheit impliziert für ihn, dass die Fortpflanzung zeitlich gestreckt werden darf, dass auch Singles und Homosexuelle von den neuen Möglichkeiten profitieren können, und dass alles unternommen werden darf, um sich positiver Eigenschaften des künftigen Kindes zu vergewissern. Auch unter herkömmlichen Bedingungen – so die Begründung für den letzten Punkt – machten Eltern häufig nur dann von ihrem Fortpflanzungsrecht Gebrauch, wenn Voraussetzungen dafür vorhanden seien, dass das Kind gesund zur Welt kommt. »Selection of offspring traits might also be viewed as an aspect of the right to procreate. [...] there is a presumptive right to procreate because of the great importance to individuals of having biologic offspring – personal meaning in one's life, connection with future generation, and the pleasures of child rearing. If a person thought that she would realize those benefits only from a child with particular characteristics, then she should be free to select offspring to have those preferred traits. The right to procreate would thus imply the right to take actions to assure that offspring have the characteristics that make procreation desirable or meaningful for that individual.« (Ebd.: 154 f.)

So bleibt für Robertson zu prüfen, ob nicht in bestimmten Fällen die Realisierung selbstbestimmter Fortpflanzung doch mit den Interessen von Personen kollidiert. Dies könnte zum einen die Kinder betreffen, etwa dann, wenn ein Embryo erst »posthum«, also nach dem Tod eines der Gametenspender der natürlichen Mutter oder der neuen Frau des Vaters eingepflanzt würde; oder dann, wenn die Kinder durch das Bewusstsein desorientiert würden, einen anonymen Spendervater oder eine anonyme Spendermutter und/oder eine Leihmutter zu haben. Alle diesbezüglichen Zweifel schlägt Robertson mit Überlegungen in den Wind, die man als Varianten des »Normalitätsargumentes« bezeichnen kann: Die Neuheit der Optionen wird relativiert beziehungsweise unkenntlich gemacht, indem gezeigt wird, dass die möglichen Irritationen auch unter herkömmlichen Bedingungen schon auftraten. Immer schon, so heißt es, haben Kinder damit leben müssen, dass ein Elternteil kurz vor, während oder bald nach der Geburt starb; und im Zuge einer immer häufigeren Auflösung traditioneller Kernfamilien seien viele Kinder längst mit dem Auf- und Abtreten von Personen, die Elternfunktion übernehmen, konfrontiert.

Im Falle der Leihmutterschaft kann es zu Konflikten zwischen den künftigen Eltern und der schwangeren Frau kommen. Zwei Punkte stehen dabei zur Debatte: Darf die Leihmutter für ihre Dienste bezahlt werden, und sind Verträge, die vor der Zeugung und Schwangerschaft abgeschlossen werden und die Leihmutter zur Übergabe des Kindes nach der Geburt verpflichten, bindend? Beide Fragen bejaht Robertson vehement. Würden nämlich Bezahlung und Verträge nicht greifen, so würde damit Eltern, die keinen eigenen Nachwuchs zur Welt bringen können, ein effektives Mittel vorenthalten, sich ihren Kinderwunsch zu erfüllen. Wieder scheint – wie wohl bei allen Fällen biomedizinischer Innovation – das Normalitätsargument zu greifen: Die Bedürftigkeit von Personen werde im Rahmen verschiedenster Lohnarbeitsverhältnisse ausgenutzt, und es spreche nichts dafür, dass Leihmütter in größerem Ausmaß ausgebeutet würden als »petrochemical workers, cleaning persons, or construction workers in the hot Texas sun« (ebd.: 141 f.).

Robertsons Diskussion der »kollaborativen« Reproduktion – Ei- und Samenspende, Leihmutterschaft – erzwingt nun geradezu einen dialektischen Argumentationsverlauf. Zum einen nämlich soll diesen Reproduktionsformen so große Bedeutung zukommen, da sie es Paaren möglich machen, mindestens einen Teil der biologischen Funktionen der Fortpflanzung – Bereitstellung der Gameten und/oder Schwangerschaft – selbst zu erfüllen. Indem auf diese Weise jedoch die Bedeutung biologischer Elternschaft bekräftigt wird, wird dieselbe zugleich vollends unterminiert. Denn die künftigen Eltern sollen ja auch dann einen Anspruch auf das Kind haben, wenn ihr Beitrag nur in einer Samenspende des Mannes besteht. Und in diesem Falle soll zudem der Mann nicht in stärkerem Ausmaß »Vater« sein als die Frau »Mutter«. Das Anrecht beider Elternteile, das Kind nach der Geburt zu erhalten, soll darauf beruhen, dass sie mit der Initiierung von Zeugung und Schwangerschaft bereits ein hohes Ausmaß an Zeit, Energie und Emotion in das künftige Kind »investiert« haben. Damit aber ist das Elternschaft konstituierende biologische Band zerrissen. Hiermit wiederum wird, wie Robertson ausführt, eine Logik begründet, die erhebliche rechtliche Konsequenzen haben müsste: Über die Ermöglichung der Leihmutterschaft hinaus nämlich müsste das Adoptionsrecht dahingehend geändert werden, dass Auftragsschwangerschaften und die Übergabe von Neugeborenen gegen Bezahlung zulässig würden. Da schon in den meisten Fällen der Leihmutterschaft der Beitrag der »Eltern« außer in der Bereitstellung der Samenzellen vor allem darin besteht, die Schwangerschaft zu initiieren und die verschiedenen Parteien zusammenzubringen, soll sich in Zukunft Elternschaft auch ganz allein auf die Tätigkeiten des »Arrangierens« und »Rekrutierens« begründen lassen (vgl. ebd.: 142 ff.). Die Eltern werden zu Unternehmern und Managern, die einzelne oder mehrere Personen für den Beitrag entlohnen, den diese zur Fortpflanzung beisteuern, und die deshalb auch einen rechtlich sanktionierten Anspruch auf das »Produkt« geltend machen können.

II.

Robertson hat keine erschöpfende Auskunft über die Möglichkeiten konkreter Begründung des Kinderwunsches gegeben. Er hat jedoch solche besonders starken Gründe für die Erwünschtheit eines »eigenen« Kindes genannt, die eine ideologiekritische »Entlarvung« dieses Wunsches (vgl. Sherwin 1992: 13 ff., 1993: 230 f.; Overall 1993: 48, 127 f.) fragwürdig erscheinen lassen. Man kann die in Robertsons Argumentation verborgene Struktur als »doppelte Transzendenz« bezeichnen: »Übersteigt« die und der Einzelne durch das Kind das eigene Selbst, so können durch diese Beziehung noch andere Weisen der Selbsttranszendenz hergestellt oder bestärkt werden: Mit Hilfe des Kindes können die Eltern sich in Beziehung setzen zur Natur, zu früheren oder künftigen Generationen, zu Gott, zum Geliebten/zur Geliebten. Dies aber sind Modi der Selbstverankerung, die es berechtigt erscheinen lassen, von der großen Bedeutung der Fortpflanzung für die personale Identität zu sprechen.

Und dennoch muss die Selbstverständlichkeit befremden, mit der Robertson glaubt begründen zu können, dass mit den neuen Fortpflanzungstechnologien auch auf Anhieb neue individuelle Rechtsansprüche entstehen. *Erstens* nämlich verschwendet Robertson keinen Gedanken darauf, dass nicht nur die Reproduktionsformen, sondern auch die sich damit verknüpfende Vorstellung vom »Wunschkind« ein kulturgeschichtlich gesehen junges Phänomen ist. Dass Kinder als *Einzelne* geplant und erwünscht werden, wäre ohne die neuen Verhütungsmethoden seit den sechziger Jahren und ohne die damit verknüpfte Emanzipation der Frauen aus familiären Kontexten nicht denkbar. Das Kind oder die wenigen Kinder werden häufig zum bewusst eingeplanten biografischen Datum, dem komplizierte Entscheidungsprozesse vorausgehen. Diesem Kind/diesen Kindern werden aber deshalb auch schon vor der Zeugung und Geburt starke Gefühle entgegengebracht. Als *Einzelne* erwünscht und geplant, werden sie als *Einzelne* auch antizipiert und imaginiert. Nur deshalb kann Robertson sagen, dass die Eltern nur dann Befriedigung durch ihren Nachwuchs erfahren, wenn das Kind ihren Vorstellungen möglichst genau entspricht, dass sie deshalb einen Anspruch auf alle möglichen Test- und Selektionsverfahren geltend machen können.

Zweitens handelt es sich bei den Fortpflanzungsmethoden natürlich keineswegs um rein mechanische Kompensationen physischer Funktionsdefizite (wie ein Rollstuhl oder wie die Blindenschrift). Die Zulassung solcher Verfahren macht vielmehr nur dann Sinn, wenn sich die moralische wie rechtliche Infrastruktur der Gesellschaft mitverändert. Wenn zum Beispiel Leihmutterschaft möglich sein soll, dann sollten sich die »Auftraggeber« wohl tatsächlich darauf verlassen können, dass sie am Ende nicht einer schweren Enttäuschung ausgesetzt werden. Das aber setzt voraus, dass sich eine Vorstellung von partieller Mutterschaft als bloßer Schwangerschaft etabliert und die Herausgabe des Kindes nach der Geburt erzwingbar würde.[3] Nicht allein das Recht Einzelner, sich ihren Kinderwunsch zu erfüllen, steht also zur Debatte, sondern auch die Frage, ob eine Gesellschaft ihre Vorstellungen von Elternschaft dem technologischen Wandel einfach anpassen und diese Transformation auch noch rechtlich sanktionieren will oder soll. Aus dem prinzipiellen Anspruch, in Sachen Fortpflanzung eigenständige Entscheidungen zu treffen, kann nicht umstandslos darauf geschlossen werden,

3 »Finally, at the end of the pregnancy, in contrast to the provisions that govern ordinary adoption, the woman is not permitted to change her mind about surrendering the baby, an act that may cause her tremendous anguish. All of these extraordinary conditions raise the question how compliance can be ensured: by means of imprisonment? restraint? forcible seizure of the infant?« (Overall 1993:130)

dass ein Gemeinwesen alles dafür tun muss, dass Personen sich ihren Kinderwunsch erfüllen können.

Drittens wird mit der Propagierung der medizintechnologisch assistierten menschlichen Reproduktion zugleich das Phantasma einer weitgehend oder vollständig entnaturalisierten und desexualisierten Fortpflanzung genährt. Es gibt nur noch geschlechtlich neutrale Parteien, die miteinander Verträge abschließen: Jene, welche die Initiative ergreifen und Vorstellungskraft und projektive Gefühle investieren; jene, die Eizellen und Samenzellen zur Verfügung stellen; jene, die die Schwangerschaft auf sich nehmen und das Kind zur Welt bringen. Letztere kann man dann auch umstandslos mit »Bauarbeitern in der heißen Sonne von Texas« gleichsetzen,[4] ohne sich, als männlicher Autor, auch nur die Frage zu stellen, ob Schwangerschaft und Geburt die physische und psychische Integrität einer Frau nicht stärker beeinflusst als andere Erfahrungen von Extremsituationen, die beiden Geschlechtern gleichermaßen zugänglich sind.[5]

Dabei ist es doch keineswegs sonderlich schwierig, sich vor Augen zu halten, wodurch sich eine Auftragsschwangerschaft von allen anderen Lohnarbeitsverhältnissen unterscheidet. Das betrifft zunächst die *Dauer* der Inanspruchnahme der schwangeren Frau: Neun Monate lang muss sie ununterbrochen, 24 Stunden am Tag, für das Kind in ihrem Bauch Sorge tragen. Würde sie das Arbeitsverhältnis aufkündigen und abtreiben lassen, so würde sie damit nicht nur in dem Sinne vertragsbrüchig, als sie den Auftraggeber um ihren eigenen Anteil am Zustandekommen des »Endproduktes« brächte, der dann von einer anderen Lohnarbeiterin zu erbringen wäre; vielmehr würde das ganze Unternehmen scheitern und sich damit auch die Anstrengungen der anderen Beteiligten als vergeblich erweisen.

Wie ungleich die Lasten bei dieser Art der Kindeszeugung verteilt sind, zeigt auch die *Intensität der Verantwortung*, die die Leihmutter für das Kind zu tragen hat. Sie wird sich von den Auftraggebern – den künftigen Eltern wie der Vermittlungsagentur – erheblichem Druck ausgesetzt sehen, alles dafür zu tun, dass das Kind gesund zur Welt kommt. Darauf muss sie ihren

4 Charlesworth nennt bei seiner Verteidigung der Leihmutterschaft als Beispiele strapaziöser, aber erlaubter Lohnarbeit das Wegkarren von Steinen und das Ausheben von Gräben (vgl. Charlesworth 1997 [1993]: 97).

5 Mahowald kritisiert generell die verfehlte Geschlechtsneutralität (»gender-neutral language«) in Zusammenhängen der Reproduktionsmedizin; indem immer von »den Eltern« die Rede sei, die Fortpflanzungsentscheidungen zu treffen hätten, werde die besondere Betroffenheit der Frau durch Schwangerschaft, Pränatalmedizin und Fürsorge nach der Geburt kaschiert (vgl. Mahowald 1994: 68 f.).

gesamten Lebenswandel – rund um die Uhr – einstellen. Es genügt nicht, dass sie auf Verhaltensweisen verzichtet, die dem Kind gegenüber grob fahrlässig wären. Vielmehr wird sie dazu angehalten werden, aktiv Vorsorge zu tragen. Dies folgt logisch aus dem Arrangement der Leihmutterschaft: Da ein nach über Jahre hinweg schmerzhaft erfahrener eigener Infertilität geplantes Kind ein in besonderem Ausmaß erwünschtes und mit projektiver Energie bedachtes Kind ist; und da in diesem Falle die Zeugung selbst schon eine Form der medikalisierten Reproduktion darstellt; deshalb wird man auch während des gesamten Verlaufs der Schwangerschaft in besonderem Maße für das Wohl des Kindes Sorge tragen wollen. Das schließt invasive pränatale Untersuchungen ein, der sich die Leihmutter wird aussetzen müssen.

Mit anderen Arbeitsverhältnissen unvergleichlich ist schließlich die Art der *psychischen Selbstbindung*, die der Leihmutter abverlangt wird. Sie verpflichtet sich dazu, keinesfalls eine enge emotionale Beziehung zu einem Kind entstehen zu lassen, zu dem sie neun Monate lang allerengsten körperlichen und dadurch notwendigerweise auch psychischen Kontakt unterhält. Die Leihmutter muss zwar während der Schwangerschaft ununterbrochen für dieses Kind da sein und soll auch alles dafür tun, dass es gesund zur Welt kommt; wenn es dann aber soweit ist, soll sie das Kind sofort »loslassen« können und den Auftraggebern anvertrauen. Die Leihmutter, so schreibt Elizabeth Anderson »is not free, once she enters the contract, to develop an autonomous perspective on her relationship with her child. She is contractually bound to manipulate her emotions to agree with the interests of the adoptive parents [...] The surrogate mother, like all persons, has an independent evaluative perspective on her activities and relationships. Her dignity and autonomy demand that the other parties of the contract acknowledge rather than evade the claims that her independent perspective makes upon them. But the surrogate industry suppresses, manipulates and trivializes her perspective, for there is an ever-present danger that she will see her involvement in her pregnancy from the perspective of a parent rather than from that of a contract laborer.« (Anderson 1993: 178)

Ist es im Interesse der Auftraggeber, eine enge Bindung zwischen schwangerer Frau und dem Kind gar nicht erst entstehen zu lassen, so verhalten sie sich andererseits jenen Gefühlen der Frau gegenüber »ausbeuterisch« (exploitive), die diese mit ihrer Aufgabe als Hilfeleistende verknüpft. Denn, so mutmaßt Anderson, im Regelfall sei es nicht rein ökonomisches Kalkül, das eine Frau dazu veranlasst, für ein infertiles Paar eine Schwangerschaft durchzustehen; und gerade solche Frauen, die aus purer Not einen solchen Vertrag abschließen würden, wären auch keineswegs im Sinne der Auftraggeber. Diese verhalten sich parasitär gegenüber altruistischen Motiven, die das Verhalten der Leihmutter mitbestimmen. Dieser Altruismus führt zum einen dazu, dass die Frau ständig ihrer Verantwortung für das Wohlbefinden des Kindes bewusst ist oder an diese Verantwortung erinnert werden kann; zum anderen kann die Frau an diese ihre ursprüngliche Motivation gemahnt werden, wenn doch eine allzu enge Bindung zu dem Kind entstehen sollte. Während sich also die Leihmutter durchaus auch von dem Gefühl leiten lässt, mit ihrer Mühe den künftigen Eltern ein »Geschenk« zu machen, so folgen Letztere der Logik des Marktes: Der nichtinstrumentellen Orientierung der Leihmutter gegenüber verhalten sie sich primär instrumentell. Und dies tun sie nicht kontingenterweise. Es entspricht vielmehr vollkommen ihrem Wunsch, ein eigenes Kind haben zu wollen, dass sie die Gefühle der Leihmutter gar nicht angemessen berücksichtigen können (vgl. ebd.: 180 f.).

Sowohl der manipulativ-repressive wie der ausbeuterisch-parasitäre Umgang mit den Gefühlen der Leihmutter unterminiert nun, was Anderson »the social conditions for women's autonomy« (ebd.: 185) nennt. Diese Voraussetzungen werden zerstört, weil der Mutterschaftsvertrag es der Frau nicht erlaubt, eine eigene »evaluative« Perspektive zu entwickeln. Ihre Gefühle und Optionen werden zum Gegenstand des Kalküls von Marktteilnehmern und deshalb nicht als Orientierungen wahrgenommen, die um ihrer selbst willen geachtet werden wollen und denen einfühlsam zu begegnen wäre. Nicht allein die Tatsache, dass sie möglicherweise gegen ihren Willen das Kind hergeben muss, schränkt also die Möglichkeit der Frau ein, über sich selbst zu verfügen; vielmehr werden ihr jene Bedingungen vorenthalten, die es ihr erst erlauben würden, eigene Optionen überhaupt auszubilden.[6]

---

6 Kymlicka verfehlt die Spezifik von Andersons Kritik, wenn er ihr vorhält, mit ihrer Argumentation wende sie sich gegen Vertragsfreiheit schlechthin. Aus liberaler Sicht, so Kymlicka, sei es durchaus vertretbar, dass man von etwas, das man »respektiert«, Gebrauch macht, indem man es kauft oder verkauft. Sonst wäre zum Beispiel auch die Vermarktung von Kunstwerken illegitim (vgl. Kymlicka 1991: 95). Andersons Beweisführung geht aber gerade dahin, dass sich im Falle der Leihmutterschaft eine richtig verstandene Respektierung der Schwangeren von Seiten der künftigen Eltern gar nicht erst herausbilden kann, und dass es deshalb der Schwangeren unmöglich gemacht wird, autonom über den Wert zu befinden, den sie dem Kind beimisst. Durch den Vertrag werden demzufolge jene Voraussetzungen zerstört, die es der Leihmutter erst erlauben würden, darüber zu befinden, ob sie das Kind veräußern möchte oder nicht. Es scheint deshalb keineswegs übertrieben zu sein, in diesem Zusammenhang John Stuart Mills Argument gegen »contracts for consensual slavery« anzuführen (vgl. Shanley 1995: 98 f.).

III.

Nun sind bei Anderson jedoch jene Überlegungen, welche die Autonomie der Frau betreffen, von solchen Argumenten zu unterscheiden, welche die Zerstörung des gesellschaftlichen »Wertes« der Elternliebe thematisieren. Anderson betont die »expressive« Bedeutung von Leihmutter-Verträgen: Diese legen fest, dass Frauen dafür bezahlt werden, dass sie eine enge emotionale Bindung zu ihrem Kind gar nicht erst entstehen lassen und darüber hinaus über dieses Kind wohlmöglich allein nach Nutzenkalkül disponieren (vgl. Anderson 1993: 172). Dieses aber hat Folgen nicht nur für die Leihmütter selbst und für die Kinder, die sie zur Welt bringen. Der »expressive« Charakter dieser Verträge schränkt vielmehr die unbedingte gesellschaftliche Wertschätzung, die der Elternliebe entgegenzubringen wäre, ein. Einmal vom Virus des Kommerzes befallen, scheint jene bedingungslose Zuwendung, die Kinder durch ihre Eltern erfahren sollten, einer generellen Entwertung und Infragestellung ausgesetzt zu sein.

Es ist ein erheblicher Unterschied, ob man, wie Robertson, von der »symbolischen« Bedeutung, oder, wie Anderson, vom »expressiven« Charakter bestimmter Praktiken spricht. Das klassisch liberale Modell, das Robertsons Argumentation zugrunde liegt, geht von der friedlichen Koexistenz verschiedenster privater Wertungen aus: Kein säkularer Staat soll befugt sein zu bestimmen, welche Vorstellungen über pränatales Leben, Schwangerschaft, die Rolle der Frau und die Familie in der Gesellschaft vorherrschen. Es bleibt der einzelnen Person anheimgestellt, solche Vorstellungen selbst zu entwickeln und so zu handeln, dass sie im eigenen Leben Gestalt gewinnen. Eingeschränkt werden dürfte dieses Handeln nur dann, wenn basale Lebensinteressen anderer dadurch verletzt würden.

Nun scheint es aber in manchen Fällen problematisch zu sein, von einer solchen Koexistenz verschiedener Werthaltungen auszugehen. Durch die Institutionalisierung bestimmter Praktiken können, ohne dass das in irgendeiner Weise intendiert wäre, andere, vielleicht übergeordnete, nämlich von vielen geteilte Werte einem Geltungsschwund ausgesetzt werden. Diese Praktiken haben dann eine Signalwirkung, die weit über den zunächst betroffenen Lebensbereich hinausreicht und andere Institutionen (soziale Beziehungen, fundamentale Wertungen) tangieren; das heißt aber auch, dass diese Praktiken unzureichend verstanden werden, wenn sie allein als Privatsache Einzelner begriffen werden.

Man mag noch einwenden, dass die gesellschaftliche Wertschätzung der Mutter-Kind- und Eltern-Kind-Beziehung fest genug verankert sei, um nicht durch einzelne Auftragsschwangerschaften außer Kraft gesetzt werden zu können. Gravierender dürfte hingegen die »expressive« Relevanz vorgeburtlicher Selektionsentscheidungen sein. Wenn gezielte, institutionell breitgestreute Anstrengungen unternommen werden, um die Geburt behinderter Kinder zu verhindern, dann handelt es sich dabei eben nicht um beliebige Reproduktionsentscheidungen von Privatleuten. Vielmehr treten hierdurch verbreitete, von großen Teilen der Gesellschaft vertretene Einstellungen gegenüber Behinderten und Behinderung zutage und geraten mit offiziell deklarierten Werthaltungen in Konflikt. Hierbei geht es nicht so sehr um die sehr geringe Anzahl von Abtreibungen geschädigter Föten. Vielmehr geht es um die längst routinemäßig durchgeführten pränatalen Tests. Werden diese doch meistens mit dem Ziel in Anspruch genommen, dann die Schwangerschaft zu beenden, *wenn* eine Schädigung des Fötus festgestellt wird. Die latente – nämlich für den Fall der Fälle eingeplante – Selektion ist also um ein Vielfaches größer als die tatsächlich vorgenommene.

Diese Bereitschaft zur Selektion wirkt nun in einem doppelten Sinne »verletzend«. Zum einen nämlich signalisiert sie behinderten Personen ganz unmissverständlich: »Jemanden wie dich wollen wir nicht. Einen Menschen mit einer natürlichen Ausstattung zur Welt zu bringen, wie du sie uns vor Augen führst, erscheint uns unerträglich. Zumindest sind wir nicht bereit, entsprechende Mühe auf uns zu nehmen.« (Vgl. hierzu ausführlich Kuhlmann 1996: 161 ff.; Asch 1995)

Behinderte beziehen Entscheidungen für pränatale Tests sicher nicht notwendigerweise in dieser Form auf sich selbst. Prinzipiell aber gilt, dass diese Personen nur in ständiger Auseinandersetzung mit ihren physischen oder psychischen Beeinträchtigungen ihre Persönlichkeit haben ausbilden können, und dass die Behinderung wohl um so mehr zu einem konstitutiven Bestandteil ihres Selbstbildes geworden ist, je massiver die Widerstände waren, die sie dabei überwinden mussten. Darüber, ob sie den Versuch, einer bestimmten Behinderung »vorzubeugen«, als Herabwürdigung ihrer eigenen Person bewerten, können deshalb nur sie selbst befinden; aus »neutraler« Perspektive hingegen lässt sich die Berechtigung einer solchen Kränkungserfahrung sicher nicht taxieren.[7]

7 Dies aber versucht Purdy, indem sie gegenüber Asch argumentiert: »Wanting a world where fewer suffer implies doing what we can to relieve future people of them. This is an entirely different justification for the position in question, one that ought to be reassuring,

Kann also zum einen durch die vorgeburtliche Selektion behinderten Menschen mindere Wertschätzung signalisiert werden, so verletzen egalitäre Gesellschaften hiermit zugleich ihr eigenes Selbstverständnis. Der demokratische Konsens, dass Minderheiten nicht diskriminiert und dann, wenn sie benachteiligt sind, gar besonders gefördert werden sollen, wird in Frage gestellt, wenn breitgestreute Testverfahren dafür sorgen, dass behinderte Menschen gar nicht erst geboren werden. Ihnen wird gewissermaßen der Zugang zur Solidargemeinschaft versperrt. Und dies ist auch dann ein Problem, wenn man nicht davon ausgeht, dass dadurch das Lebensrecht menschlicher Föten verletzt wird oder dass als reale Folge dieser Selektionspraxis auch lebenden Behinderten Unterstützung entzogen wird. Der »Skandal« besteht vielmehr darin, dass die Gesellschaft zu erkennen gibt, dass ihre Bereitschaft zu praktizierter Solidarität *nicht* der Ausdruck einer gleichsam unbedingten Akzeptanz behinderter Personen ist. *Zunächst* wird versucht, die Geburt dieser Menschen zu verhindern, und erst, wenn dies misslingt, wird ihnen – wenn es gut geht – Unterstützung zuteil.

Nun kann im Falle der vorgeburtlichen Selektion allerdings nicht argumentiert werden, dass Praktiken, die mit normativen Grundorientierungen der Gesellschaft kollidieren, in Wirklichkeit auch gar nicht im Interesse der handelnden Personen seien, dass hierdurch also nicht nur ein Gebot egalitärer Sozialmoral verletzt, sondern zugleich auch das autonome Handeln der Akteure in Mitleidenschaft gezogen werde. Dass sich Frauen oder Paare häufig mit guten Gründen gegen die Geburt behinderter Kinder entscheiden, kann man nicht nur dann konzedieren, wenn man ein privatistisch-negatives Verständnis von reproduktiver Autonomie in Anschlag bringt, wenn also praktisch alles, wofür sich Frauen in Sachen Reproduktion entscheiden, schon deshalb als gerechtfertigt gilt, weil es angeblich nur sie selbst betrifft. Unter Rekurs auf die Care-Ethik ist demgegenüber argumentiert worden, dass Frauen sich vor allem deshalb auch gegen ein Kind sollen entscheiden dürfen, weil sie in bestimmten Situationen nur so ihrer Verantwortung für alte oder neue soziale Bindungen gerecht werden können.[8] Solche Loyalität

---

not threatening. It is also important here once again to resist identifying disability with the disabled. My disability is not me, no matter how much it may affect my choices. With this point firmly in mind, it should be possible mentally to separate my existence from the existence of my disability.« (Purdy 1996: 68)

8 Robin West hat argumentiert, dass es nicht ausreiche, ein – in der Abtreibungsfrage prominent vom US-amerikanischen Supreme Court deklariertes – »right of privacy« ins Feld zu führen, um »reproductive freedom« zu legitimieren. »Women need the freedom to make reproductive decisions not merely to vindicate a right to be left alone but often to strength-

kann einer schon bestehenden Familie gelten, mag aber auch die Entfaltungsmöglichkeiten der Frau selbst in dem Sinne betreffen, dass nur eine Abtreibung es ihr erlaubt, sich aus Abhängigkeiten – etwa vom Vater des Kindes – zu befreien oder ein Lebensprojekt – zum Beispiel eine Ausbildung – zu Ende zu führen (vgl. Gilligan 1984 [1982]: 114 ff.). Wenn man aber Entscheidungen gegen Kinder in diesem Sinne als »positive« Entscheidungen versteht, dann kann man nicht zugleich behaupten, dass selektive Abtreibungen meist keine selbstbestimmten Handlungen sind. Natürlich betrifft die Geburt eines behinderten Kindes die Fähigkeit der Eltern, soziale Beziehungen zu unterhalten, in besonderem Maße; und dies nicht nur dann, wenn sie bereits ein Kind mit der pränatal diagnostizierten Schädigung haben.[9] Gerade Abtreibungsentscheidungen, die in Kenntnis der physischen Konstitution des Kindes und unter Berücksichtigung der damit verbundenen möglichen Belastungen getroffen werden, können als in einem spezifischen Sinne autonome, nämlich »aufgeklärte« Entscheidungen verstanden werden.

Allerdings lassen sich in diesem Zusammenhang zwei deutlich zu unterscheidende, wenn auch in der Realität sicherlich häufig miteinander verquickte Arten autonomer Reproduktionsentscheidungen ausmachen: Man kann sich über eine mögliche Schädigung des Kindes instruieren lassen wollen, weil man ganz einfach kein behindertes Kind haben will. Die Vorstellung, ein solches Kind zur Welt zu bringen, kann für viele den Sinn ihrer Fortpflanzungsentscheidung zerstören. Das behinderte Kind würde im Leben der Eltern – ihrer eigenen Mutmaßung zufolge – nicht jene positiv besetzte Rolle spielen können, die sie ihrem Nachwuchs zugedacht haben. Dient in diesem Falle die Kontrolle der Fortpflanzung der Selbstverwirklichung der künftigen Eltern, so mögen sich andere moralisch dazu verpflichtet

en their ties to others: to plan responsibly and have a family for which they can provide, to pursue professional or work commitments made to the outside world, or to continue supporting their families or communities. At other times the decision to abort is necessitated not by a murderous urge to end life, but by the harsh reality of a financially irresponsible partner, a society indifferent to the care of children, and a work-place incapable of accomodating or supporting the needs of working parents. At many other times the need to abort follows directly form a violent sexual assault. When made for any of these reasons, the decision to abort is not one made in an egoistic private vacuum. Whatever the reason, the decision to abort is almost invariably made within a web of interlocking, competeting, an often irreconcilable responsibilities and commitments.« (West 1990: 84 f.)

9 Das Ziel, Eltern auf ihren eigenen Wunsch hin vor der Geburt eines weiteren behinderten Kindes zu bewahren, wird häufig von Humangenetikern und Fortpflanzungsmedizinern zur Legitimation von Pränatal- beziehungsweise Präimplantationsdiagnostik angeführt.

fühlen, Vorsorge zu tragen. Neben dem Wunsch, etwa eine schon bestehende Familie nicht einer als unzumutbar erachteten Belastung auszusetzen, kann hierbei das Bemühen um das Wohl des künftigen Kindes eine Rolle spielen. Ob und in welchem Ausmaß eine solche Vorsorge tatsächlich moralisch geboten ist, ist jedoch strittig. Ein relativ weitreichender Konsens dürfte lediglich darüber bestehen, dass es sinnvoll sein *kann,* die Geburt eines solchen Kindes zu verhindern, das nur ein absehbar kurzes und in vielerlei Hinsicht reduziertes Leben zu erwarten hat. Nun ist aber, zumal von feministischer Seite, ein »moralischer Minimalismus« kritisiert worden, dem es vordringlich darum zu tun ist, künftige Kinder vor extremen Schädigungen zu bewahren. Laura M. Purdy etwa hat geltend gemacht, dass elterliche Liebe und Fürsorge es gebieten würden, sich für das Wohlergehen des (künftigen) Kindes zu engagieren. »[T]o love someone is to care desperately about his or her welfare and to want only good things for him or her.« (Purdy 1996: 58; vgl. auch McClamrock und Steinbock 1995: 390 ff.) Die Konsequenz aus dieser gewagten Formulierung zieht Purdy, wenn sie darauf insistiert, dass auch Behinderungen geringeren Grades erhebliches Leid hervorrufen können und wenn sie zumindest nahelegt, dass auch eine absehbare Sehschwäche oder die Lähmung beider Beine beim künftigen Kind davon abhalten sollten, dieses zu zeugen oder zur Welt kommen zu lassen. Die moralische Verpflichtung, das eigene Kind vor Elend und Leid zu bewahren, wird von Purdy ausdrücklich als einschränkende Bedingung für das Recht auf selbstbestimmte Fortpflanzung deklariert. »So, to say that love is relevant here is to say that there is sometimes a disparity between a future person's interest in a healthy body and the interest in procreation. Defending that viewpoint requires showing that the moral right to reproduce is relatively weak and the moral right to a healthy body is relatively strong. Given the potential for harm to another that reproduction can involve, it seems to me that the presumed right to reproduce one's genetically related offspring is indeed the weakest element in the right to control our body. I concentrate here on the argument for healthy bodies – the claim that people are better off without disease or special limitation, and that this interest is sufficiently compelling in some cases to justify the judgment that reproducing would be wrong.« (Purdy 1996: 59)

Die moralische Pflicht, mögliche Schädigungen des künftigen Kindes mit ins Kalkül zu ziehen, verhält sich für Purdy allerdings genau komplementär zum *Recht* der Frau, jene Belastungen zu berücksichtigen, die für sie selbst durch die Geburt eines behinderten Kindes entstehen würden. Dieser

Argumentation zufolge scheint es in jedem Falle dem wohlverstandenen Interesse der Frau zu entsprechen, dieses Recht auch in Anspruch zu nehmen, da Aufklärung die Voraussetzung dafür sein soll, überhaupt autonom entscheiden zu können. Frauen sollen sich bei der Planung einer jeden Schwangerschaft sowohl über ihre jeweiligen Bedürfnisse, Wünsche, Vorhaben und Fähigkeiten Rechenschaft ablegen, wie auch jene Anforderungen abschätzen, die für sie mit Schwangerschaft und Geburt verbunden wären; nur dann soll unnötiges Leid von der Frau wie auch von dem Kind abgewendet werden können (vgl. ebd.: 84). Im Rahmen solch aufgeklärter Reproduktionsentscheidungen soll nun auch der Leihmutterschaft eine besondere Bedeutung zukommen können: Aus dieser Perspektive nämlich ist die Leihmutterschaft nicht nur ein Mittel, um überhaupt zu einem Kind zu kommen; vielmehr soll sie die Belastungen für Mutter und Kind minimieren helfen. Wenn eine andere Frau das Kind zur Welt bringt, dann kann die künftige Mutter sich und dem Kind damit eine absehbare Risikoschwangerschaft ersparen; zum anderen kann so die Weitergabe vererbter Schäden verhindert werden (vgl. ebd.: 185).

IV.

Wie sich gezeigt hat, können neue Formen medizintechnologisch kontrollierter Fortpflanzung im Namen zweier ganz unterschiedlicher Vorstellungen von reproduktiver Autonomie legitimiert werden. Der ersten zufolge geht es allein um die Identitätsansprüche von Personen, die Eltern werden wollen. Die neuen Verfahren sollen es ihnen nicht nur ermöglichen, überhaupt ein Kind zu bekommen; auch der Zeitpunkt der Geburt sowie die »Ausstattung« des Kindes sollen ihren individuellen Wünschen entsprechen. Ihre weitestgehende Ausformulierung findet dieses ganz auf die Selbstverwirklichung der Eltern abstellende Konzept in der Feststellung, dass nur die Geburt eines Kindes mit erwünschten Eigenschaften als Realisierung des ursprünglichen Kinderwunsches der Eltern soll gelten können.

Das zweite Konzept misst dem Kinderwunsch von Personen nur relative Bedeutung zu. Zwar wird dieser nicht prinzipiell – wie von manchen Kritikern und vor allem Kritikerinnen der Fortpflanzungstechnologien – ideologiekritisch in Frage gestellt. Er soll jedoch nur verwirklicht werden dürfen, wenn erstens die künftigen Eltern aller Voraussicht nach ihrer Fürsorgepflicht auch gerecht werden können; und wenn zweitens zumindest zumutbare Anstrengungen unternommen wurden, um abzuklären, dass das Kind nicht mit gravierenden Schädigungen zur Welt kommt. Dieses die Bedürfnisse und Wünsche, zumal der Frauen, zwar keineswegs ignorierende, vor allem aber die Verantwortung künftiger Eltern akzentuierende Konzept von aufgeklärt-kontrollierter Fortpflanzung besagt in seiner rigidesten Ausformulierung, dass schon solche prognostizierbaren Schädigungen des Kindes, die nicht gänzlich banal sind, Grund genug sind, von der Zeugung abzusehen. Gerade zur Realisierung von auch an den vermeintlichen Bedürfnissen des Kindes orientierten Reproduktionsentscheidungen sollen sowohl entsprechende medizinische Diagnostik mobilisiert sowie – zur Kompensation von Risiken – kollaborative Formen der Fortpflanzung in Anspruch genommen werden.

So sehr sich nun auch das Selbstverwirklichungskonzept und das Verantwortungskonzept voneinander unterscheiden, so teilen sie doch ein wesentliches Charakteristikum: Beide nämlich machen die Fortpflanzung abhängig von der Antizipation spezifischer Eigenschaften des Kindes. Die Fortpflanzung soll gerade dann in besonderem Maße sinnvoll beziehungsweise zu verantworten sein, wenn zumindest die physische Konstitution des Kindes mit ins Kalkül gezogen wird.

Wie fragwürdig dies aber sein kann, wird umso deutlicher, je enger die antizipierten Charakteristika mit kontingenten Präferenzen der künftigen Eltern verknüpft sind. In dieser Hinsicht dürfte das Klonen von Menschen die letzte Konsequenz einer an narzisstischen Selbstbeglückungsansprüchen orientierten Fortpflanzung darstellen. Dass in diesem Falle das Neugeborene gar nicht anders denn als »Abbild« eines »Vorbildes« wahrgenommen werden kann – da ja die Produktion eines solchen »Abbildes« den Sinn und Zweck des Klonens darstellt – macht die moralische Problematik der antizipativen Struktur künstlicher Fortpflanzungsverfahren überdeutlich. Die Fürsorge, die dem Neugeborenen zu gelten hat, setzt nämlich voraus, dass es als Lebewesen mit eigener Realität und spezifischen Bedürfnissen bedingungslose Akzeptanz findet. Nur wenn man sich in den Dienst dieser vorgefundenen Wirklichkeit stellt, das Neugeborene also als eigenständige Existenz zunächst einmal wahrnimmt und sich seinen Lebensäußerungen gegenüber responsiv verhält, kann elterliche Fürsorge als angemessene Reaktion auf die Ansprüche des Kindes gelten.[10] Ein noch so tatkräftiges Engagement der Eltern, das sich

10 »Sorgen ist weitgehend reaktiv und responsiv. Vielleicht ist es noch besser, es als rezeptiv zu charakterisieren.« (Noddings 1993: 158) »Und dennoch empfinden wir, dass die Rezep-

vor allem an ihrem Bild vom Kind, also an ihrer eigenen Vorstellung davon, was diesem zuträglich wäre, orientiert, wäre kaum als fürsorglich zu bezeichnen. *Dass* aber Eltern ihren Kindern gegenüber umfassende Fürsorgepflichten haben, kann als unstrittig vorausgesetzt werden. Deshalb soll im hier diskutierten Zusammenhang auf die Struktur der Fürsorge Bezug genommen werden, als Alternative zum primären Rekurs auf reproduktive Autonomie, als Alternative aber auch zur Problematisierung des in seiner Relevanz sicherlich umstrittenen »expressiven« Charakters von Reproduktionsentscheidungen.

Je ausgeprägter und spezifischer die Antizipation und die »Konstruktion« von Eigenschaften des Kindes vor der Geburt ausfällt, desto unwahrscheinlicher wird es, dass die Eltern dem Neugeborenen gegenüber jene rezeptive und responsive Haltung werden einnehmen können, die die Voraussetzung von Fürsorge darstellt. Sie mögen sich zwar in starkem Maß für dieses menschliche Wesen engagieren, gerade wenn sie darin das »eigene«, mit seinen besonderen Eigenschaften erwünschte Kind erkennen. Dieses Engagement jedoch würde gewissermaßen auf einer Über-Identifikation beruhen: Das Kind würde geliebt und genährt, weil es im spezifischen Sinne das »eigene« ist und nicht, weil es um seiner selbst willen Zuwendung verdient. Im Falle des Klonens scheint dies evident zu sein. Es gilt aber wohl auch für die Selektion solcher so genannter Normalmerkmale, die das gesamte Erscheinungsbild der künftigen Person prägen, also etwa des Geschlechts oder der Körpergröße. Wer mittels Präimplantationsdiagnostik im Labor determiniert, dass das Kind männlichen Geschlechts sein und einmal zum Idealmaß von ca. 1,90 Metern (möglichst ohne Neigung zur Fettleibigkeit) heranwachsen wird, der wird auch nach der Geburt entsprechende Anstrengungen unternehmen, das Kind dem eigenen Wunschbild zu akkommodieren.

Wesentlich strittiger dürfte nun aber die Behauptung sein, dass nicht nur eine an den Präferenzen der Eltern, sondern auch am Wohlbefinden des Kindes orientierte antizipative Fortpflanzung moralisch fragwürdig ist. Scheint doch der Wunsch, dem eigenen Kind körperliche Gebrechen zu ersparen, gerade auf der Sorge um dessen Wohl zu beruhen. Warum möchte man dennoch Ruth Faden (1994: 88 ff.) Recht geben, die apodiktisch feststellt, dass es die elterliche Pflicht zwar einerseits durchaus gebietet, Diagnostik vor der Zeugung oder Geburt eines Kindes immer dann in Anspruch zu nehmen, wenn Aussicht besteht, dass einer gemutmaßten Schädigung des Kin-

tivität, die für das ästhetische Engagement charakteristisch ist, der Rezeptivität des Sorgens sehr ähnlich ist. Das Bewußtsein nimmt eine ähnliche Seinsweise an – die sich darum bemüht, eine Realität eher zu begreifen und anzunehmen, als sie zu formen.« (Ebd.: 161) des therapeutisch abgeholfen werden kann; dass aber genau diese Pflicht dann nicht besteht, wenn bei positivem Befund die einzige Handlungsalternative darin besteht, die Geburt des Kindes – durch Abstandnahme von der Zeugung, durch Selektion von Embryonen oder durch Abtreibung – zu verhindern? Die Plausibilität dieser Position liegt darin, dass sie Fürsorgepflichten strikt an die Existenz eines Kindes bindet. Nur wenn das Leben dieses Kindes (auch schon als Ungeborenes) hingenommen und angenommen wird, kann davon die Rede sein, dass man sich in seinem Sinne verhält. Es mag zwar andere legitime Gründe geben, die Geburt des Kindes zu verhindern – etwa Fürsorgepflichten gegenüber einer schon bestehenden Familie (vgl. ebd.: 93). Ein forciertes Engagement mit der Stoßrichtung, ein Kind nur dann zur Welt zu bringen, wenn es aller Voraussicht nach nicht unter nennenswerten Beeinträchtigungen zu leiden hat, droht jedoch die Voraussetzung der Fürsorge – die Wahrnehmung und Akzeptanz der realen Bedürftigkeit des Kindes – zu unterminieren, weil diese Anstrengungen mit der Antizipation eines erwünschten Erscheinungsbildes des Kindes einhergehen dürfte, welche es schließlich erschweren kann, dem Neugeborenen gerecht zu werden.

Nun ist zugegebenermaßen die Art und Weise der möglichen Verletzung eines Kindes durch die Antizipation seines Erscheinungsbildes allzu schwer zu spezifizieren, um der Forderung liberaler Theoretiker zu genügen, dass nur eine mit Sicherheit zu erwartende und eindeutig identifizierbare Interessenverletzung von Personen einen legitimen Grund darstellen würde, ein konsensfähiges moralisches Verdikt über bestimmte Formen der Reproduktion zu verhängen und diese deshalb gesetzlichen Restriktionen zu unterwerfen. Zum einen bleibt undeutlich, inwiefern eigentlich das Kind durch die Erwartungshaltung seiner Eltern geschädigt wird; zum zweiten dürfte kaum zu verifizieren sein, ob ein Kausalnexus zwischen der Haltung der Eltern und der mutmaßlichen Schädigung des Kindes wirklich besteht. Auch scheint in diesem Falle wiederum das Normalitätsargument zu greifen: Auch bei herkömmlicher Fortpflanzung – so kann geltend gemacht werden – machen sich werdende Eltern in mehr oder minder ausgeprägter Form ein »Bild« von ihrem Kind, und sie können enttäuscht, gar ablehnend reagieren, wenn das Kind diesem Wunschbild nicht entspricht. Mit dem Normalitätsargument lässt sich dann unschwer ein Konsequenzpostulat verknüpfen: Wenn man schon das Wohlergehen des künftigen Kindes erwäge und dieses als Grund anführt, um bestimmte neue Reproduktionsverfahren mit Restriktionen zu belegen, dann müsse man auch Paare, die sich auf herkömmliche Art und

Weise fortpflanzen, die aber möglicherweise für ihr Kind ebenfalls eine Gefährdung darstellen, der Supervision unterwerfen und über sie gegebenenfalls ein Zeugungsverbot verhängen. Andernfalls ergreife man in nicht zu rechtfertigender Weise für traditionelle Elternschaft Partei und diskriminiere neue, nicht der bürgerlichen Norm entsprechende Formen der Familiengründung (vgl. Kymlicka 1991: 91 f.).

Nun sollte man mit dem Normalitätsargument behutsamer umgehen, als es viele liberale Theoretiker tun. Wer reflexartig darauf verweist, dass, was neu zu sein scheint, im Grunde längst bekannt sei, der wird gegenüber soziokulturellen Transformationen, die mit technologischen Innovationen tatsächlich einhergehen, unempfindlich. Dass sich mit neuen Reproduktionsverfahren Vorstellungen von der Antizipation und »Konstruktion« des Nachwuchses verknüpfen, die mit der traditionellen Erwartungshaltung von Eltern sicher nicht gleichzusetzen sind, sollten die obigen Überlegungen zeigen. Und es wäre allzu fantasielos, auf Mutmaßungen darüber zu verzichten, ob eine in diesem Sinne veränderte Fortpflanzungspraxis auch zu einer neuartigen moralischen Perzeption der Neugeborenen und Kinder führt. Das Konsequenzpostulat wiederum ignoriert häufig die Differenz zwischen Vorgängen, die sich in einer unter liberalen Vorzeichen aus guten Gründen geschützten Privat- und Intimsphäre vollziehen, und solchen Praktiken, die bewusst institutionalisiert werden. Es ist eben ein Unterschied, ob man Elternschaft generell »lizenziert« und zu diesem Zweck in die Intimsphäre aller zeugungsfähigen Personen eindringt, oder ob man spezifische Formen der Reproduktion einer moralischen Evaluierung unterwirft, für welche gezielte Forschungsanstrengungen unternommen und entsprechende Ressourcen mobilisiert werden, deren Durchführung zum Teil von der Solidargemeinschaft der Krankenversicherten bezahlt werden und die zudem durch ein berufsständisches wie staatliches Regelwerk abgesichert (und damit »abgesegnet«) werden. Die Frage, ob und in welcher Form neue Fortpflanzungsverfahren vorangetrieben und institutionalisiert werden sollen, sollte sich ein politisches Gemeinwesen nicht verbieten lassen. Insofern sind auch die restriktiven deutschen Bestimmungen – so berechtigt es auch ist, einzelne Regelungen in Frage zu stellen – zu begrüßen. Denn nur indem bestimmte Forschungsvorhaben, aber auch schon praktizierbare Verfahren mit einem Moratorium belegt werden, kann überhaupt noch darüber befunden werden, ob eine Erweiterung der Optionen erstrebenswert ist.

Wunschkinder aus dem Labor? Selektive Fortpflanzung und das Instrumentalisierungsverbot

Davon, dass die Würde eines alten, hinfälligen Menschen verletzt wird, sprechen wir im Extremfall, wenn man ihn in seinen Exkrementen liegen lässt, aber auch dann bereits wenn man mit ihm ständig spricht wie mit einem unmündigen Kleinkind. Von »unwürdigem Sterben« ist die Rede, wenn der Kranke in der Klinik in eine Besenkammer abgeschoben oder aber zum bloßen Anhängsel einer intensivmedizinischen Apparatur gemacht wird. Auch von der Würde eines jüngst Verstorbenen machen wir uns eine Vorstellung, etwa dann, wenn wir uns über die Verwendung von Leichen bei Crashtests entrüsten. Viel weniger evident ist hingegen, wann eigentlich die Würde eines Säuglings betroffen ist. Wohl sämtliche Grausamkeiten gegenüber Neugeborenen, die wir uns vorzustellen vermögen, würden wir nicht oder nicht primär als ihrer »unwürdig«, sondern schlicht als Quälerei, als Verletzung ihrer physisch-psychischen Integrität begreifen. Dass Säuglingen ein Zuviel an Fürsorge zuteil werden könnte und dass hierdurch – wie es bei alten Menschen durchaus vorkommt – ihre Intimsphäre verletzt würde, ist kaum denkbar. Es ist also, so zeigen diese Beispiele, nicht gar so abwegig, die Würde eines Menschen mit dessen Fähigkeit, überhaupt ein Selbstverhältnis aufzubauen sowie Selbstdistanz und Selbstachtung zu entwickeln, in Verbindung zu bringen. Und es sind wohl doch nicht die elementarsten moralischen Überzeugungen, die in dem Begriff »Menschenwürde« zusammenschießen. Denn welches Gebot könnte grundlegender sein als das, einem hilfsbedürftigen Kleinkind bedingungslose Zuwendung zuteil werden zu lassen?

Wenn das anspruchsvolle Gebot der Wahrung der Menschenwürde ausgerechnet in seiner abstrakten, kantischen Version als Kern einer abendländisch-christlichen oder abendländisch-aufklärerischen sittlichen Tradition erklärt wird, so ergibt sich dies also keineswegs zwanglos aus einem weitverbreiteten, an konkrete Anschauungen gebundenen alltagsmoralischen Verständnis. Und mag man auch Embryonen vom Zeitpunkt der Keimzellverschmelzung an ein unbedingtes Lebensrecht zuerkennen, so ist doch bei einer Verletzung dieses Anspruchs nicht unmittelbar einsichtig, dass automatisch die menschliche Würde betroffen wäre. Wenn trotz dieses Mangels an Evidenz insbesondere von maßgeblichen Interpreten der deutschen Verfassung allen Angehörigen der Gattung Mensch »Würde« zugesprochen und sämtliche schwere Vergehen gegenüber Personen auch als Verletzung dieses Würde-»Kerns« begriffen werden, so liegt dem eine Einsicht zugrunde, die aus den Verbrechen des Nationalsozialismus hergeleitet wurde: Opfer von Mord, schwerster Körperverletzung, Freiheitsberaubung, Erniedrigung aller Art wurden unter dem totalitären Regime nämlich in erster Linie Personen, die nach Standards »rassischer« Zugehörigkeit, physischer und psychischer Tüchtigkeit sowie sozialer Konformität als mangelhaft klassifiziert und »aussortiert« worden waren. Das Verbrechen, das allen anderen Vergehen zugrunde lag und diese in den Augen der Täter erst legitimierte, war mithin ein Vorgang der »Selektion«: Eine relativ abstrakte, noch nicht unbedingt handgreifliche, in ihren Folgen aber mörderische Praxis, der zufolge verschiedenen Menschen ein höchst unterschiedlicher »Wert« zugesprochen wurde. Und es ist diese Form der Klassifizierung, die in der Folge als Essenz aller nationalsozialistischen Menschenrechtsverletzungen identifiziert und deren Unterbindung quasi zur Zivilreligion eines geläuterten Deutschlands geworden ist. Schienen doch in dieser Form der Wertzuschreibung Menschen in krasser Form zum bloßen »Objekt« gemacht und deshalb in ihrer »Würde« getroffen worden zu sein.

Wenn aber die Unterbindung der Klassifizierung und Aussonderung von Menschen die Essenz der politischen Moral eines Gemeinwesens darstellt, dann muss eine biomedizinische Praxis Irritation oder Empörung hervorrufen, die anders als ein Verfahren der »Selektion« von Menschen nicht zu begreifen ist.[1] Die Möglichkeit, Embryonen nach einer Diagnostik im Labor in

1 Im Rahmen des Philosophendisputs über »Menschenzüchtung« hat Ernst Tugendhat Peter Sloterdijk darum gebeten, doch auf den Begriff der »Selektion« zu verzichten (Tugendhat 1999) – dieser nämlich erinnere ihn unwillkürlich »an die Rampe von Auschwitz«. Fraglich ist jedoch, ob es tatsächlich, wie Tugendhat meint, »rein semantisch« gesehen »gute Äquivalente« für das gibt, was zur Debatte steht. Von »Auswahl« oder »Auslese« zu sprechen, würde die Sache sicher nicht verfehlen. Kaschiert würde mit diesen Allerweltswörtern aber der technische Charakter, das Kalkül und die Effizienz, die den neuen Reproduktionsverfahren unweigerlich anhaften. Auch ist zu bedenken, ob man sich jener Assoziation, die Tugendhat benennt, überhaupt entziehen kann und soll. So beschwerlich es häufig ist, wenn mit einem allzu kurzschlüssigen Verweis auf die jüngere deutsche Geschichte bestimmte Optionen der Biomedizin reflexhaft verworfen werden, so unaufrichtig und un-

die Gebärmutter einer Frau zu übertragen oder aber zu verwerfen, impliziert eine solche Selektion gleich in zweifacher Weise: Zum einen nämlich wird hier mit frühen Stadien menschlichen Lebens in einer Weise verfahren, wie es nach weithin gültiger Überzeugung etwa bei Neugeborenen keinesfalls zulässig wäre. Unterschieden wird hier also – gleichsam in vertikaler Hinsicht – nach verschiedenen Reifegraden menschlichen Lebens. Differenziert wird aber auch – horizontal – zwischen Embryonen des gleichen Entwicklungsstadiums je nach Genprofil: Übertragen werden nämlich nur solche Embryonen, bei denen eine befürchtete Schädigung nicht diagnostiziert wurde.

Im Folgenden wird die Problematik der Menschenwürde, wie sie sich mit Hinblick auf die Präimplantationsdiagnostik (PID) stellt, in zwei Schritten thematisiert. In einem kürzeren ersten Abschnitt geht es um den sogenannten Embryonenverbrauch, um die Frage also, ob das Leben von Embryonen überhaupt – ganz gleich ob zu Zwecken der Forschung oder zur Zeugung mutmaßlich gesunder Kinder – zur Disposition gestellt werden darf und einen geringeren Schutz beanspruchen kann als entwickeltere Stadien menschlichen Lebens (I). In einem zweiten Schritt geht es dann um die speziellere Problematik der Auswahl einzelner Embryonen: Wird – so ist zu fragen – die Integrität dieser Embryonen oder aber von künftigen Personen dadurch verletzt, dass sie einem »Gencheck«, einer Musterung unterworfen werden (II)?

I.

In der verfassungsrechtlichen Literatur zum Schutz frühen menschlichen Lebens wird meist sehr knapp und apodiktisch vermerkt, dass mit der Verschmelzung beider Keimzellen das vollständige genetische Programm eines Individuums angelegt und damit der Anfang einer kontinuierlichen und »autonomen« Entwicklung gesetzt sei (vgl. Vitzthum 1985; Pap 1986; Günther 1990; Starck 2001). Nach einer eingehenderen Begründung für die Überzeugung, warum das Potential von Embryonen, in einem selbstgesteuerten Prozess zu einer menschlichen Person heranzureifen, Grund genug sein

produktiv wäre es doch auch, jenen »Gedächtnisraum«, innerhalb dessen nolens volens debattiert wird, ausblenden zu wollen.

soll, sie vom ersten Augenblick an in die Grundrechtsgewährung miteinzubeziehen, sucht man – wie oftmals vermerkt wurde (zuletzt Merkel 2001) – in diesen Abhandlungen umsonst. Die Quintessenz aller Argumente, die sich gegen die Überzeugung richten, dass bereits dem einzelnen, unreifen Embryo Menschenwürde zukommt, ergibt sich schon aus einem semantischen Befund: Die Möglichkeit nämlich, menschliches Leben in moralisch verwerflicher Weise zu instrumentalisieren, also zum »bloßen Mittel« fremder Zwecksetzungen zu machen, scheint doch überhaupt nur dann gegeben zu sein, wenn ein Lebewesen eigene Ziele schon haben kann. Dass an die Stelle subjektiver Empfindungen und Wünsche eine vermeintliche »natürliche Finalität«, also eine rein objektive Tendenz des Embryos zu treten vermag, unter günstigen Bedingungen zu einem Kind heranzureifen, scheint angesichts einer gänzlich »entzauberten«, von allen intrinsischen Zwecken gereinigten Natur kaum allgemein überzeugen zu können.

Nun lassen viele Verfassungsinterpreten dem Rekurs auf die inhärenten Qualitäten früher Stadien menschlichen Lebens stets eine zweite Überlegung folgen, die von vielen ihrer Kritiker allzu unbedenklich übergangen wird: die Feststellung nämlich, dass die Keimzellverschmelzung den markantesten und eindeutigsten Einschnitt in der Individualentwicklung darstellt und dass jeder spätere Entwicklungsschritt deshalb nur in »willkürlicher« Weise zu einem moralisch maßgeblichen Datum erhoben werden könne. Dieser Verweis auf die Willkür bestimmter Grenzziehungen rekurriert also nicht direkt auf die Eigenschaften früher Lebensstadien. Vielmehr erscheint die Praxis als »anmaßend«, menschlichen Organismen je nach Reifegrad einen unterschiedlichen »Wert« und eine abgestufte Schutzwürdigkeit zuzusprechen. Moralisch inakzeptabel an dieser Anmaßung scheint nun zweierlei zu sein: So soll es voll potenten Personen ganz einfach nicht zustehen, sich zum Schiedsrichter über unreife und deshalb schutzlose und mutmaßlich auch schutzbedürftige Lebewesen zu erheben. Die Selbstachtung und der Sanktionsmechanismus der Scham scheinen es zu gebieten, in dieser Hinsicht Zurückhaltung zu üben. Neben der Selbstachtung aber verlange dies auch der Selbstschutz. Wenn nämlich – so die häufig zu hörende Mahnung – frühe Lebensstadien zum Gegenstand selbstherrlicher Verfügungen gemacht würden, dann sei nicht mehr garantiert, dass nicht auch herangewachsene, aber stark Versehrte – zum Beispiel komatöse oder demente – Individuen Opfer solcher Urteile würden.

Dieser Argumentation kann man eine ganz erhebliche Suggestivität überhaupt nicht absprechen. Und dies nicht nur, weil sie sich umstandslos mit dem Gebot verbinden lässt, sich jener Unterscheidung zwischen Wertigkeiten menschlichen Lebens zu enthalten, wie sie den nationalsozialistischen Medizinverbrechen zugrunde lag. Auch die verschiedenen bioethischen Rationalisierungen erweisen ihre argumentative Stärke häufig ja genau insoweit, als es um die Destruktion gewisser orthodoxer Standpunkte geht. Bei der Begründung spezifischer Überzeugungen jedoch, von welchem Entwicklungsschritt an denn nun Embryonen, Föten oder Neugeborenen voller Rechtsschutz zu gewähren ist, tritt der Dissens zwischen den unterschiedlichen rationalistischen oder personalistischen Modellen dann erneut zutage. Deshalb ist es in der Tat fraglich, welches Konzept als politisch und rechtlich maßgebliches an die Stelle des sogenannten »offenen Menschenbildes« des Grundgesetzes treten sollte, das die biologische Existenz von Menschen zum alleinigen Kriterium für die Anerkennung weitgehender Schutzansprüche erheben möchte (vgl. Rixen 1999). Nur hierdurch nämlich scheint garantiert werden zu können, dass kein einziges Individuum, dem objektiv volle moralische und rechtliche Anerkennung gebührt, aus fragwürdigen und stets falliblen subjektiven Erwägungen heraus aus dem Geltungsbereich der Grundrechtsgewährungen ausgeschlossen wird.

Wenn jedoch im Zuge dieser Argumentation konstatiert wird, schon die »bioethische Redeweise« von der »›Zuschreibung‹« oder »›Zuerkennung‹« von »(Lebens-)Rechten [sei] verfassungsrechtlich inadäquat« (Höfling 2001), so ist dies ebenso konsequent wie illusionär. Denn natürlich ist das, was hier als verfassungswidrig abgewiesen wird, alltägliche Praxis. Wenn die deutsche Justizministein inzwischen erklärt, Methoden der Empfängnisverhütung, bei denen Embryonen an der Einnistung gehindert werden, würden allein deshalb nicht verboten, weil hier die »Grenzen der Rechtsdurchsetzung« (Däubler-Gmelin 2001) erreicht seien, so fragt man sich, in welcher Wirklichkeit diese Politikerin eigentlich lebt. Natürlich wird diese Form der Empfängnisverhütung von einem großen Teil der Bevölkerung akzeptiert, weil sie schlicht als moralisch unbedenklich gilt. Eine weitgehende Akzeptanz finden inzwischen wohl auch die Verfahren der Organex- und -transplantation selbst bei jenen, die die Gleichsetzung des »Hirntods« mit »dem« Tod des Menschen keineswegs überzeugt. Selbst dann jedoch, wenn man dieses therapeutische Verfahren durch eine »enge Zustimmungslösung« möglichst stark reglementieren würde, wäre auch dies nur unter der Voraussetzung möglich, dass man unterschiedlichen Lebensstadien je spezifische Schutzniveaus »zuerkennt«. Denn bisher wenigstens wäre es niemandem erlaubt testamentarisch zu verfügen, dass ihm schon im komatösen Zustand Organe entnommen würden. Auch die Vertreter der »engen Zustimmungslösung« für die Organentnahme bei Hirntod unterscheiden also zwischen dem rechtlichen Status von Lebensstadien – betreiben also genau das, was das »offene Menschenbild« des Grundgesetzes angeblich verbietet.

Wenn aber divergente Schutzniveaus die Praxis beherrschen so ist es allemal angebracht, sich Klarheit darüber zu verschaffen, welche Kriterien hierbei ausschlaggebend sind. Sonst nämlich sind es nicht jene, die Unterscheidungen treffen, sondern eben diejenigen, die solche Differenzen und Differenzierungen verleugnen, welche der Willkür Tür und Tor öffnen. Genau dies ist ganz offensichtlich dann der Fall, wenn selektive Schwangerschaftsabbrüche in Deutschland unter die »medizinische Indikation« subsumiert werden. Demnach sind Abtreibungen nach diagnostizierter Schädigung des Fötus deshalb zulässig, weil »der Abbruch der Schwangerschaft [...] nach ärztlicher Erkenntnis angezeigt ist, um eine Gefahr für das Leben oder die Gefahr einer schwerwiegenden Beeinträchtigung des körperlichen oder seelischen Gesundheitszustandes der Schwangeren abzuwenden, und die Gefahr nicht auf eine andere für sie zumutbare Weise abgewendet werden kann.« (StGB § 218a, Abs. 2) Nicht der Zustand des erwarteten Kindes also – so will es die Logik des Gesetzes –, sondern allein der labile Zustand der Schwangeren soll Abtreibungen legitimieren können, bei denen es de facto um die Verhinderung der Geburt eines geschädigten Kindes geht. Anders als beabsichtigt wurde mit dieser Regelung der »Sonderbehandlung«, das heißt der Minderung des Rechtsschutzes für geschädigte Föten nicht etwa entgegengewirkt – im Gegenteil, diese wurde erst richtig befördert. Im Vergleich zu »normalen« Abtreibungen wird nämlich nun die Beendigung einer Schwangerschaft bei positivem Befund nach einer pränatalen Diagnostik in dreifacher Weise privilegiert: Sie gehören zu der sehr kleinen Anzahl der Abbrüche, die ausdrücklich nicht nur als nicht strafbar, sondern als rechtmäßig eingestuft werden; zulässig sind sie nicht nur bis zu einem frühen Zeitpunkt der Schwangerschaft, sondern bis unmittelbar vor der Geburt; schließlich strahlt auf sie gleichsam jenes hohe Maß an Akzeptanz aus, das traditionellerweise jenen Abbrüchen entgegengebracht wird, bei denen es um »Leib und Leben« der Mutter geht.

Natürlich kann die Tatsache, dass sich eine Praxis etabliert hat, nicht als ausreichender Grund dafür angeführt werden, dass sich deren normative Prämissen auch rechtfertigen lassen. Wenn aber ausgerechnet zahlreiche Kritiker der PID die überaus fragwürdige Regelung der Pränataldiagnostik (PND) in Deutschland für sakrosankt erklären – weil es hier, und nur hier angeblich um die Abwehr einer schweren »Notlage« für die Frau geht (Fischer 2001) –, dann muss man fragen, ob nicht die vollmundigsten Lebensschutzproklamationen bei vielen Protagonisten längst zur Manövriermasse verkommen sind, die sich je nach Interessenlage applizieren lässt.[2] Unter der Voraussetzung wenigstens, dass generell ein permissives Abtreibungsrecht und sogar die Tötung geschädigter Föten bis kurz vor der Geburt weitgehende Akzeptanz finden, scheint eine Ablehnung der PID aus Gründen des Lebensschutzes kaum überzeugen zu können.

II.

In spezifischer Weise geht es bei der PID um die Auswahl zwischen Embryonen, die sich hinsichtlich ihres genetischen Profils unterscheiden. Nach Auffassung vieler Befürworter dieses Verfahrens soll hierbei allein die Vernichtung solcher Embryonen in Kauf genommen werden, die von einer sehr schweren Schädigung betroffen sind, welche in der Familie der betroffenen (künftigen) Eltern bereits aufgetreten ist (Bundesärztekammer 2000). Diagnostiziert werden soll also nur dann, wenn sich das Paar von der mutmaßlichen Behinderung oder Erkrankung ihres Kindes bereits ein Bild hat machen können. Wie immer es nun aber um die zu Recht aufgeworfene Frage bestellt ist, ob sich eine einmal etablierte PID derart reglementieren lässt, dass es bei den wenigen, ursprünglich anvisierten Fällen bleibt: Die Menschenwürdeproblematik ist in jedem einzelnen Fall betroffen, in dem im Labor mehrere Embryonen mit dem Zweck erzeugt werden, aus ihnen einen nach Möglichkeit nicht geschädigten auszuwählen. Handelt es sich doch hier um die »Erzeugung eines Embryos in vitro [...] unter dem Vorbehalt

2 So geht etwa Kathrin Braun in ihrer umfassenden Abhandlung von der kategorischen Setzung aus, dass jeglicher Zwang zur Fortsetzung einer Schwangerschaft, der auf eine Frau ausgeübt wird, eine unzumutbare »Instrumentalisierung« ihrer Physis und damit einen Verstoß gegen ihre Menschenwürde darstellt. Braun liefert zwar eine ausführliche Kant-Exegese, erspart sich aber die unbequeme Frage, ob bei einer strafrechtlichen Sanktionierung des Schwangerschaftsabbruches die Frau wirklich in jedem Falle zum »bloßen« Mittel herabgewürdigt wird. Um sich dem schwierigen Problem, wie denn bei einer Kollision von Rechten zu verfahren wäre, gar nicht erst stellen zu müssen, spricht Braun Embryonen und Föten, solange sie im Bauch der Mutter sind, kurzerhand den Status als Rechtssubjekte ab, um allen anderen Embryonen umso entschiedener Menschenwürde zuzuerkennen (vgl. Braun 2000: 15, 79 ff., 95 f.).

der Tötung bei Qualitätsmängeln« (Laufs 1999: 58); hierbei wird dem künftigen Kind nicht schon vorab bedingungslose Akzeptanz zuteil, sondern allein unter der Voraussetzung, dass es bestimmten Erwartungen gerecht wird (vgl. Beckmann 2001). Genau dies gilt als Indiz dafür, dass hier das Kind »zum Objekt, zu einem bloßen Mittel, zur vertretbaren Größe herabgewürdigt« wird (Laufs 1999: 56). »Bloßes Mittel« – so darf man die Einschlägigkeit dieser stets angeführten Explikation der Menschenwürdeverletzung deuten – wird der Embryo, weil er lediglich dazu zu dienen scheint, Elternwünsche zu befriedigen; und »vertretbare Größe« ist er insofern, als er nur unter der Bedingung akzeptiert wird, dass er bestimmten Maßstäben entspricht – Standards, denen womöglich andere Embryonen eher gerecht werden. In diesem Falle könnte man auch von einer Menschenwürdeverletzung sprechen, wenn der Embryo hierunter in keiner Weise »leiden« würde, wenn also keineswegs die Schutzansprüche eines menschlichen Individuums verletzt würden. Bei der Selektion »erwünschter« Embryonen könnte vielmehr eine ganz andere Form der Tabuverletzung im Spiele sein: Durch den Test im Labor würden Embryonen wie »Sachen« behandelt und damit einer Praxis unterworfen, wie sie menschlichen Wesen gegenüber in jedem Fall unangemessen ist. Nicht die Rechte eines einzelnen Menschen, aber unsere Vorstellung davon, wie mit Angehörigen unserer Spezies grundsätzlich umzugehen ist, würden hierdurch verletzt (zu dieser grundlegenden Unterscheidung vgl. Birnbacher 1987).

Dass sich durch die Tests von Embryonen im Labor in der Tat die Gefahr auftut, die Zeugung von Kindern der Herstellung von Konsumgütern anzugleichen, wird besonders anschaulich durch jene »dichte Beschreibung«, die die Reproduktionsmediziner Jacques Testart und Bernard Sèle der PID haben zuteil werden lassen (Testart und Sèle 1995). Das eigentliche Skandalon dieses Verfahrens besteht ihnen zufolge in dem Vorgang des Taxierens, des Unterscheidens zwischen besser und schlechter, erwünscht und unerwünscht, wodurch die menschliche Fortpflanzung dem Paradigma industrieller Produktion immer mehr angeglichen wird.

Dieses wird zum einen möglich, weil den häufig als »Präembryonen« titulierten Vier- oder Achtzellern im Allgemeinen noch keine größere moralische Rücksichtnahme entgegengebracht wird und weil sie zudem außerhalb des Mutterleibes verfügbar sind, die Frau also noch nicht unmittelbar leiblich durch Diagnostik und Vernichtung des Fötus betroffen ist. Außerdem wird im Rahmen der Fertilisation im Labor ohnehin eine Mehrzahl solcher Frühformen menschlichen Lebens hergestellt. Diese simultane Verfügbarkeit mehrerer Embryonen und die Tatsache, dass die künstliche Befruchtung innerhalb relativ kurzer Zeitabschnitte wiederholt werden kann, macht den entscheidenden Unterschied zur PND aus: Bei dieser können die Eltern immer nur nach eingetretener Schwangerschaft zu einem Kind ja oder nein sagen, ohne zu wissen, ob und wann es doch noch zur Geburt eines »erwünschten« Kindes kommen wird. Das neue Selektionsverfahren hingegen – so Testart und Sèle – vereinigt negative und positive »Eugenik«: Die Entscheidung, einen bestimmten Embryo nicht heranwachsen zu lassen, bedeutet nicht mehr den – vorläufigen oder endgültigen – Verzicht auf Fortpflanzung, sie ist vielmehr mit der Option für ein anderes, erwünschtes Kind unmittelbar verknüpft.

Dieses eindrucksvolle Szenario konkurriert nun freilich mit einer ganz anderen Darstellung (vgl. zum Beispiel Oehmichen 1999): Der zufolge sind typische Nutzer der PID Eltern, die schon ein oder gar zwei Kinder mit einer schweren Behinderung haben, sich jetzt aber noch ein nach Möglichkeit gesundes Kind wünschen. Diese Eltern – so der Bericht – haben bereits zweimal nach eingetretener Schwangerschaft diagnostizieren lassen; nachdem beide Male festgestellt wurde, dass das Kind wieder erkrankt sein würde, wurde abgetrieben. Um der Frau die Belastung durch eine weitere »Schwangerschaft auf Probe« zu ersparen, ersucht das Paar um eine »Zeugung auf Probe« – also um eine In-vitro-Fertilisation (IVF) mit Diagnostik vor der Übertragung des Embryos in die Gebärmutter. Man könnte die Situation dieser Eltern gewiss noch anschaulicher schildern: Indem man etwa darauf verwiese, dass die Behinderung, welche zu übertragen sie genetisch disponiert sind, mit einer eingeschränkten Lebenserwartung verknüpft ist, dass sie also damit rechnen müssen, ihr behindertes Kind bereits in jungen Jahren zu verlieren; oder indem die Belastung erläutert würde, die die Behinderung des Kindes im Rahmen einer ganz konkreten sozialen Situation für die Eltern und eine möglicherweise schon bestehende Familie darstellt.

Wählt man diese Perspektive, so wandelt sich die Szenerie drastisch: Aus oberflächlichen und gefühlskalten Konsumenten, die schutzlose Embryonen ungerührt preisgeben, um ihren subjektiven Vorlieben zu frönen, werden skrupulöse Eltern, die tiefverwurzelten, existentiellen Wünschen nachkommen und zudem der Verantwortung für schon bestehende familiäre Bindungen gerecht zu werden suchen.

Ganz gleich, welche Version man für die plausiblere hält: Die Tatsache, dass überhaupt solch gegensätzliche Interpretationen möglich sind, macht deutlich, dass die Bewertung einer Praxis als verwerfliche »Instrumentalisierung« menschlichen Lebens von ganz spezifischen Situationsbeschreibungen und -deutungen abhängt. Dies mag noch durch ein weiteres Beispiel veranschaulicht werden: Für konsequente Lebensschützer nämlich wird es überhaupt kein Problem darstellen, Verfahren der Empfängnisverhütung, bei denen Embryonen vernichtet werden, so zu beschreiben, als wäre hierdurch die Würde schutzbedürftiger menschlicher Organismen betroffen: Demzufolge würden diese allein zu dem vielleicht nicht sonderlich »hochrangigen« Zweck zur Disposition gestellt, um einem möglichst unbeschwerten Sexualverkehr nachkommen zu können. Logisch zwingend darzulegen, dass Embryonen in diesem Falle nicht zum »bloßen Objekt« von Paaren gemacht werden, bei der Selektion im Labor aber sehr wohl, dürfte nicht möglich sein.

Sind spezifische Situationsverständnisse für die moralische Urteilsfindung ohnehin von erheblicher Bedeutung, so gilt dies in besonderem Maße, wenn auf das Prinzip der Menschenwürde rekurriert wird. Zwingt doch der hohe Abstraktionsgrad, den dieses Prinzip in seiner kanonischen, kantischen Version auszeichnet, dazu, zu veranschaulichen, worin denn im konkreten Falle die verwerfliche »Instrumentalisierung« überhaupt besteht. Das bedeutet, dass der Einzelfall nicht einfach unter das Prinzip subsumiert wird; vielmehr wird dieses Prinzip in jedem Fall seiner Anwendung einer neuerlichen Ausdeutung unterzogen. Dies aber ist ein paradoxer Befund, scheint doch das kategorische Gebot, die Menschenwürde eines jeden Einzelnen zu achten, alle falliblen Interpretationen von vornherein auszuschließen. Genau dies ist augenscheinlich nicht der Fall: Mit dem Charakter eines »allgemeinen Gesetzes« und einer performativen Wucht, die alles subjektive Ermessen im Keime zu ersticken scheint, geht die Notwendigkeit einher, gerade bei bis dato unbekannten Praktiken erst einmal zu fragen, in welchem Sinne hier das Prinzip überhaupt einschlägig ist; und der Versuch, diese Frage zu beantworten, erzwingt dann die Verwendung narrativer Muster sowie durchaus auch rhetorischer Strategien, deren Relevanz durch konkurrierende Perspektiven angefochten werden kann.

Diese Einsicht sollte zumindest davor bewahren, das Urteil, dass eine Menschenwürdeverletzung vorliegt, in allzu apodiktischer Form zu fällen. Es reicht nämlich nicht aus, in diesem Fall die eigene Überzeugung durch eine möglichst suggestive Schilderung der umstrittenen Praxis zu untermauern. Erforderlich ist vielmehr eine zusätzliche Überlegung: Durch diese muss sich erweisen, ob die gewählte Darstellungsform ein adäquates Verständnis der Situation ermöglicht. Dies aber lässt sich wohl nur überprüfen, indem man den gewählten »narrativen Rahmen« mit anderen grundlegenden Vorstellungen und Überzeugungen vergleicht, die sich in der eigenen Gesellschaft aus guten Gründen für das Verständnis und die moralische Bewertung analoger Praktiken eingebürgert haben. Gefordert ist, mit anderen Worten, ein hohes Maß an Kohärenz: Wenn man – um konkret zu werden – zu der Überzeugung gelangt ist, dass Frauen sowohl das Recht wie auch die Fähigkeit haben, zumindest bis zu einem bestimmten Zeitpunkt der Schwangerschaft über deren Fortsetzung selbst zu entscheiden, so bedarf es schon sehr guter Gründe, wenn man beides – Rechtsanspruch und Kompetenz – mit Hinblick auf die Nutzung der PID in Abrede stellt. »Switcht« man allzu unbekümmert von einem konzeptuellen Rahmen – Selbstbestimmung der Frau – zum nächsten – Menschenwürde des Embryos, Gefährdung der Frau durch die bloße Möglichkeit, wählen zu können –, so muss hierunter die Verbindlichkeit beider moralischer Orientierungsmuster erheblich leiden.

Dass aber dem Autonomieanspruch von Frauen in der Alltagsmoral liberaler Gesellschaften auch mit Hinblick auf die Beendigung einer Schwangerschaft ein hoher Stellenwert eingeräumt wird, wird zwar durch offizielle Sprachregelungen oft verschleiert, kann aber nicht ernstlich geleugnet werden. Zwar zwang die Rechtsprechung des Bundesverfassungsgerichtes in Deutschland auch viele linksliberale Protagonisten zu argumentativen Verrenkungen: so als handele es sich bei einer unerwünschten Schwangerschaft tatsächlich um eine Kollision von konfligierenden Rechtsansprüchen, zwischen denen allein dadurch ein angemessener Ausgleich zu schaffen sei, dass der Frau die Letztentscheidung über die Fortsetzung der Schwangerschaft eingeräumt würde.

Die Begründungen, die für die erstrebte Liberalisierung in den 1970er, 1980er, oftmals auch noch in den 1990er Jahren gegeben wurden, haben jedoch mit diesem »Kollisionsmodell« wenig gemein. Zwar wurde in Deutschland nur relativ selten der simple Slogan »Mein Bauch gehört mir!« bemüht, um pauschal ein Recht, straflos abtreiben zu lassen, einzufordern. Es wurde also nicht einfach ein »negatives« Recht eingeklagt, das schlicht den Anspruch kodifizieren würde, unbehelligt von Strafandrohung in einer wie auch immer moralisch zu bewertenden Weise über den eigenen Körper zu verfügen. Der liberale Diskurs über Schwangerschaftskonflikte und -abbrüche war vielmehr in einem weitergehenden Sinne ein streng »moralisierender«: Mit der Möglichkeit, über die Fortsetzung einer Schwangerschaft zu entscheiden, sollte der Frau nämlich die Möglichkeit eröffnet werden, in verantwortungsbewusster Weise Familienplanung zu betreiben. Die Sorge für das umfassende, materielle wie immaterielle Wohl des künftigen Kindes, für eine vielleicht schon bestehende Familie, aber auch für ihr eigenes, oft unter Opfern und gegen soziale Widerstände erreichtes Fortkommen sollten ausschlaggebend dafür sein, ob sie ein Kind zur Welt brächte oder nicht. Dieses Bild von der Schwangeren, die sich ungehindert verschiedener Loyalitäten und Verpflichtungen bewusst wird und dann eine für alle – aber eben nicht für ein menschliches Individuum namens Embryo – möglichst zuträgliche Entscheidung trifft, wurde durch zahllose politische Stellungnahmen und diverse Ratgeber für Familienplanung propagiert, aber auch durch empirische Befragungen untermauert (vgl. von Paczensky 1988; Langsdorff 1996; Knopf, Mayer und Meyer 1995; Lunneborg 1996). Unübersehbar schimmert bei dieser Rollenzuschreibung auch jenes Verständnis von der fürsorglichen, aber auch die eigensten Interessen in die »Sorge« einbeziehenden Frau hindurch, wie sie von der Care-Ethik expliziert wurde (vgl. Gilligan 1984 [1982]; West 1990).

Man muss an dieses, in Deutschland lange Zeit wohl dominierende, Bild von der schwangeren Frau erinnern, wenn heute das Recht, nach positivem pränataldiagnostischem Befund abzutreiben, trotz zugleich geäußerter Kritik an diesem Vorgehen verteidigt, die Berechtigung, die PID zu nutzen, aber in Abrede gestellt wird. Während nämlich bei der selektiven Abtreibung »Abwehrrechte« geltend gemacht werden könnten, dürfe man sich auf ebensolche bei der Embryonenselektion im Labor nicht berufen. In diesem Falle nämlich werde der Embryo durch künstliche Befruchtung überhaupt erst hergestellt, um anschließend getestet werden zu können, während sich eine Frau bei schon bestehender Schwangerschaft in einer von ihr völlig unverschuldeten Konfliktsituation vorfinde (vgl. Graumann 2001).

Ein näherer Blick auf die Praxis der PND lässt diese Argumentation schnell in sich zusammenbrechen. In der weit überwiegenden Zahl der Fälle nämlich lassen Frauen während der Schwangerschaft deshalb diagnostizieren, weil sie infolge ihres fortgeschrittenen Alters ein lediglich statistisch gesehen relativ erhöhtes Risiko haben, ein behindertes Kind zu bekommen. Auch sie befinden sich keineswegs ohne jedes eigene Zutun in einer vermeintlichen schweren Konfliktsituation, sondern führen diese durch die Nutzung der Tests selbst herbei. Des Weiteren aber kann wohl nur in den seltensten Fällen bei einer festgestellten Schädigung des Föten von einer erheblichen Gefahr für die Gesundheit der Frau in einem nur annähernd buchstäblichen, vom Gesetzestext verlangten Sinne die Rede sein. Was durch diese Redeweise anhaltend kaschiert wird, ist das angesichts einer offiziellen

Antidiskriminierungsdoktrin anscheinend nur schwer erträgliche Skandalon, dass Frauen und Paare sich bewusst gegen die Geburt eines behinderten Kindes entscheiden. Diese Entscheidungen jedoch als durchweg moralisch fragwürdig und höchstens psychologisch erklär- und entschuldbar zu begreifen, ist mit der skizzierten Begründung für eine liberale Abtreibungsregelung nicht vereinbar. Denn natürlich hat eine schwere Behinderung gravierende Auswirkungen auf das Wohlergehen des betroffenen Kindes, auf das Gedeihen einer Familie, auf die Entfaltungschancen der Mutter. Warum also sollen diese Aspekte »normale« Abtreibungsentscheidungen moralisch rechtfertigen können, aber ausgerechnet bei der befürchteten Geburt eines schwerbehinderten Kindes nicht ausschlaggebend sein dürfen? Wenn man Fortpflanzungsentscheidungen, die auch die Tötung von Embryonen und Föten in Kauf nehmen, wie auch immer idealisierend im Sinne des »Verantwortungsparadigmas« deutet, dann ist es nicht mehr plausibel, das Verwerfen von Embryonen im Labor, bei denen eine schwere Schädigung vorliegt, grundsätzlich als leichtfertiges und willkürliches und deshalb »entwürdigendes« Verfügen über frühe Lebensstadien abzuqualifizieren.

Selbstverständlich kann die hier bemühte anspruchsvolle Legitimation dort nicht mehr herangezogen werden, wo es um die Auswahl von Normalmerkmalen oder gar um die viel beschworene Optimierung des Nachwuchses geht. Dafür, dass es bei einer Zulassung der PID zu einer Ausweitung ihrer Anwendung über die zunächst anvisierten Fallkonstellationen hinaus kommt, spricht in der Tat vieles. Dass man aber bei der ethischen Reflexion und moralischen Beurteilung dennoch präzise zwischen den verschiedenen Anwendungskontexten unterscheidet, das gebietet schon der Respekt gegenüber jenen Paaren, die sich tatsächlich in einer hochproblematischen Lebenslage befinden.

Wenn aber beispielsweise das Geschlecht oder die Körpergröße des künftigen Kindes durch die Selektion im Labor festgelegt werden sollen oder es sogar einmal möglich wäre, komplexe Charaktereigenschaften wie die Intelligenz vorherzubestimmen und durch Selektion oder Manipulation zu determinieren, so fragt sich hier von neuem, ob solche Entscheidungen, für die allein die zufälligen Präferenzen der Eltern ausschlaggebend sind, durch den Rekurs auf das Prinzip der Menschenwürde zu kritisieren sind. Dieses scheint nahezuliegen: Denn wo allein der Geschmack und die negative Freiheit eines Paares zu tun, was ihm gefällt, den Ausschlag geben, droht das Kind zum bloßen Konsumobjekt zu werden und damit nicht mehr als »Selbstzweck« wahrgenommen werden zu können. Längst jedoch wird von maßgeblichen

Autoren mit großer Entschiedenheit die Zeugung eines Kindes mit erwünschten Eigenschaften als Bestandteil eines elementaren Rechtsanspruches auf selbstbestimmte Fortpflanzung deklariert (vgl. Robertson 1994). Ob in diesem argumentativen Kontext der eigentümlich subjektiv gefärbte Verweis, dass es sich bei der Zeugung solcher »Wunschkinder« um eine verwerfliche Instrumentalisierung des Nachwuchses handelt, zu einer Konsensbildung bei der moralischen Urteilsfindung viel beiträgt, ist mehr als zweifelhaft. Zu fragen ist vielmehr, ob nicht das Selbstbestimmungspostulat selbst, also das Gebot, menschliche Autonomie zu ermöglichen und zu fördern, einen Grundsatz darstellt, der die Erziehung eines »overlapping consensus« mit Hinblick auf die selektive Fortpflanzung zumindest realistischer erscheinen lassen würde. Diese Vermutung drängt sich auf, weil ja auch im Streit um den Schwangerschaftsabbruch eine wenn auch keineswegs uneingeschränkte Respektierung dieses Grundsatzes zumindest zu einer Kompromissfindung in liberalen Staaten beigetragen hat. Während jedoch – wie gezeigt wurde – zumindest eine bestimmte Auslegung des Autonomieprinzips vorgeburtliche Selektionen dann legitimieren kann, wenn sie der Geburt gesundheitlich stark beeinträchtigter Kinder vorbeugen sollen, so scheint dasselbe Prinzip als Argument gegen ein konsumistisch-kosmetisches »Design« des Nachwuchses – die sogenannte »positive Eugenik« – gewendet werden zu können. Wer nämlich für sich beansprucht, sein Leben so weit wie irgend möglich selbstbestimmt zu führen, darf nicht zugleich Kinder in die Welt setzen, denen schon durch die Art und Weise ihrer Zeugung verwehrt wäre, in gleicher Weise über ihr Leben zu verfügen. Dass aber das bloße Wissen darum, dass sie in spezifischer Weise »programmiert« wurden, bei Heranwachsenden das Gefühl erzeugen kann, in irreversibler Weise von den kontingenten Entscheidungen ihrer Eltern abhängig zu sein und deshalb nur noch in eingeschränktem Maße »Autoren« ihres eigenen Lebens sein zu können, haben Hans Jonas und Jürgen Habermas mit m. E. guten Argumenten zu zeigen versucht (Jonas 1987 [1974]; Habermas 2001). Die Einsicht – so lässt sich diese Argumentation zusammenfassen –, dass am Anfang der eigenen Existenz die Merkmalsplanung durch Dritte stand, macht es dem Einzelnen unmöglich, jene Dimensionen des Selbst, die man der eigenen Anstrengung und der Kommunikation mit anderen Personen verdankt, dem entgegenzusetzen, was einem ein anonymes und unverfügbares Naturschicksal mit auf den Weg gab. Um die Begründungen dafür, dass gerade hierdurch die Voraussetzung authentischer Selbstfindung (Jonas) sowie eines reziprok-symmetrischen kommunikativen Austausches (Habermas) untergraben werden, kann es hier im Einzelnen nicht gehen. Fest jedoch steht, dass wir keineswegs mit leeren Händen dastehen, wenn Zweifel daran geäußert werden, ob das Prinzip der Menschenwürde dazu taugt, ein einigermaßen scharf konturiertes und mit anderen alltagspraktisch wirksamen moralischen Überzeugungen auch kompatibles Urteil über die selektive Fortpflanzung zu untermauern.

III. Anthropologie

Krankheit und Freiheit. Überlegungen zu einer Ethik der Lebensführung

I.

Tom L. Beauchamp und James F. Childress haben in ihrem Buch *Principles of Biomedical Ethics* dargelegt, auf welches Verständnis von individueller Selbstbestimmung sich der Respekt vor menschlicher Autonomie im Kontext der angewandten Ethik bezieht (vgl. Beauchamp und Childress 2001: 58 f.). Ihrer Auffassung nach ist die Handlungs- beziehungsweise Entscheidungsfreiheit (*autonomous choice*), nicht aber ein gleichsam tiefer dimensioniertes Verständnis von Willensfreiheit beziehungsweise personaler Autonomie (*autonomous person*) ausschlaggebend für die zentrale Bedeutung, die wir etwa den Wünschen betroffener Patienten bei medizinischen Entscheidungen zuerkennen. Die exemplarisch von Harry Frankfurt aufgeworfene und thematisierte Frage, wie es denn um die Wunschstruktur und damit um das spezifische Gewicht einzelner Willensbekundungen von Personen bestellt sei, könne einen solchen Respekt nicht legitimieren. Zum einen nämlich seien unter bestimmten Bedingungen – bei mangelnder Informiertheit oder manipulativer Einflussnahme durch Dritte – Entscheidungen auch von solchen Patienten keineswegs selbstbestimmt zu nennen, die wir unabhängig von dieser Situation durchaus als autonome Persönlichkeiten ansprechen würden. Umgekehrt würden wir auch im Falle schwerer psychischer Störung bestimmte Willensäußerungen eines Patienten – wie den Wunsch, zu essen oder zu trinken – achten. Insgesamt gesehen, so Beauchamp und Childress, sei der Maßstab, der mit Vorstellungen von personaler Autonomie verknüpft sei, viel zu anspruchsvoll. Mit ihm nämlich würden zahlreiche Personen aus dem Kreise jener ausgeschlossen, deren Wünsche wir zu respektieren und nach Möglichkeit zu erfüllen hätten.

Michael Quante hat überzeugend dargelegt, dass Beauchamp und Childress keineswegs ohne Rekurs auf das von ihnen verworfene Konzept auskommen (vgl. Quante 2002: 175 f.). Schon die Frage nämlich, ob und in welchem Ausmaß die Entscheidungsfindung eines Patienten manipuliert werde, lasse sich nur unter Verweis auf dessen »tieferliegende«, akut nicht bekundete Wünsche und Überzeugungen klären. Zudem beruhe die Bedeutung von Patientenverfügungen auf zentralen Präferenzen einer Person, die nicht nur für einzelne, konkrete Situationen ausschlaggebend seien. Und bei der Erkundung des »mutmaßlichen Willens« eines nicht mehr einwilligungsfähigen Patienten müssten die Verantwortlichen selbst sich darum bemühen, sich ein Bild von den genuinen Wünschen der oder des Betroffenen zu machen.

Ich selbst nun möchte sozusagen noch einen Schritt zurücktreten und von einzelnen Fragestellungen der biomedizinischen Ethik absehen. Es geht mir also nicht um die Frage, ob und in welcher Art und Weise schwer erkrankte Personen zu medizinischen Optionen autonom Stellung beziehen können, und welche Bedeutung dabei ihren zentralen Wünschen und Überzeugungen zukommt. Vielmehr interessiert mich die Tatsache, dass wir es auch in solchen Situationen mit Patienten, also mit *kranken* Menschen, mit Menschen mit einer Krankheits*geschichte* zu tun haben. Eine Person, die solch eine Geschichte durchlebt, wird sich immer wieder damit konfrontiert sehen, dass sie Lebensziele nicht verwirklichen kann. Aus diesem Grund stellt sich ihr die Aufgabe, das Repertoire ihrer Interessen neu zu arrangieren. Ein Chirurg zum Beispiel, der mit Leidenschaft seinem Beruf nachging, als Violinist im Ärzteorchester mitspielte und in den Ferien begeistert Berge bestieg, wird im Verlaufe einer neurodegenerativen Erkrankung dazu genötigt, sein Leben ganz neu auszurichten. In welcher Weise aber, so ist zu fragen, ist eine solche Transformation »autonom« zu vollziehen? Relevant ist eine solche Problemstellung meines Erachtens aus zweierlei Blickwinkel: Wenn sich herausstellen würde, dass von einer »autonomen Selbstveränderung« in manchen Fällen schlechterdings nicht die Rede sein kann, so hätte dies zum einen wiederum Konsequenzen für die Medizinethik im engeren Sinne. Bei einer Person, die nicht erst durch eine genuin psychische Störung, sondern allein durch langanhaltenden »physischen Stress« deformiert wird, würde der Verweis auf vermeintlich »eigene«, authentische Wünsche fragwürdig. Zum anderen – und allein hierum wird es in den folgenden Überlegungen gehen – ist die Fähigkeit oder Unfähigkeit einer erkrankten Person, sich selbsttätig an ihre Situation anzupassen, bedeutsam für eine Ethik der Lebensführung. Die Einzelnen wollen ja wissen, wie sie unter veränderten, erschwerten Bedingungen ein erfülltes Leben führen können. Die Nahtstelle zur Medizinethik besteht hier zunächst in einer generellen Problematik: Der Einzelne sollte nämlich auch darüber befinden, in welchem Ausmaß er sich dem Einfluss der Medizin überhaupt aussetzen beziehungsweise ausliefern will. In einer Situation, in der es zu jeder therapeutischen Option noch eine Alternative gibt beziehungsweise die eine Maßnahme durch eine andere und noch wieder eine weitere ergänzt werden kann, wird die Suche nach dem medizinischen Optimum schnell zum primären Lebenszweck. Dass sich ein solcher Automatismus im Alltag sicher nicht selten einstellt, macht deutlich, dass die Betroffenen sich tatsächlich fragen sollten, was »wirklich« gut für sie ist.

Um Formen der Selbstveränderung in den Blick nehmen zu können, muss man sich zunächst jene höchst prekäre Situation genauer vor Augen führen, in der sich eine schwer versehrte Person zu Beginn einer Erkrankung oder etwa nach einem Unfall befindet (II). Dann ist auf philosophische Konzeptionen zu rekurrieren, denen es um die Art und Weise zu tun ist, in der sich Menschen mit ihren Wünschen, Interessen, Vorhaben identifizieren (III). Mit Verweis auf die hierdurch kenntlich gemachten personalen Ressourcen wird dargelegt, inwiefern es auch bei gravierender Einschränkung gelingen kann, sich »aus eigenen Stücken« neu zu orientieren (IV). Nicht zu vergessen ist zugleich, dass dieses nicht selten entweder misslingt oder sich in eher resignativer Form vollzieht – in dem Bewusstsein nämlich, dass einem nun einmal nichts anderes übrigbleibt, als die verbleibenden, begrenzten Möglichkeiten zu nutzen. Dieser Fall wirft jedoch die irritierende Frage auf, ob sich eine Person selbstbestimmt verhalten kann, ohne dass zugleich von einer »freien« Entscheidung zu sprechen ist (V).

II.

Die schwer erkrankte Person muss häufig ausgerechnet unter Bedingungen ihr Leben neu ausrichten, die ihr Selbstwertgefühl ohnehin stark angreifen. Der Kranke leidet ja nicht allein unter Schmerzen und anderen Beschwerden sowie unter der Unfähigkeit, bestimmte Vorhaben zu verwirklichen. Er kann sich zugleich stark gedemütigt fühlen, weil er sich plötzlich als hilf- und machtlos erfährt. Avishai Margalit hat zwar konstatiert, die Würde eines Menschen könne nur durch andere Personen verletzt werden (vgl. Margalit

1997 [1996]: 24).[1] Dieser Auffassung steht jedoch die Erfahrung entgegen, die man macht, wenn die eigene Physis sozusagen tyrannisch wird. Von intakter menschlicher Würde sprechen wir doch dann, wenn ein Mensch in gewissem Sinne Herr seiner selbst ist. Dies aber setzt auch voraus, dass er seinen Körper kontrollieren und sich zugleich auf das Funktionieren unwillkürlicher, vegetativer Funktionen verlassen kann. Aus der Fähigkeit, sein Leben *selbst* führen zu können, erwächst das Gefühl für den besonderen *Wert*, den wir uns und anderen zuerkennen. Dieses Gefühl wird aber angegriffen, zersetzt, gar zerstört, wenn einem unablässig etwas aus der Hand fällt und zerbricht oder es schwierig wird, einen Schritt ordentlich vor den anderen zu setzen; wenn man eine Mahlzeit nicht mehr »anständig« zu sich nehmen oder sich verständlich artikulieren kann; oder wenn die Atmung oder die Ausscheidung nicht mehr funktionieren. Zwar könnte man zwischen einer *Verletzung* der eigenen Würde, die einem menschlichen Akteur zuzuschreiben ist, und einem Würde*verlust*, für den ein anonymes »Schicksal« verantwortlich zu machen ist, unterscheiden.[2] Die Feststellung, uns auf eine objektiv gegebene Entität nicht mehr wie bisher *verlassen* zu können, machen wir aber auch, wenn ein technisches Hilfsmittel, auf das wir seit langem angewiesen sind, seinen Dienst versagt. Zum eigenen Körper jedoch unterhalten wir ein wesentlich intimeres Verhältnis, das durchaus auf einem Gefühl des *Vertrauens* basiert. Hierdurch wird plausibel, warum Menschen sich gedemütigt fühlen können, wenn ihr Körper sie im Stich lässt; denn genau dieses Vertrauen in die Zuverlässigkeit unserer Körperfunktionen ist eine bedeutsame Voraussetzung dafür, dass wir uns als handlungsfähige Individuen erfahren.

So gravierend das Selbstgefühl durch Krankheit gestört werden kann, so entschieden fallen gelegentlich die Versuche aus, einer solchen Krise zu begegnen. Nicht selten werden Krankheiten als Chance beschrieben, das »wahre« Selbst zu finden. Dem beruflichen Erfolg, so heißt es dann zum Beispiel, habe man zuvor viel zu viel Bedeutung zuerkannt; nun aber sei einem klar geworden, was wirklich wichtig sei im Leben. Man schließt sich womöglich einer Glaubensgemeinschaft an, deren Credo einem Gewähr dafür bietet, dass nichts, was einem widerfährt, »sinnlos« ist. Oder man betreibt mit ma-

1 Für Margalit ist, wie für andere einflussreiche Autoren auch, die Achtung durch andere Personen die alleinige essentielle Voraussetzung für Selbstachtung.

2 Für den Hinweis auf diese begriffliche Differenz – wie auch für weitere kritische Bemerkungen – danke ich Bettina Schöne-Seifert.

nischer Intensität ein Hobby. Oder man macht – wie oben bereits erwähnt – die Krankheitsbekämpfung selbst zum zentralen Lebensinhalt.

Es sind solche Weichenstellungen, die Misstrauen erwecken. Vielleicht wird in solchen Fällen durch Idealisierung aus der Not eine Tugend gemacht. Was eine notwendige, für viele qualvolle Anpassung an eine neue Situation ist, wird dann als geglückte Selbstverwirklichung deklariert. Wie aber können wir sicher sein, ob wir uns wirklich *selbst* für eine bestimmte Lebensgestaltung entscheiden? Mit anderen Worten: Woran erkennen wir, dass wir uns in irgendeiner Weise treu bleiben, wenn wir uns genötigt sehen, auf andere Weise als bisher Erfüllung zu suchen? Es stellt sich, abstrakt und anspruchsvoll formuliert, die Frage, in welcher Weise autonome Entscheidungen mit der Identität des Einzelnen verknüpft sind, und inwiefern diese Identität an die Kontinuität einer Lebensgeschichte gekoppelt ist.

III.

Um der skizzierten Problematik schärfere Konturen zu verleihen, möchte ich zunächst auf Peter Bieris Konzept des »angeeigneten Willens« zurückgreifen, das er im dritten Teil seines Buches *Das Handwerk der Freiheit* erläutert. Im Verlaufe der vorausgehenden Abschnitte dieser Abhandlung hatte Bieri immer wieder Personen geschildert, die nicht »Herr ihrer selbst« sind und in unterschiedlichster Art und Weise von einem Willen angetrieben werden, den sie als einen Fremdkörper empfinden. Nun will der Autor genau eruieren, was es bedeutet, sich mit einem Wunsch zu identifizieren. Wie in seiner gesamten Darstellung, so folgt Bieri auch hier der impliziten Devise, dass man es einem Wunsch nicht »ansieht«, ob man sich ihn wirklich zu eigen machen kann. Die »Freiheit des Willens« ist für ihn etwas, »das man sich *erarbeiten* muss« (Bieri 2003 [2001]: 283 f.). Der wirklich freie Wille ist deshalb, wie Bieri sagt, der »angeeignete Wille«.

Bieri erläutert nun detailliert dreierlei Prozeduren, die für die Möglichkeit, sich mit bestimmten Wünschen zu identifizieren, ausschlaggebend sein sollen. Mithilfe der mündlichen und schriftlichen *Artikulation* eines Wunsches bringen wir uns – erstens – diesen Wunsch erst vollständig zu Bewusstsein. Zugleich gewinnen wir ihm gegenüber Distanz, indem er in objektivierter Form zum Gegenstand unserer Reflexion wird. Dies ist die Voraussetzung dafür, ihn überhaupt einer weitergehenden Deutung unterziehen zu können. Es sind insbesondere, wie Bieri schreibt, »Lebenskrisen, die uns zu einer genaueren und tieferen Artikulation unseres Willens zwingen. Denn häufig besteht die Krise darin, dass der bisherige Wille nicht mehr trägt, ohne dass bereits ein neuer erkennbar wäre, der ihn ablösen könnte.« (Ebd.: 387) Es geht – zum Zweiten – um ein genaues *Verständnis* unserer Wünsche. Einzelne Wunschvorstellungen und Triebregungen, die uns befremdlich, ja bedrohlich erscheinen, können wir uns aneignen und dadurch entschärfen, indem wir sie mit unseren übrigen Anliegen verknüpfen. Erst vor diesem Hintergrund kann dem einzelnen Wunsch, der zunächst wie ein Fremdkörper wirkte, Sinn zukommen. Dies geschieht nicht nur durch die Einfügung in den Kontext, sondern auch, indem wir den einzelnen Wunsch als ein Zeichen eines allgemeineren, »tieferliegenden« Interesses zu verstehen lernen.

Die dritte Form der Aneignung eines Bestrebens besteht in dessen *Bewertung*. Auch einen verständlich gewordenen Willen kann man sich nämlich nicht umstandslos zu eigen machen. Die Antwort auf die Frage, zu welchem Willen ich mich bekenne, bemisst sich vielmehr an der Frage, »was für eine Art Person ich sein möchte«. Welches aber ist der Maßstab für diese Selbsteinschätzung? Bieri erwägt, ob wir stets genau jenen Wunsch gutheißen, der zu unserem »Selbstbild paßt« (ebd.: 399). Diese Antwort jedoch erweist sich als ungenügend, gleichsam zu konservativ: Das Bild, das wir uns von uns selbst machen, besteht nämlich ebenfalls aus Wünschen, und es drängt sich die Frage auf, woher diese eine höhere Autorität beziehen als die einzelnen, möglicherweise neuartigen Interessen, die gerade zur Debatte stehen. Es könnte sein, dass wir uns längst Illusionen über uns selbst hingeben, oder dass unser Leben verkümmert, weil wir allzu hartnäckig an einer beschränkten Perspektive festhalten. Dann könnte es gerade der neue Impuls sein, der zu einer begrüßenswerten Veränderung unseres Selbstverständnisses beitrüge. Da es keinen losgelösten, übergeordneten Maßstab des Bewertens von Wünschen geben kann, wird man auf den Vorgang des *Verstehens* zurückverwiesen. Wenn zum Beispiel ein durch und durch altruistisches Lebenskonzept mit dem Wunsch nach größerer Unabhängigkeit in Konflikt gerät, sollte man untersuchen, wie es zur Dominanz der Idee der Aufopferung kommen konnte (vgl. ebd.: 407).

Nun ist es jedoch für die gesamte Stoßrichtung von Bieris Überlegungen entscheidend, dass die »Aneignung« des Willens nicht zu einem gesicherten und eindeutigen Verständnis davon führen kann und soll, wer man sein will. Es geht Bieri nämlich nicht nur um die Frage, mit welchen Wünschen wir uns identifizieren, wenn deren Gültigkeit oder Realisierbarkeit in krisenhaften Momenten in Frage steht. Vielmehr scheinen wir ohnehin so in der Welt situiert zu sein, dass wir auch unsere »substantiellen Wünsche« an sich ständig wandelnde Kontexte anpassen. Die Umwelt sendet demnach immer neue Signale aus, die uns zu einer Neuformierung unseres Wunschrepertoires animieren. Die »Freiheit des Willens«, so formuliert Bieri, ist »etwas, das kommen und gehen, erreicht werden und wieder verlorengehen kann. Wie sollte es anders sein können, wo doch unsere Wünsche und alles, was wir über sie denken, offensichtlich in einem ständigen Fließen begriffen sind, weil wir uns in jeder Sekunde mit einer fließenden Welt auseinandersetzen müssen [...]. Die Aneignung ist etwas, das *innerhalb* des fließenden Wollens und Denkens geschieht, nicht etwas, das über ihm oder außerhalb von ihm vor sich gehen könnte.« (Ebd.: 409) Zwar bedeutet die Erfahrung, »ein Selbst zu haben [...], mit sich selbst die Erfahrung einer gewissen *Kontinuität* zu machen«. Damit soll jedoch »nicht Gleichheit des Willens über die Zeit gemeint sein, denn sie müsste Unbelehrbarkeit bedeuten, wie sie einem unbedingten oder zwanghaften Willen eigen wäre. Gemeint ist eine Stimmigkeit des Willens, die sich über die Veränderung des Gehalts hinweg fortschreibt. Die Erfahrung solcher Stimmigkeit ist etwas Zerbrechliches, das vorübergehend verlorengehen kann. Das geschieht in denjenigen Phasen – etwa Lebenskrisen –, in denen sich eine größere Umwertung des bisherigen Willens vollzieht.« (Ebd.: 412 f.)

Leider erläutert Bieri nun aber nicht, was es mit der »Stimmigkeit des Willens« auf sich haben könnte. Er sagt nämlich nicht, *womit denn* die neuen Wünsche, um deren Aneignung es geht, konkordant sein sollen. Wenn alle unsere grundlegenden, »substantiellen« Wunschvorstellungen, Überzeugungen, Lebensziele ohnehin »im Fluss« sind, fehlt doch wohl der Maßstab, den wir an jene Intentionen anlegen können, über deren Bedeutung wir uns noch nicht recht im Klaren sind.

Meines Erachtens überschätzen Bieri und andere zeitgenössische Theoretiker – genannt seien Charles Larmore, Martin Seel und Dieter Thomä – das Ausmaß, in dem das Selbstverständnis von Individuen Metamorphosen ausgesetzt ist. Es scheint sich hier weniger um Analyse als um eine zeit- und milieutypische Idealisierung zu handeln. Dabei gerät das empirische Faktum in Vergessenheit, dass die für die jeweilige Lebensführung der meisten Menschen konstitutiven Vorlieben und Überzeugungen ein hohes Maß an Stabilität aufweisen. Wer ein primär kontemplativ-reflektierendes Leben führt, wird in fortgeschrittenem Alter kaum durch besonderes soziales oder politisches Engagement auffallen. Und wenn man einen Freund als treuen Ehemann und zuverlässigen und liebevollen Vater seiner Kinder kannte, so reagiert man fassungslos, wenn dieser plötzlich den Charme einer libertären Singleexistenz entdeckt und ein harmonisches Familienleben preisgibt. Wenn wir unsere bedeutsamen Anliegen, wie Bieri meint, ohnehin ständig an neue Umstände anpassen, dann verliert auch sein Verweis auf »Lebenskrisen« seine Relevanz. Dieser Begriff indiziert doch, dass die Wertungen, die das Fundament unserer Lebensführung ausmachen, über weite Strecken im Kern konstant bleiben und nur in Ausnahmesituationen in Frage gestellt werden. Nur deshalb kann Bieri uns ja sinnvollerweise das aufwendige Prozedere einer »Aneignung« des eigenen Willens anempfehlen.

Nun versucht Bieri mit diesem Konzept – ohne dies ausdrücklich zu betonen – ohne Zweifel, einem Problem zu begegnen, das Harry Frankfurts hierarchisches Wunschmodell Frankfurt selbst und seinen Kritikern bescherte: Seit Frankfurt nämlich 1971 in seinem Aufsatz *Freedom of the Will and the Concept of a Person* erstmals zwischen »Wünschen erster Stufe« und »Volitionen zweiter Stufe« unterschied, ist die Frage nicht mehr verstummt, auf welche Art und Weise wir uns mit bestimmten Bestrebungen identifizieren – wie wir sie uns, mit anderen Worten, »zu eigen« machen. Frankfurt hat seinen Vorschlägen zur Beantwortung dieser Frage unterschiedliche begriffliche Fassungen gegeben: Grob lässt sich bei ihm – auch was die zeitliche Abfolge dieser Lösungsversuche angeht – zwischen einem aktiv-dezisionistischen und einem passiv-rezeptiven Modell unterscheiden (vgl. hierzu die aufschlussreiche Einleitung von Monika Betzler in Frankfurt 2001). Dem ersten Modell zufolge machen wir uns einzelne Wünsche dann zu eigen, wenn wir uns ohne Vorbehalt für sie entscheiden. Vorbehaltlos sollen diese Entscheidung dann ausfallen, wenn sie »ungeteilt« (*wholehearted*) sind; und dies wiederum ist dann der Fall, wenn weder zwischen aktuell wirksamen Willensakten höherer Ordnung noch zwischen aktuellen und bloß denkbaren »Volitionen zweiter Stufe« Konflikte auftreten. Indem übergeordnete Wünsche diesen Härtetest bestehen, Widersprüche und Konflikte zwischen ihnen also ausgeschlossen werden, werden sie zur Autorität, das heißt zum Maßstab dafür, zu welchem unserer Wünsche wir uns in einer konkreten Situation bekennen. Und erst durch diese bewusste Identifikation mit einzelnen Wünschen werden wir jeweils zu einer bestimmten Person. Unmissverständlich vertritt Frankfurt die Überzeugung, dass der Einzelne durch die *Entscheidung* für einzelne Wünsche sich diese sozusagen einverleibt und sich dadurch zugleich als Person konstituiert (vgl. hierzu insb. Frankfurt 2001).

Gegensätzlicher könnte allem Anschein nach Frankfurts späteres Konzept des »Caring« nicht ausfallen. Aus dieser Sicht stellt sich gar nicht die Aufgabe, sich Wunschvorstellungen allererst bewusst zu eigen zu machen. Jene Bestrebungen, die darüber belehren, was uns wirklich wichtig ist im Leben, melden sich vielmehr von selbst zu Wort. Wer sich um etwas sorgt, wem also etwas wirklich am Herzen liegt, der erkennt dies gerade daran, dass Versuche scheitern, alternativen Anliegen nachzukommen. Die bloße Stärke und Beharrlichkeit bestimmter Vorhaben sind demzufolge Grund genug, sie auch als normativ maßgebliche Instanz anzuerkennen. In dieser Autorität bekundet sich – so Frankfurts Formulierung – die »Notwendigkeit des Willens«. »Notwendig« ist ein Willensakt, in dem sich eine grundlegende »Sorge« Ausdruck verschafft, im zweifachen Sinne: Zum einen erweist er sich eben als autoritativ, ohne dass wir zu ihm in irgendeiner Weise Stellung beziehen; er ist Teil unserer selbst, ohne dass wir uns dafür entscheiden. Und dieser Wille bestimmt zugleich mit Notwendigkeit, welche konkreten Wünsche, Vorhaben, Ziele für uns relevant sind. Der paradigmatische Fall des »Sorgens« ist die »Liebe«, genauer: die Liebe von Eltern zu ihren Kindern. Diese Liebe, so Frankfurt, macht sich meist schon vor der Geburt geltend, ist also völlig unabhängig davon, wie einzelne Eigenschaften des Kindes beurteilt werden; und später bleibt diese Liebe auch von einem möglichen Fehlverhalten des Heranwachsenden in der Regel unberührt (Frankfurt resümiert sein Konzept des »Caring« in Frankfurt 2005 [1986]).

Der Gegensatz nun, der zwischen dem Entscheidungs- und dem Sorgekonzept zu bestehen scheint, wird von Frankfurt durch zwei Hinweise implizit relativiert. Von jenen Wünschen nämlich, für die wir uns jeweils entscheiden, heißt es ausdrücklich, dass wir sie nicht selbst hervorbringen. Ganz unabhängig davon, wodurch sie verursacht werden, würden sie uns zu eigen, indem wir Verantwortung für sie *übernehmen*. Auf der anderen Seite ist das Sorgen etwas anderes als eine Triebregung, die sich quasi unverwüstlich immer wieder geltend macht. Frankfurt formuliert, dass wir uns um die Sorge selbst sorgen müssten. Nicht nur die Objekte des Sorgens sind demnach von Bedeutung, sondern ebenso, dass diese Anteilnahme ihre Vitalität behält. Denn erst sie – die Beharrlichkeit des Sorgens – ist es, die Frankfurt zufolge unserem Leben Kontinuität und Kohärenz verleiht.

IV.

Wenden wir uns wieder jener Person zu, die gerade jenen Vorhaben nicht mehr nachkommen kann, die ihrem Leben bislang seinen besonderen Wert verliehen. Man kann wohl ausschließen, dass diese Person sich plötzlich für Projekte engagiert, die für sie bisher überhaupt keine Bedeutung besaßen. Eine Person ist, was sie ist – diese ja nicht originelle Behauptung sei hier pauschal ins Spiel gebracht –, durch das, was sie geworden ist. Sie kann sich also nicht wie in einem Kaufhaus aus einem Sortiment von Lebensentwürfen bedienen, die nicht auch schon vorher in gewisser Weise Teil ihres Selbsts waren. Sie muss sich vielmehr bemühen, Wünsche und Zielvorstellungen zu mobilisieren und zu kultivieren, die ihr bereits bis zu einem gewissen Grade vertraut sind, bisher aber für ihre Lebensführung nicht ausschlaggebend waren. Mit Hinblick auf eben diese, mehr oder minder rudimentären Anliegen muss sich dann erweisen, ob der Einzelne sie von nun an zum zentralen Bestandteil seiner Lebensführung machen kann. Ein bloß formales Kriterium wie das der »Stimmigkeit« oder der »narrativen Kohärenz« reicht meines Erachtens nicht aus, um den Verdacht zu zerstreuen, dass der Einzelne sich bei einem Prioritätenwechsel in beunruhigender Art und Weise verfehlt.[3] Wir können nämlich eine völlig plausible Geschichte darüber erzählen, warum es sinnvoll sein kann, nach einer Krebsdiagnose von einem Arzt zum anderen zu rennen und alle emotionalen, zeitlichen und finanziellen Ressourcen der Krankheitsbekämpfung zu widmen. In diesem Falle ist es ja völlig rational, alles dafür zu tun, um nicht nur bestimmte Projekte weiterverfolgen zu können, sondern um schlicht das eigene Leben zu retten. Und dennoch beschleicht uns das Gefühl, dass dieser Patient nicht mehr »er selbst« ist und

3 Rahel Jaeggi hingegen verneint in ihrem Buch *Entfremdung. Zur Aktualität eines sozialphilosophischen Problems* (Jaeggi 2005: 202) die Frage, ob es »Dinge, Projekte und Bindungen« gibt, »denen wir treu bleiben müssen, um uns selbst nicht zu verlieren [...]. Meiner Interpretation zufolge geht es bei der Frage, ob jemand ›er selbst‹ ist [...], um die Fähigkeit, im Durchgang durch verschiedene fundamentale Bindungen eine kohärente ›Aneignungsgeschichte‹ (Bieri) seiner selbst erzählen zu können, die lebensgeschichtliche Brüche (bis hin zu radikalen Umwertungen der eigenen Werte) wie auch Ambivalenzen integrieren kann. Treu bleibe ich mir [...], wenn ich das Festhalten an wie das Aufgeben von Projekten in eine sinnhafte Erzählung meiner selbst integrieren kann.« In diesem Sinne formuliert auch Pollmann in seiner Studie *Integrität. Aufnahme einer sozialphilosophischen Personalie* (2005: 143): »[A]us Sicht der Integrität müssen sich konfliktbedingte Veränderungen im eigenen Selbstverständnis in die Narration einer einheitlichen Lebensgeschichte einordnen lassen, die zwar nicht durchweg konsistent, aber dennoch möglichst kohärent, nicht vollkommen transparent, aber dennoch hinreichend artikuliert zu sein hat.«

zudem wertvolle Lebenszeit verschenkt. Anders gesagt: Wir fürchten gerade deshalb, dass er die ihm verbleibende Zeit nicht angemessen nutzt, da er sich in einer Weise engagiert, die zwar (im medizinisch nicht völlig hoffnungslosen Fall) nicht sinnlos ist, die aber in keiner Weise mit jenen Wünschen kommuniziert, die das Leben für ihn bisher wertvoll machten.

Insoweit ist Frankfurt zuzustimmen: Ein Vorhaben muss bereits eine gewisse, wenn uns auch zeitweise nicht bewusste Bedeutsamkeit für uns haben, *bevor* wir darüber befinden können, in welchem Ausmaß und in welcher Form wir ihm nacheifern wollen. Der Chirurg zum Beispiel, der bisher ein ausgesprochen aktives Leben führte, kann eruieren, ob sein Interesse für Archäologie, das er schon als Jugendlicher hegte und das sich etwa bei dem Besuch von Ausstellungen oder Ausgrabungsstätten zwischenzeitlich immer wieder bemerkbar machte, durch ausgiebige Lektüren, Internetrecherchen, Korrespondenzen etc. zu einem neuen Lebensinhalt für ihn werden kann.

Natürlich kann sich die Aneignung bestimmter Lebenspraktiken in der von Bieri dargestellten reflektierten Form vollziehen. Die Einzelnen *überlegen* sich dann, ob sie sich in einer ganz bestimmten Weise engagieren *wollen*; und diese Überlegung wird sich unter anderem darauf beziehen, ob ein Vorhaben mit anderen Wünschen und Anliegen, die man nicht einfach von sich abschütteln kann, harmoniert. Während jedoch Frankfurt einzelnen Bestrebungen einer Person in überzogener Weise Dauer und Beharrlichkeit attestiert (wie es durch seinen Verweis auf eine anscheinend frustrationsresistente Elternliebe deutlich wird) und damit die Möglichkeit von Personen ausschließt, in überlegter Weise neue Akzente zu setzen, scheint Bieri umgekehrt einem intellektualistischen Vorurteil anzuhängen. Es findet sich bei ihm nämlich kein einziger Hinweis darauf, dass sich die Aneignung bestimmter Praktiken sicher nur gelegentlich in ausgeprägt reflektierter Form vollzieht. Weit häufiger wird der Einzelne einfach *ausprobieren*, welche Betätigung ihm Befriedigung verschafft. Allerdings wäre es verfehlt, dem Betroffenen einen Prozess des puren »Trial and Error« ernstlich anzuempfehlen. Unser therapiegläubiger Patient kommt vielleicht nicht von selbst oder aber zu spät darauf, dass ihn seine rastlosen Aktivitäten, die ihm Hoffnung verschafften, auf ein falsches Gleis geführt haben. Momente der selbstkritischen Reflexion von Wünschen und Vorhaben müssen zwar nicht konstitutiver Bestandteil eines gelingenden Lebens sein, können sich aber als Voraussetzung dafür erweisen, nicht in eine biografische Sackgasse zu geraten.

Wie das Beispiel des Chirurgen, der ein zuvor fast verschüttetes Interesse wiederbelebt, zeigt, ist die Chance, sein Leben in befriedigender Weise neu auszurichten, umso größer, je reichhaltiger das Reservoir an Wünschen ist, aus dem man schöpfen kann. In den seltensten Fällen ist ja eine Person in der Weise auf ein Projekt fixiert, dass sie sich selbst völlig entfremdet wird, wenn sie gerade diesem Anliegen nicht weiter nachkommen kann. Schon die Art und Weise, in der »Volitionen zweiter Ordnung« (Frankfurt) oder »substantielle Wünsche« (Bieri) unsere Lebensführung bestimmen, bietet eine gewisse Garantie dafür, dass wir uns *nicht* ausschließlich auf einzelne oder ganz wenige Vorhaben kaprizieren. Um dies zu erkennen, darf man sich allerdings nicht durch die scharfe Trennung von Willensakten und Vernunftgründen, die für Frankfurt so zentrale Bedeutung besitzt, einschüchtern lassen. Frankfurt selbst gibt ja eine allgemeine Antwort auf die Frage, warum es uns so wichtig ist, dass bestimmte Wünsche unsere Lebensführung bestimmen und andere nicht: Dies ist bedeutsam, weil es dem Einzelnen in der Regel nicht gleichgültig ist, welche Art von Person er ist. Mit anderen Worten: Es ist sein Selbstverständnis als individuiertes Subjekt, das für seinen jeweiligen Wunsch maßgeblich ist, dass ganz bestimmte Anliegen seinem Leben einen bestimmten Charakter verleihen. Wenn man genauer fragt, wie sich übergeordnete Wünsche denn artikulieren, dann müsste die Antwort folglich etwa so lauten: »Ich möchte unbedingt meine Fähigkeiten als Pianist ausbilden, weil ich mir ein Leben ohne häufiges und intensives Musizieren nicht vorstellen kann [...].« Dies ist freilich nur ein Teil einer solchen Antwort; ein zweiter Kausalsatz müsste Auskunft darüber geben, warum es gerade das Klavierspiel ist, das für den Betreffenden besondere Bedeutung erlangte. Entscheidend für unsere Überlegungen ist jedoch, dass der Satz, der auf das Selbstverständnis rekurriert, einen höheren Grad an Allgemeinheit besitzt als der darauf folgende. *Deshalb* ist es in vielen Fällen möglich, dass eine stark versehrte Person sich in modifizierter Weise auch dann noch treu bleibt, wenn bestimmte Praktiken, die mit ihrem Selbstverständnis korrespondierten, für sie nicht mehr realisierbar sind. Ein eindrucksvolles Beispiel dafür, dass Menschen in dieser Weise »flexibel« sein können, ist die Karriere des Behindertensports. Gerade, was dem Außenstehenden (etwa als Zuschauer der Paralympics) zuweilen als skurrile Anstrengung oder befremdlicher Übereifer erscheinen mag, führt doch vor Augen, in welchem Ausmaß die Einzelnen ihre Zielvorstellungen wie ihre Fähigkeiten modellieren und dabei einem Wunschbild von sich selbst, das sie sich einmal gemacht haben, unter radikal veränderten Bedingungen weiter nacheifern können.

V.

Dieses ist allerdings nur die eine, die positive Variante. In solchen Fällen erweist sich das Wunschrepertoire als so reichhaltig, das Selbstverständnis als so umfassend, dass gewiss ein mühsamer Prozess der Anpassung zu vollziehen, aber wohl kein Abgrund zu überwinden ist, wenn der Elan, mit dem zuvor ein ganz bestimmtes Leben geführt wurde, frustriert wird. Dass genau dies aber häufig doch nicht gelingt, nicht gelingen kann, liegt an der Art und Weise, in der sich unser Engagement »verkörpert«. Krankheiten werden nicht nur, wie erwähnt, generell als Verlust an Selbstkontrolle erfahren. Und mit einer Versehrung werden auch nicht nur bestimmte Fähigkeiten zerstört, bei denen physische Kompetenzen in besonderer Weise gefordert sind. Der Körper ist zwar zum einen *Instrument*, das uns dazu dient, uns in bestimmter Weise zu verhalten. Wir heben den Arm, um den Küchenschrank zu öffnen oder die Zähne zu putzen; wir gehen eine Straße entlang, um die Bushaltestelle zu erreichen oder eine historische Häuserzeile zu betrachten. In diesem Fall ist der Körper Mittel zum Zweck, ohne dass dieser Zweck irgendetwas mit dem Gefühl zu tun hätte, das uns unser Leib bei der jeweiligen Tätigkeit vermittelt.

Der Leib ist jedoch nicht nur Instrument, sondern zugleich *Sensorium*, ein *Medium* nämlich, das uns die Umgebung ebenso erschließt wie uns selbst als Zentrum dieser Welt. Auch Sport treiben ja die allermeisten nicht allein zu dem Zweck, ihre Leistung zu steigern oder einen Gegner zu schlagen; vielmehr erfahren sie bei der Verausgabung körperlicher Energie ihren Leib in oft zwar strapaziöser, dennoch befriedigender Weise als Teil ihrer selbst. Der Musiker wird häufig nicht nur durch die Klänge betört, die er hervorzaubert, sondern auch durch das physische Geschick, das dies ermöglicht. Dieser Selbstbezug macht sich auch bei eher kontemplativen Tätigkeiten geltend: Wer lediglich flaniert, wird von den Reizen der Umgebung »angenehm berührt«; und beim Musikhören gilt die Aufmerksamkeit nicht allein den Klängen, sondern zugleich jener Leiblichkeit, die »mitschwingt«.

Gerade jene Verhaltensweisen also, die das Leben erst lebenswert machen, gewinnen ihre Bedeutung dadurch, dass der Körper als angenehm, vertraut, erregend und erregbar erlebt wird. Und dieses ist der Grund dafür, dass jener »Präferenzwechsel«, von dem in den vorigen Abschnitten die Rede war, nicht selten nur unter größten Mühen oder aber gar nicht zu vollziehen ist. Wird der Körper bei schwerer Erkrankung *auf die Dauer* auffällig, aufdringlich, aufsässig, so wird das somatische Zentrum einer Person erschüttert. Dann aber wird die Frage unabweislich, ob die oder der Betroffene ein neues Selbst, das in gewissem Sinne noch das »alte« ist, wird ausbilden können. Um das Mindeste zu sagen: Einer solchen Person gelingt dies wohl kaum in jener rationalen, quasi eleganten Weise, die durch unsere obigen, abstrakten Reflexionen suggeriert wurde. Damit werden aber Fragen, die dem Zusammenhang der Kontinuität, der Identität und der Autonomie personaler Existenz gelten, von neuem akut.

Angenommen jedoch, auch unter besonders erschwerten Bedingungen gelingt es der oder dem Betroffenen, ein befriedigendes Leben zu führen. Es hat lange Zeit gedauert und erhebliche »Selbstüberwindung« gekostet: Aber schließlich vermag auch ein ehemals ausgesprochen engagierter, nicht zuletzt körperlich aktiver Mensch, sich mit einer weitgehend rezeptiv-kontemplativen Lebensform anzufreunden. Angesprochen darauf, dass er doch – wie das Klischee in solchen Fällen lautet – auf großartige Weise sein »Schicksal« »gemeistert« habe, wird der Betroffene vielleicht antworten: »Es blieb mir ja auch gar nichts anderes übrig.« Diese resignativ oder auch trotzig vorgebrachte Replik signalisiert zweierlei: Zum einen *musste* diese Person ihr Leben ändern, denn die ihr vertrauten Möglichkeiten, sich zu verwirklichen, waren ihr versperrt; und zum anderen bot sich ihr keine Auswahl neuer Optionen – sie muss von Glück sagen, dass sie sich in *einer*, ganz spezifischen Art und Weise mit ihrer Situation hat arrangieren können.

Fragt man aber, ob sich diese Person autonom entschieden hat, so entsteht Irritation, ja Konfusion. Denn wir setzen voraus, dass sich der Kranke inzwischen tatsächlich mit seinem neuen Leben identifiziert. Gerade, dass er es sich nicht leicht gemacht hat, keine »billige« Lösung gesucht hat, indiziert, dass er die »Selbstüberwindung« aus *eigener* Kraft und mit *eigenen* Ressourcen bewerkstelligt hat. Insofern wird man ihm nicht absprechen können, dass er sein Leben *selbstbestimmt* führt.

Aber bedeutet dies zugleich, dass dieses Leben Ausdruck einer *freien* Entscheidung ist? Kehren wir, um diese Frage zu forcieren und zunächst eine ganz und gar negative Antwort zu erhalten, zu Peter Bieri zurück. Im ersten Teil seiner Studie formuliert er nämlich unmissverständlich, zentral für unsere Erfahrung von Freiheit sei, »dass wir die Zukunft unseres Wollens und Tuns als offen erleben. Es gibt, so denken wir vor einer Entscheidung, ganz Verschiedenes, was wir wollen und tun können.« (Bieri 2001: 73)[4] Bieris

4 Ähnlich formuliert Martin Seel: »[I]n erfüllenden Lebensformen sind wir zugleich vielfach *gebunden*. Und doch sind sie *erfüllend* nur solange wir aus freien Stücken so gebunden sein *wollen*.« Dies »bedeutet, in Situationen zu sein, in denen sich gegenwärtig aussichtsreiche

Beispiel, auf das er im Verlaufe seiner Darstellung häufig zurückgreift, ist eine Person, die unter der Repression eines totalitären Regimes zu leiden hat (vgl. ebd.: 74 ff.). Sie steht vor der Frage, ob sie das Land verlassen oder aber bleiben soll. Überraschenderweise beschreibt Bieri den entsprechenden Entscheidungsprozess derart, dass sich die Person von äußeren Eindrücken umstandslos beeinflussen lässt und zuvor getroffene Entscheidungen immer wieder rückgängig macht. Der Dissident sieht auf der Titelseite einer Zeitung Bilder einer Deportation und ist zur Flucht fest entschlossen; er hält sich bereits am Bahnhof auf, erblickt dann aber aus der Ferne einen Freund, der im Widerstand arbeitet, empfindet Scham und beschließt zu bleiben; dann begegnet er Schergen der Machthaber, wird von Angst ergriffen und besteigt den Zug. Obwohl Bieri diese Geschehnisse sehr ausführlich in der Weise schildert, als werde die Person von widerstreitenden Affekten hin und her geworfen, soll gerade diese Episode illustrieren, dass der Einzelne durch Überlegung und Fantasie Herr seiner Entscheidungen bleibt. Die Souveränität solcher Beschlüsse soll darin bestehen, dass »sie widerrufbar sind, oder genauer: dass die eine durch eine nächste, gegenteilige, abgelöst werden kann [...]. Solange wir überleben und uns Alternativen vorstellen, ist die Willensbildung nicht abgeschlossen, das Vorstellen ist ein Vorgang, der den Willen immer von neuem verändern kann.« (Ebd.: 76) Auch für den Mann im Zug gilt: Er kann »bei der nächsten Station aussteigen« (ebd.: 77). Das aber würde bedeuten: In dem Moment, in dem er die Grenze seines Landes hinter sich gelassen hat und zum Beispiel in seiner neuen Heimat gegen das Regime in seinem Herkunftsland agitiert, müsste er sich notgedrungen unfrei fühlen, selbst dann, wenn er nach wie vor zu seiner Entscheidung steht. Denn jetzt kann er sich nicht mehr umentscheiden, da er bei einer Rückkehr befürchten müsste, umgebracht zu werden. Bieris Beispiel scheint zu dementieren, was es belegen soll: dass ein Entschluss nur dann als eine »freie« Entscheidung erfahren wird, wenn er von der Gewissheit begleitet wird, dass man ihn auch widerrufen kann. Gerade bei »substantiellen Entscheidungen«, um die es Bieri geht, ist dies häufig nicht der Fall: Wer sich als Jugendlicher für eine Ausbildung entscheidet, verfügt häufig nur über ein begrenztes Bud-

---

Lebensmöglichkeiten auftun, die ihrerseits mit noch unbestimmten künftigen Möglichkeiten des Tuns und Lassens verbunden sind – einschließlich einer künftigen *Veränderung* des Tuns und des Lassens, die jetzt noch nicht antizipiert werden kann.« Und Seel – der sich übrigens zu Unrecht auf Frankfurt als Gewährsmann beruft – fügt hinzu: »Darum ist Autonomie wichtig. Denn Autonomie ist nicht viel mehr als die Fähigkeit, sich um die Lebendigkeit und Offenheit des eigenen Daseins zu kümmern.« (Seel 2004: 245; vgl. Seel 2002) get; er wird die Wahl wohl kaum in dem Bewusstsein treffen, dass er ja jederzeit die Weichen neu stellen kann. Und gerne wüsste man, was Bieri zu der Entscheidung eines Paares sagt, ein Kind in die Welt zu setzen: Ist solch ein Beschluss per se »unfrei«?

Man kann Bieri mildernde Umstände einräumen: Seine ansonsten sehr präzise literarische Fantasie scheint in diesem Falle den Entscheidungsprozess, um den es ihm geht, einfach nicht angemessen zu illustrieren. Denn Bieri wird ja nicht müde zu postulieren, eine »freie« Entscheidung sei eine »überlegte« Entscheidung. Für seinen Protagonisten aber hätte es wahrlich nicht viel Nachdenken und – der von Bieri ebenfalls eingeklagten – Fantasie bedurft, um jene Situationen zu antizipieren, von denen sein ursprünglicher Entschluss wieder in Frage gestellt wird. Mag das Beispiel unglücklich gewählt sein, so ist, was mit ihm demonstriert werden soll, für Bieris Konzept doch zentral: Frei ist eine Entscheidung zu nennen, wenn auch alternative Optionen offenstehen, ja wenn man auch noch nach dem Entschluss die entgegengesetzte Wahl treffen kann.

Von der Situation unseres Patienten haben wir uns mit diesen Ausführungen denkbar weit entfernt. Von jemandem, der froh ist, überhaupt *eine* Möglichkeit sinnvoller Lebensgestaltung gefunden zu haben, wird man nicht sagen können, dass sich um ihn herum ein offener Horizont erstreckt. Nun kann man Bieris Version abschwächen und grundsätzlich feststellen, dass man sich nur dann frei für etwas entscheiden kann, wenn Alternativen zur Wahl stehen. Die Varianz und die Anzahl dieser Alternativen mögen beschränkt sein, und die getroffene Wahl mag auch die Möglichkeit zunichte machen, sich umzuentscheiden. Dennoch: Eine Person hätte sich nicht »frei« entschieden, wenn ihr in der konkreten Situation tatsächlich »nichts anderes übrig bliebe«. Ist dem Patienten also Selbstbestimmung zu attestieren, während seine »Entscheidung« für eine Lebensform als »unfrei« zu bezeichnen ist?

Allem Anschein nach ist dies der Fall. Was dies für die philosophische Reflexion über Autonomie bedeutet, kann hier nicht einmal provisorisch erörtert werden. Dennoch sei abschließend angedeutet, wie die Dissonanz, die sich ergeben hat, zumindest gemildert werden kann. Dies ist dann möglich, wenn man nicht allein die konkrete Entscheidungssituation, sondern die Lebensgeschichte des Patienten in den Blick nimmt. Seine Fähigkeit, angesichts massiver Restriktionen seine akute Lebensform als selbstbestimmt zu erfahren, erwiese sich als das Ergebnis einer freiheitlichen Lebensführung. Freiheitlich wäre ein Lebensvollzug dann zu nennen, wenn er zwar (anders als Bieri suggeriert!) keineswegs permanent, aber doch immer wieder von Entscheidungen beeinflusst wird, die in klarer Kenntnis konkreter Alternativen getroffen wurden. Durch solche Zäsuren erhält sich die Person unter günstigen Bedingungen das Bewusstsein dafür, dass sie über ein größeres Reservoir an Neigungen und Fähigkeiten verfügt, als sie de facto in Lebenspraxis umsetzen kann. Es sind solche ungenutzten oder vernachlässigten Möglichkeiten, die auch in einer scheinbar aussichtslosen Situation zu aktualisieren sind.

Menschen im Begabungstest. Mutmaßungen über Hirnforschung als soziale Praxis

Die Debatte über die Implikationen der neuesten Hirnforschung hat die Öffentlichkeit erst spät erreicht. Zwar erschien in den 1990er Jahren eine größere Anzahl populärwissenschaftlicher Darstellungen über das menschliche Gehirn. Und sogar der Suhrkamp Verlag nahm mit den Büchern des Bremer Neurobiologen Gerhard Roth erstmals Titel aus dem Bereich der Naturwissenschaften ins Programm. Diese Publikationen blieben aber bemerkenswert folgenlos. Hatte es seit den siebziger und achtziger Jahren eine anhaltende und intensive Debatte über die Genforschung und -technik gegeben, so blieben die Konsequenzen, die die Aufklärung von Hirnfunktionen für das menschliche Selbstverständnis wie für die soziale Praxis haben würde, völlig ausgeblendet.[1]

Erst seit der zweiten Jahreshälfte 2003 ist von dieser Abstinenz nichts mehr zu spüren. Praktisch zeitgleich lenkten der *Spiegel*, die *Zeit*, die *Frankfurter Allgemeine Zeitung* durch Sondernummern und lange Artikelserien die Aufmerksamkeit auf verschiedene Aspekte des innovationsträchtigen Forschungsgebietes. Doch auch jetzt noch blieb ein wichtiger Unterschied gegenüber den anderen Kontroversen um die neuen Biowissenschaften gewählt. Der Disput über die Hirnforschung ist bis zum heutigen Tage – wenn man einmal von den Beiträgen der Wissenschaftsredakteure absieht – ein reiner Expertendiskurs. Neben den Naturwissenschaftlern selbst beteiligen sich Psychologen, Pädagogen, Philosophen, vereinzelt auch Juristen, die die Ergebnisse der Hirnforschung entweder längst aufgegriffen oder sich doch, in kritischer Absicht, mit ihnen vertraut gemacht haben. Die Genforschung hingegen rief von Anfang an soziale Bewegungen auf den Plan: Ökologie-, Frauen- und Behindertenbewegung sind aus der Debatte über das Humangenomprojekt, die »grüne« Gentechnologie wie die vorgeburtliche gene-

1 Pionierarbeit allerdings leisteten der Hirnforscher Wolf Singer und der Philosoph Lutz Wingert mit ihrem ausführlichen Streitgespräch, das die *Zeit* im Dezember 2000 veröffentlichte (wiederabgedruckt in: Singer 2003a).

tische Diagnostik ebenso wenig wegzudenken wie jene Stimmen einer »Bioethik«, die häufig eher grassierenden Hoffnungen oder Befürchtungen Ausdruck verleihen, als dass sie einer professionsspezifischen (moralphilosophischen, juristischen, sozialwissenschaftlichen) Sichtweise verpflichtet wären. Dieses recht breite, aber zugleich spezifische Klientel, das zur öffentlichen Debatte beitrug, sorgte für zweierlei: Schnell wurde stets extrapoliert, welche langfristigen gesellschaftlichen Veränderungen die wissenschaftlichen Innovationen herbeiführen würden. Und diese Art einer intuitiv-spekulativen »Technikfolgenabschätzung« führte zu einer permanenten Skandalisierung. Die Warnungen vor »Designer-Babys«, vor »Menschen nach Maß«, vor einer neuen »Eugenik« nahmen kein Ende. Es war erst und paradoxerweise der Erfolg des Humangenomforschungsprojektes, der hier eine Ernüchterung herbeiführte. Nun war nämlich unübersehbar geworden, dass die sogenannte Entschlüsselung des menschlichen Genoms noch keineswegs die Grundlage dafür bieten würde, um im Labor »Supermänner« oder »-frauen« zu produzieren.

Die neueste Diskussion über die Einsichten ins menschliche Gehirn nimmt sich im Vergleich zu den vorangegangenen Debatten geradezu steril aus. Selbst dort, wo es um einen durchaus brisanten Anwendungsbereich wie die »Neurodidaktik« geht, war die diesbezügliche Kontroverse ein harmloses Scharmützel unter Fachleuten.[2] Und die lange Artikelserie über Willensfreiheit, welche die *Frankfurter Allgemeine Zeitung* über Monate hinweg präsentierte, ließ von praktischen Implikationen nur wenig spüren. Dass die Debatte sachlich, auf hohem argumentativem Niveau und mit großem intellektuellem Ernst geführt wurde, ist ohne Zweifel zu begrüßen. Eine nachhaltige Ausnüchterung war nach den oft exaltierten und anmaßenden Kundgaben zu PID und PND, »embryonalen« und »adulten« Stammzellen, »therapeutischem« und »reproduktivem« Klonen dringend angesagt. Man kann sich aber zugleich des Eindrucks nicht erwehren, dass man nun dem entgegengesetzten Extrem erlegen ist und die gesellschaftspolitische Brisanz der innovativen Hirnforschung unterbelichtet bleibt. Im Folgenden werden deshalb die grundlagentheoretischen und philosophischen Positionen, die vertreten werden, in einem einleitenden Abschnitt nur knapp erläutert: Es geht – erstens – um einen »Streit der Fakultäten«, um die keineswegs neue Frage nämlich, ob den Naturwissenschaften ein Monopol bei der Erklärung menschlichen Verhaltens zukommt; und es geht – zweitens – darum, ob von menschlicher »Freiheit« und »Verantwortung« noch die Rede sein kein, wenn erst einmal

2 Vgl. hierzu die Artikel in der *Zeit* 2003, Nr. 38 ff.

neuronale Prozesse identifiziert sind, die dem Handeln zugrunde liegen (I a und b). Eingehend werden dann jene Darstellungen von Lern- und Erziehungsprozessen beleuchtet, die die Hirnforscher auf der Grundlage ihrer Konzeptionen entwickeln.[3] Diese Positionen bilden eine Art Nahtstelle, die es erlaubt, über die Konsequenzen der Hirnforschung in kontrollierter Weise zu spekulieren (II).

I.

a) Durch bildgebende Verfahren ist es der neueren Hirnforschung gelungen, mehr und mehr »neuronale Substrate« mentaler Vorgänge zu identifizieren. Ihr ist es möglich, Hirnareale auszuweisen und Stoffwechselprozesse zu analysieren, welche Bewusstseinsprozessen wie der Sinneswahrnehmung, dem Sprechen, dem Erinnern, der Handlungsplanung zugrunde liegen, oder, wie oft vorsichtiger formuliert wird, mit ihnen »korrelieren«. Weniger komplexe Bewusstseinszustände wie Sinnesempfindungen oder emotionale Stimmungen kann man deshalb durch die Aktivierung entsprechender Nervenbahnen inzwischen gezielt stimulieren. Damit aber wird aus der Sicht der Forscher fraglich, ob jene Demarkationslinie noch aufrechterhalten werden kann, durch die die physische, kausal determinierte Welt von der psychischen Sphäre, aber auch von der Welt gültiger kultureller Werte und Normen zu trennen sei. Hatten moderne Physik und Evolutionsbiologie jene Barrieren durchbrochen, die die anorganische von der organischen Natur, aber auch niedere von hochkomplexen Organismen zu trennen schienen, so scheint nun auch jene Grenze durchlässig zu werden, die Naturprozesse von dem Reich menschlicher Empfindungen und Überzeugungen schied (vgl. Singer 2002a [2000]: 176 ff.). Dabei wird nicht verkannt, dass zur Darstellung der Phänomenbereiche unterschiedliche »Beschreibungssysteme« benötigt werden: Es ist eben nicht dasselbe, ob »man« in der Rolle des distanzierten Beob-

3 Berücksichtigt werden dabei allein die neuesten Publikationen von Wolf Singer und Gerhard Roth. Damit soll natürlich nicht behauptet werden, dass deren Positionen in sämtlichen Details von der gesamten Hirnforschung geteilt wird. Während es inzwischen immerhin Konsens zu sein scheint, von der hohen »Plastizität« und »Vulnerabilität« (Singer) zumindest des jungen menschlichen Gehirns auszugehen, besteht keine Einigkeit darüber, welche Umwelteinflüsse denn die Hirnstrukturen und -funktionen zu modellieren vermögen, und in welchen Zeitabschnitten der Individualentwicklung dieses geschieht.

achters Vorgänge beschreibt, die sich »draußen« in der Welt abspielen, oder ob »ich« aus der Perspektive der ersten Person jene Gefühle, Absichten oder Überzeugungen darstelle, die »mir« direkt zugänglich sind. Galt und gilt es bisher als eine Art philosophisches Dogma, dass beide Darstellungsweisen nicht miteinander identifiziert oder in irgendeiner Weise ineinander überführt werden können, so besteht der Ehrgeiz der Hirnforscher eben darin, diese Kluft zu überwinden: Es sollen kausale Erklärungen dafür gefunden werden, warum materielle, genauer »neuronale« Vorgänge ganz bestimmte Bewusstseinszustände hervorrufen. Wolle man aber dabei nicht der Gefahr eines kruden Reduktionismus erliegen, der psychische Zustände und kulturelle Objektivationen gleichsam zum Verschwinden bringt, so bedürfe es »Brückentheorien« (ebd.: 177), welche plausibel machen, was die beiden »Welten« miteinander vereine.

Genau an dieser »Vereinigungseuphorie« (ebd.: 179) entzündet sich das Misstrauen der etablierten Geisteswissenschaften (vgl. hierzu ausführlich: Neumann-Held et al. 2003). Aus deren Sicht nämlich ist es undenkbar, Bewusstseinszustände auf »Materie« »zurückzuführen«, ohne dabei die besondere Qualität menschlicher Wahrnehmungen und Empfindungen, aber auch die Geltung kultureller Werte und Institutionen zum Verschwinden zu bringen. Schon um jene Erfahrungen und Überzeugungen, für welche neuronale »Korrelate« gesucht werden, überhaupt zu identifizieren, müsse sich auch der Naturwissenschaftler der Terminologie der Psychologie und der Kulturwissenschaften bedienen. Erst dann nämlich, wenn er verständlich mache, was die besondere Qualität einer Empfindung oder die Überzeugungskraft eines moralischen Prinzips ausmache, könne er sich auf die Suche nach einem spezifischen Substrat begeben. Damit aber bleibe der Naturwissenschaftler von der Alltagsperspektive erlebnisfähiger Subjekte ebenso abhängig wie von der Sichtweise jener Geisteswissenschaften, denen es um den Gehalt von Kulturprodukten zu tun ist. Strittig bleibt, ob diese Abhängigkeit für die angestrebten Kausalerklärungen eine unüberwindbare Grenze markiert, oder ob sie durch »Brückentheorien« plausibel in ein reduktionistisches Erklärungsmodell integriert werden kann.

b) Kaum zu trennen von dem Streit um den Hegemonieanspruch der Naturwissenschaften ist die substantielle Frage, welche Bedeutung dem Bewusstsein bei der Steuerung des menschlichen Verhaltens zukommt. Mit der Feststellung nämlich, dass auch Bewusstseinszustände Kausalerklärungen zugänglich sind, verknüpft sich die Behauptung, dass der »freie Wille« eine pure »Illusion« beziehungsweise ein für die soziale Praxis unentbehrliches

»kulturelles Konstrukt« darstelle (vgl. Singer 2002b: 73 ff.; Roth 2003b: 528 ff.; Singer 2004). Dieser Auffassung zufolge werden sämtliche Bewusstseinsleistungen des Menschen entscheidend von unbewussten Vorgängen gesteuert: Sowohl das gesamte Persönlichkeitsprofil eines Menschen wie seine einzelnen Reaktions- und Handlungsweisen werden demnach maßgeblich durch genetische Determinanten einerseits, durch »abgespeicherte«, insbesondere frühkindliche Erfahrungen andererseits bestimmt. Menschliche Personen werden in der Weise »emotional konditioniert« (Roth 2003a: 159), dass sie unbewusst Wahrnehmungen oder Handlungsoptionen Bewertungen unterwerfen, welche unser Verhalten steuern. Demnach werden sämtliche Wahrnehmungen und Vorstellungen, aber auch Handlungspläne im »limbischen System« mit vorgängigen Erlebnissen abgeglichen und daraufhin überprüft, ob sie emotional positiv oder negativ konnotiert sind. Roth resümiert seine Darlegungen folgendermaßen: »Das limbische System hat gegenüber dem rationalen corticalen System das erste und das letzte Wort. Das erste beim Entstehen unserer Wünsche und Zielvorstellungen, das letzte bei der Entscheidung darüber, ob das, was sich Vernunft und Verstand ausgedacht haben, jetzt und so und nicht anders getan werden soll. Der Grund hierfür ist, daß alles, was Vernunft und Verstand als Ratschläge erteilen, für den, der die eigentliche Handlungsentscheidung trifft, emotional akzeptabel sein muß. Es gibt also ein rationales Abwägen von Handlungen und Alternativen und ihren jeweiligen Konsequenzen, es gibt aber kein rein rationales Handeln.« (Ebd.: 162; vgl. ders. 2003b: 526)

Die Bemühung der Hirnforscher, die Vorstellungen vom menschlichen »Ich« und von einer menschlichen »Willensfreiheit« als Illusion beziehungsweise als Konstrukt zu entlarven, hat Kritik verschiedenster Art hervorgerufen. Methodologische Bedenken beziehen sich auf die Aussagekraft von Experimenten, mit Hilfe derer die Hirnforscher die Abhängigkeit von bewussten Entscheidungen von vorgängigen neuronalen Prozessen glauben nachgewiesen zu haben (vgl. Helmrich 2003). Einwände prinzipieller Art hingegen entzünden sich an dem Verständnis von Willensfreiheit, das der Argumentation der Hirnforscher zugrunde liegt. Es gehe – so die Replik insbesondere von Seiten der Philosophie – nämlich keineswegs um pure Willkür, das heißt um die Fähigkeit eines Menschen zu tun, was ihm zufälligerweise gerade in den Sinn komme. Nicht ein ganz und gar unbestimmter Wille sei ein »freier Wille«, sondern ein Wille, der sich von Gründen leiten lässt, die ein Subjekt sich selbst zuschreibt (vgl. Schockenhoff 2003; Wingert 2004; Nida-Rümelin 2004).[4] Indem ein Akteur dafür einsteht, dass es *richtig* ist, auf eine ganz bestimmte Art und Weise zu handeln, übernimmt er zugleich die Verantwortung für sein Verhalten. Und wenn der Einzelne sich selbst oder sein Gegenüber in dieser Weise als Initiator von Handlungen begreift, muss er zwangsläufig unterstellen, dass das jeweilige Verhalten sich im Lichte neuer Überlegungen oder Erfahrungen auch ändern lässt. Wir trauen uns selbst und anderen zu, uns von bestimmten Absichten, Überzeugungen oder auch moralischen Empfindungen leiten, statt von anonymen, unbewussten Motiven nolens volens gängeln zu lassen. Würden wir uns von der Hirnforschung dazu überreden lassen, uns als kausal vollkommen determinierte Wesen zu verstehen, so würden unsere eigenen Intentionen ebenso ihren Sinn verlieren wie die Art und Weise, in der wir auf das Verhalten anderer (etwa mit Dankbarkeit oder Empörung) reagieren.

II.

Die Feststellung jedoch, dass Personen einander für ihre Handlungen verantwortlich machen und Begründungen für ihr jeweiliges Verhalten anführen, hat die Hirnforscher nicht wirklich beeindruckt. Aus ihrer Sicht nämlich wird die Abwägung von Argumenten, Zielvorstellungen, Interessen selbst von unbewussten Prozessen gesteuert. Zwar würden wir uns diese Bewusstseinsleistungen selbst zuschreiben, die Auswahl der Aspekte jedoch, die überhaupt in den Reflexionsprozess Eingang fänden, die Regeln ihrer Abwägung wie auch die spezifische Bewertung einzelner Faktoren würden in Wirklichkeit durch die inzwischen wissenschaftlich erschlossenen neuronalen Mechanismen bestimmt. Wenn aber Bewusstseinsleistungen in dieser Weise kausal an hirnphysiologische Prozesse gekoppelt sind, so stellt sich die Frage, welche Bedeutung Lern- und Erziehungsprozessen bei der Entwicklung und Modifikation menschlicher Verhaltensdispositionen noch zu-

4 Eine Alternativposition vertritt der Philosoph Michael Pauen: Aus seiner Sicht ist weder die bewusste Intention des Akteurs noch dessen Fähigkeit, sein Verhalten zu ändern, Voraussetzung für Freiheit. Entscheidend sei vielmehr, dass sich eine Handlung in der Weise »selbstbestimmt« vollziehe, dass darin »ein Kern von wichtigen Persönlichkeitsmerkmalen und Überzeugungen, die einen Menschen kennzeichnen«, zur Geltung komme. Wenn jedoch neuronale Prozesse dazu führten, dass »unseren Wünschen und Überzeugungen erst Wirksamkeit in der physischen Realität« verschafft würde, so bilde dieses sogar »eine Voraussetzung für selbstbestimmtes Handeln« (Pauen 2003a: 44 ff.; vgl. Pauen 2003b).

kommt. Legt man hier einen Generalverdacht gegenüber einem simplen Determinismus zugrunde, so wäre der Hirnforschung zu unterstellen, dass aus ihrer Sicht die Persönlichkeitsentwicklung entweder genetisch vollkommen vorherbestimmt ist, oder zusätzlich allein durch physische Umweltfaktoren, also das biochemische »Milieu«, beeinflusst wird. Eine solche Position wird von den tonangebenden Wissenschaftlern jedoch nicht vertreten. Man kann sogar einem Autor wie Wolf Singer zugutehalten, dass nicht nur seine Argumente, sondern auch die eindringliche Art seiner Darlegungen, überkommenen deterministischen Positionen gerade den Boden entziehen. Wenn Singer nicht müde wird, von der Wechselwirkung von genetischen und epigenetischen Faktoren, also von »Erbanlagen« und Einflüssen der »Umwelt« zu sprechen, dann tut er dies nicht in jener plakativen Art und Weise, wie es von jedem Humangenetiker, der etwas auf sich hält, längst ebenfalls zu vernehmen ist.

Zwar ist – so Singers Darstellung – mit der Geburt ein Großteil der menschlichen Nervenzellen im Gehirn bereits angelegt. Die Verknüpfung oder »Verschaltung« dieser Zellen, die die Grundlage für Sinneswahrnehmungen, kognitive Fähigkeiten und charakterliche Dispositionen darstelle, vollziehe sich jedoch in einem Prozess, der sich bis zum Ende der Pubertät erstreckt (vgl. hierzu und zum Folgenden: Singer 2002c sowie Singer 2003b). Im Verlaufe dieser Entwicklung würde sogar eine Überzahl an Verbindungen hergestellt, die, je nachdem, ob sie gefordert würden oder nicht, erhalten blieben oder wieder aufgelöst würden. Es sind jedoch immer nur bestimmte Zeitabschnitte der individuellen Entwicklung, in denen einzelne Hirnareale der Ausbildung fähig sind. Während sich etwa die Fähigkeit zur Repräsentation von Sinneswahrnehmungen bereits beim Kleinkind ausbilden müsse, könnten sich die rationale Handlungskontrolle oder die Anpassung an soziale Normen erst beim Jugendlichen voll entfalten.

Singer schildert eindrucksvoll aus der Perspektive des Forschers, was geschieht, wenn menschliche Entwicklungspotentiale nicht ausreichend befördert werden: »Welches nun sind die Auswirkungen modifizierter Erfahrung auf neuronale Netzwerke? Wenn die visuellen oder akustischen Signale nicht verfügbar sind, die während der entsprechenden sensiblen Entwicklungsphasen benötigt werden, so führt dies zu Strukturänderungen, die im Mikroskop sichtbar sind. Die Nervenzellen schrumpfen, ihre Fortsätze, mit denen sie Signale von anderen Zellen aufnehmen, die sogenannten Dendriten, bilden weniger Verzweigungen aus, und die Zahl der Kontakte zwischen den Nervenzellen, den Synapsen, nimmt dramatisch ab. Auch die Fläche der insgesamt für eine bestimmte Funktion zur Verfügung gestellten Bereiche der Großhirnrinde kann schrumpfen, wenn diese Funktion nicht trainiert oder nicht gebraucht wird.« (Singer 2002c: 54)

Einem Forscher, der, übers Mikroskop gebeugt, Zellen schwinden und neuronale Verbindungen sich auflösen sieht, nimmt man es gewiss ab, dass es ihm um die verantwortungsvolle »Kultivierung« eines förderlichen Milieus zu tun ist. Die Tatsache, dass sich einzelne Fähigkeiten nur während spezifischer Entwicklungsphasen optimal ausbilden lassen, veranlasst Singer auch keineswegs, ein standardisiertes Curriculum zu empfehlen. Das Gegenteil ist der Fall. Durch genetische Konstitution wie durch vorgeburtliche und frühkindliche Erfahrungen nämlich sind Heranwachsende aus dieser Sicht bereits in hohem Maße individuiert. Singer insistiert deshalb auf der Forderung, dass die Erzieher auf jene »Fragen« antworten müssten, mit denen Kinder von sich aus an ihr soziales Umfeld heranträten (vgl. ebd.: 56; Singer 2003b: 112). Es genüge, so Singer, »darauf zu vertrauen, daß die jungen Gehirne selbst am besten wissen, was sie in verschiedenen Entwicklungsphasen benötigen und dank ihrer eigenen Bewertungssysteme kritisch beurteilen und auswählen können. Kinder sind in aller Regel genügend neugierig und wißbegierig, um sich das zu holen, was sie brauchen. Elternehrgeiz ist hier wenig dienlich, entscheidend ist nicht, was die Eltern wollen, sondern was das Kind mitbringt und will.« (Singer 2002c: 57)

Singer verknüpft seinen Appell an die Verantwortung von Eltern wie professionellen Erziehern mit sehr konkreten Postulaten, und man sieht hieran, welcher sozialreformerische Elan von seinem Forschungsgebiet inzwischen ausgeht. Nur durch eine entschiedene Aufwertung des sozialen Status von Pädagogen, so Singer, könne man jener schicksalhaften Bedeutung gerecht werden, die einer förderlichen Sozialisation junger Menschen zukomme. Auch müsse das Erfahrungswissen alter Menschen viel stärker zum Zuge kommen, als das derzeit der Fall sei (vgl. Singer 2003b: 116). Die kulturelle Evolution – so sein plausibles Argument – beruhe gerade darauf, dass der ganze Erfahrungsschatz tradiert werde, den sich Personen im Verlaufe ihres Lebens aneigneten. Singer wendet sich auch gegen die Privilegierung rationaler Ausdrucksmittel, also der Schriftsprache und des Rechensystems. Erst durch eine frühe Berücksichtigung auch von künstlerischen Darstellungsweisen würden nicht-rationale Weisen der Erfahrung und des Ausdrucks erlernt, die für eine reichhaltige Kommunikation zwischen Personen erforderlich seien (vgl. Singer 2002c: 58 f., 2003b: 113).

Im Mittelpunkt von Singers pädagogischem Programm steht die Forderung nach Differenzierung. Sowohl den unterschiedlichen »Entwicklungsgeschwindigkeiten« (Singer 2002c: 56) der Kinder wie den voneinander abweichenden Begabungen, die sie mitbrächten, müsse Rechnung getragen werden. Dass sich Singers Argumente unschwer mit einer Kritik an jedem rigiden erzieherischen Paternalismus verknüpfen lassen, ist unübersehbar. Und dennoch erweist sich das Insistieren auf den individuellen Besonderheiten von Kleinkindern als zutiefst zweideutig. Wenn Singer mehrfach fordert, die Erzieher müssten unbedingt jene »Fragen« beantworten, die die Kinder von sich aus stellen, so impliziert diese Formulierung immer auch, dass es allein oder doch vornehmlich dieses früh erkennbare Interesse ist, das für die Förderung eines Kindes ausschlaggebend sein soll. »Wissen« aber Kleinkinder wirklich in vollem Umfange, was für sie zu erlernen möglich, nötig und reizvoll wäre? Die Akzentuierung der individuellen Besonderheiten zu Beginn des Sozialisationsprozesses, so lassen Singers Formulierungen befürchten, könnte jene persönlichen Potentiale ersticken, die sich erst durch ein reichhaltiges Bildungsangebot und eine auf Chancengleichheit basierende Schulkarriere entwickeln können. Was sich bei Singer über längere Strecken wie ein geradezu naives antiautoritäres Plädoyer liest, schlägt auch tatsächlich unversehens um in ein technokratisches Programm zur rechtzeitigen Auslese. »Um die Erziehung zu optimieren, müßte man die Kinder früh testen, Begabungen identifizieren und entsprechend der Begabungsspektren früh kanalisieren. Man muß sich dabei frei machen von der Illusion, daß alle gleich sind und dass aus allen das Gleiche werden kann. Diese Annahme ist unsinnig und widerspricht elementaren biologischen Gesetzen; mein Postulat läuft also auf eine starke Differenzierung hinaus.« (Singer 2003b: 116 f.) Offen bleibt bei Singer zwar, ob er Differenzierung mit früher Selektion unterschiedlich »Begabter« gleichsetzt. Der Ausdruck »kanalisieren« jedoch lässt sich durchaus als Empfehlung verstehen, Kinder mit unterschiedlicher »Veranlagung« voneinander zu separieren.

Um möglichst frühzeitige Prognosen ist es auch Gerhard Roth zu tun. Er nähert sich dem Thema Erziehung beziehungsweise Erziehbarkeit über die Problematik der Delinquenz. Da die menschliche Persönlichkeit durch genetische Faktoren und Einflüsse in der frühen Kindheit in hohem Maße geprägt sei, müsse man von dem Begriff der Schuld ebenso wie dem der strafrechtlichen Vergeltung Abschied nehmen (vgl. Roth 2003b: 541 ff.). Die Verurteilung von Straftätern solle sich allein von dem Gedanken der Abschreckung und Neukonditionierung leiten lassen. Ob sich jedoch Maßnahmen zur »Besserung« überhaupt lohnen, soll nun wiederum durch das Persönlichkeitsprofil des Einzelnen vorbestimmt sein. Auch in diesem Fall also gilt es, zu testen. »Ob und wann es möglich sein wird, die Besserungsfähigkeit von Straftätern mit wissenschaftlichen Methoden (Messung vegetativer Reaktionen, EEG, bildgebende Verfahren usw.) verläßlich zu erfassen, ist schwer zu sagen. Zumindest kann dies nicht ausgeschlossen werden, und die sozialen und ethischen Folgen solcher Möglichkeiten müssen dringend diskutiert werden.« (Ebd.: 543)

Nun lässt es Roth aber keineswegs bei allgemeinen Bemerkungen über die Veranlagung zur Gewalt bewenden. Er wendet sich relativ ausführlich dem in den letzten Jahren weithin diskutierten ADHS-Syndrom (Aufmerksamkeitsdefizit-Hyperaktivitätsstörung) zu. Diese Verhaltensstörung tritt bei Kleinkindern auf und äußert sich primär als Konzentrationsschwäche, starke motorische Unruhe und mangelnde Impulskontrolle. Roth gibt eine holzschnittartige Darstellung dieses komplexen Syndroms. Als vermeintlichen Konsens der Forschung hält er fest: »ADHS beruht danach zu einem erheblichen Teil auf genetisch bedingten Störungen sowie auf anderen Faktoren wie vorgeburtlichen (zum Beispiel aufgrund Alkohol-, Nikotin- und Drogenmißbrauchs der Mutter) und geburtlichen Schädigungen. Neben diesen ›schicksalhaften‹ Faktoren gibt es aber auch einen deutlichen Zusammenhang mit mütterlichem Fehlverhalten, das entweder seinerseits genetisch bedingt ist oder eine hilflose Reaktion auf das schwierige Verhalten des Kindes ist.« (Ebd.: 349) Was weitere Einflüsse angeht, so bemerkt Roth knapp, dass der Verlauf der Störung auch von »sozialen Faktoren wie Familie, Schule und Peer Group« (ebd.: 348) abhänge. Ohne Verweis auf einzelne Studien konstatiert er: »Allgemein sind ADHS-Kinder hinsichtlich ihrer weiteren Entwicklung hoch gefährdet. Sie haben massive Lernschwierigkeiten und führen in 30–40 Prozent der Fälle ihre Schulausbildung nicht zu Ende; ein Drittel von ihnen sind chronische ›Schulvermeider‹ (das heißt Schulschwänzer). Sie empfinden wenig Freude am Leben, ein Viertel wird depressiv, ein Drittel neigt zu Substanzmißbrauch, ein Fünftel weist später schwere Persönlichkeitsstörungen auf. In unserem Zusammenhang besonders wichtig ist die Tatsache, daß fast die Hälfte der ADHS-Kinder (genauer 45 Prozent) ein antisoziales Verhalten ausbildet und im männlichen Geschlecht zu übertriebener Gewalt neigt.« (Ebd.: 349) Um den Zusammenhang von »ADHS und Gewalt« – so die Kapitelüberschrift – noch weiter festzuzurren, dreht Roth die Sache sogleich um: »Nicht alle ADHS-Kinder werden Gewalttäter, aber die meisten Gewalttäter (also solche, die wegen Gewaltdelikten vielfach straffällig werden) zeigen sehr früh in ihrem Leben ADHS-artige Symptome, das heißt ihre Eltern, Lehrer und Mitschüler berichten von einer Neigung zum Prügeln und Schikanieren ihrer Umwelt. Dies bedeutet, daß ein erheblicher, wenn nicht gar der größte Teil der Gewalttäter eine krankhafte Veranlagung zur Aggression hat.« (Ebd.) Roths Logik – viele ADHS-Kinder und -Erwachsene werden gewalttätig, Gewalttäter generell weisen ADHS-typisches Verhalten auf – stellt einen beunruhigenden Fall von Stigmatisierung dar. Psychische Dispositionen wie Depression, Angststörungen oder Aggressivität werden nämlich in der einschlägigen Literatur – ebenso wie Seh-, Hör-, Lernstörungen – einhellig als »komorbide Störungen« behandelt, also als Auffälligkeiten, die gerade nicht zur Kernsymptomatik von ADHS zählen (vgl. Döpfner, Frölich und Lehmkuhl 2000: 7 ff.; Reuner und Oberle 2000: 139 ff.). Auch die Quantifizierungen fallen im Forschungsüberblick differenzierter, behutsamer, insgesamt niedriger aus als in Roths apodiktischer Darstellung.[5]

Auch was die Genese der Störung angeht, ergibt sich ein vieldimensionaleres Bild als das von Roth skizzierte (vgl. Döpfner, Frölich und Lehmkuhl 2000: 9 ff.). Dabei wird eine erhebliche genetische Disposition für ADHS keineswegs grundsätzlich in Frage gestellt. Auch verweist eine Vielzahl von Befunden auf hirnanatomische Anomalien und hirnphysiologische Dysfunktionen bei betroffenen Personen.[6] Als materielle Einflussfaktoren werden für Einzelfälle geringes Geburtsgewicht, toxische Substanzen, Infektionen und anderes mehr genannt. Zusammenhänge mit geringem sozialen Status der Herkunftsfamilien werden erörtert, gelten aber – ebenso wie das

5 Unterschieden wird nach Grundschulalter (»aggressives Verhalten mind. 30–50 Prozent«), Jugendalter (»dissoziales Verhalten/Delinquenz 30 Prozent«) und Erwachsenenalter (»Delinquenz und dissoziale Persönlichkeitsstörung bei etwa 15–30 Prozent«) (Döpfner, Frölich und Lehmkuhl 2000: 17).

6 Der Neurobiologe Hüther und der Kinderpsychiater Bonney referieren diese Befunde ausführlich, bestreiten aber, dass bislang ein bestimmter Defekt als primäre Ursache für ADHS identifiziert werden könne (vgl. Hüther und Bonney 2002: 58 f.). »Wo immer die Forscher bisher im Gehirn von ADHS-Kindern und Jugendlichen mit hinreichend feinen Meßverfahren nach Veränderungen gesucht haben, sind sie auch fündig geworden. Das Gehirn dieser Kinder hat sich, so scheint es, in vielfältiger Weise anders strukturiert und entwickelt als das von ›normalen‹ Kindern. Sie haben es ja auch über Jahre hinweg anders benutzt.« (Ebd.: 59) Nach Auffassung dieser Autoren zeichnen sich bestimmte Neugeborene – aus bisher nicht eindeutig geklärten Gründen – durch besondere »Wachheit und Stimulierbarkeit« aus. Da generell von einer hohen »Plastizität« des unreifen menschlichen Gehirns auszugehen sei, sei es kein Wunder, dass bei diesen besonders reizempfindlichen Kindern verschiedenste Hirnfunktionen Auffälligkeiten aufwiesen (ebd.: 69 f.).

von Roth genannte Fehlverhalten von Müttern während der Schwangerschaft – als höchst umstritten. Eindeutiger hingegen sind Befunde, die besagen, »dass überwiegend negative Eltern-Kind-Interaktionen im Vorschulalter mit der Stabilität hyperkinetischer Auffälligkeiten korrelieren. Psychosoziale Bedingungen sind nach dem gegenwärtigen Wissensstand zwar keine primäre Ursache, aber sie tragen entscheidend zum Schweregrad der Störung bei.« (Ebd.: 16)[7] Wenn Aggressivität, die Roth primär interessiert, nicht einmal zur Kernsymptomatik von ADHS gehört, so ist die Mutmaßung sicher berechtigt, dass gerade ein deviantes Verhalten entscheidend durch die Art und Weise provoziert wird, in der Eltern, aber auch Lehrer und Mitschüler auf die Schwierigkeiten der betroffenen Kinder reagieren. Roth ignoriert solche Faktoren nicht vollständig, in seiner Darstellung nehmen sie jedoch einen marginalen Stellenwert ein.[8]

Nicht anders als Singer ist Roth von der Möglichkeit fasziniert, das Entwicklungspotential von Kindern möglichst früh zu bestimmen. Immerhin als »brisant« bezeichnet er die Option einer »›präventiven‹ psychosozialen

7 Genauer heißt es, dass das Risiko zur »Entwicklung psychischer Auffälligkeiten im späteren Kindesalter« erheblich ansteige, wenn neben einer bestimmten Veranlagung des Kindes »auch psychische Störungen der Eltern, Eheprobleme, feindselige Einstellung zum Kind sowie negative, überwiegend kritisierende Interaktionen mit dem Kind berücksichtigt werden. Wenn es der Hauptbezugsperson nicht gelingt, die Belastungen zu bewältigen, die durch ungünstige Temperamentsmerkmale [des Kindes; A. K.] auftreten und sich eine dauerhafte, angespannte, negative Eltern-Kind-Interaktion entwickelt, dann ist die Wahrscheinlichkeit zur Entwicklung psychischer Störungen im späteren Kindesalter und die Persistenz hyperkinetischer Symptomatik deutlich erhöht.« (Döpfner, Frölich und Lehmkuhl 2000: 17 f.) – Hüther und Bonney thematisieren die psychosozialen Bedingungen, die zu einer Ausprägung der ADHS-Symptomatik beitragen, noch ausführlicher. Sie nennen unter anderem labile emotionale Bindungen zwischen Eltern und Kind, unkoordinierte Erziehungsstile in Familie und Schule sowie Reizüberflutung durch Medienkonsum (vgl. Hüther und Bonney 2000: 52 f., 85 f.).

8 Genau betrachtet steckt Roth in einem Dilemma: Wenn er, wie Singer und andere Hirnforscher, von der hohen »Plastizität« und »Vulnerabilität« des Gehirns zumindest im frühen Kindesalter ausgeht (vgl. Singer 2002c: 51), zugleich aber einem »sozialwissenschaftlichen Menschenbild« den Kampf ansagen will (vgl. Roth 2003b: 554 ff.), dann muss er jene Faktoren, die auf das Gehirn einwirken können, stark eingrenzen. Er tut dies durch eine Art Naturalisierung des Sozialen: »Drei Viertel der menschlichen Persönlichkeit sind genetisch bedingt oder werden durch frühkindliche Lern- und Prägungsprozesse festgelegt. Letztere Prozesse sind die eigentlichen Vermittlungsmechanismen des Gesellschaftlichen in das Individuum, aber es sind wiederum Mechanismen, die in einem im weiteren Sinne biologisch vorgegebenen Rahmen stattfinden, nämlich innerhalb der Beziehung zwischen Kind, Mutter, Vater und Geschwistern.« (Ebd.: 556) Warum nicht auch vieles andere, was über die Sinnesorgane ins kindliche Gehirn eindringt, zu dessen Modellierung beitragen kann, erläutert Roth nicht.

Diagnostik, d.h. einer Abschätzung der Möglichkeit, mit der sich Kinder in eine bestimmte Richtung entwickeln werden. Das Dilemma besteht darin, daß man trotz bester Diagnosemethoden, die es vielleicht einmal geben wird, wahrscheinlich niemals zu präzisen Prognosen kommen wird, sondern nur zu Wahrscheinlichkeitsaussagen. Was aber sollen wir mit einem Kind anfangen, bei dem zum Beispiel eine Wahrscheinlichkeit von 63 Prozent diagnostiziert wird, daß es ein Sexualstraftäter wird? Sollen wir es sich unbeeinflußt weiterentwickeln lassen? Sollen wir es einer speziellen Erziehung teilhaftig werden lassen (wenn ja, welcher Erziehung?), oder sollen wir es gleich wegsperren?« (Roth 2003b: 543) Das »Dilemma« scheint – wenn man diesen Satz genau liest – für den Forscher in der Schwierigkeit zu bestehen, zu »präzisen« Vorhersagen zu gelangen, und nicht so sehr in der Perspektive des »Wegsperrens«.

Singer wie Roth ist es darum zu tun, jenen Entwicklungspfad vorherzubestimmen, den ein Kind aller Wahrscheinlichkeit nach einschlagen wird, und es dementsprechend zu »kanalisieren« (Singer). Durch die Bedeutung, die beide der möglichst frühen Prognostik mittels Tests beimessen, gerät aber das Kind als ein Subjekt, das auch spontanen Erfahrungen zugänglich ist, aus dem Blick. Insofern erweist sich Singers Formulierung, dass »die jungen Gehirne selbst am besten wissen«, was sie »benötigen«, als symptomatisch. Nicht mehr das Kind erscheint als Gegenüber, dem es in der einen oder anderen Weise gerecht zu werden gilt, sondern die Nervenbahnen, die zu kultivieren sind. Damit aber erübrigt sich nicht nur die Anstrengung, dem Kind Angebote zu machen, die es ihm erlauben, seinen Weg selbst ausfindig zu machen. Wir können auch nicht mehr sagen, warum es uns eigentlich zutiefst beunruhigt, wenn Eltern vorschnell zu Medikamenten greifen, um die Leistungsfähigkeit ihres Kindes zu steigern oder sein Wohlverhalten zu sichern.[9] Wenn es ohnehin nur auf die materiellen Kausalfaktoren ankommt und nicht auf die Einsichten und Erfahrungen eines Heranwachsenden, dann spricht wirklich nichts mehr dagegen, das junge Gehirn entsprechend zu manipulieren.[10] Von einem liberalen Ethos, das Menschen die Möglich-

9 Prägnant formuliert Wingert: »Erziehung erschöpft sich nicht in Dressur, und die Interaktion zwischen Heranwachsenden und Erziehenden ist nicht einfach eine materielle Wechselwirkung wie die zwischen Billardkugeln oder Stoffwechselelementen. Nach wie vor ist Erziehung ein sprachlicher und sozialer Prozess. Sonst ließe sich Sozialisierung durch Medikamentierung ersetzen.« (Wingert 2004)

10 Francis Fukuyama wie auch Rüther und Bonney verweisen auf die dramatischen Zuwachsraten bei der Verschreibung des Amphetamins Ritalin an Kinder, die vermeintlich oder tatsächlich am ADHS-Syndrom leiden, aber auch auf den Missbrauch des Medika-

keit zuerkennt, ihr Leben nach eigenen, selbsterworbenen Wertvorstellungen auszurichten, hätte man sich sodann verabschiedet.

ments als Aufputschdroge durch Jugendliche und Erwachsene (vgl. Fukuyama 2002: 75 ff.; Hüther und Bonney 2002: 12 ff.).

Deutscher Geist und liberales Ethos. Die frühe Sozialphilosophie Helmuth Plessners

Die große Zeit der Lebensexperimente ist längst vorüber. Der Aufbruch und der Ausbruch aus der bürgerlichen Normalität, der sich in den sechziger, siebziger und frühen achtziger Jahren des 20. Jahrhunderts in Enklaven alternativen Gemeinschaftslebens zu verwirklichen suchte, ist dem unübersichtlichen Mit-, Neben- und Gegeneinander einer Gesellschaft gewichen, die von sogenannten »Individualisierungsschüben« heimgesucht wird. Nicht mehr der Polit- und Psychoaktionismus der städtischen WG, nicht mehr die Agrarromantik der Landkommune gelten als fortschrittliche Lebensformen. An ihre Stelle trat eine propagandistisch aufgemotzte »Neue Urbanität«: Gerade diejenigen, die einstmals das menschenfeindliche Wachstum westdeutscher Großstädte angeprangert hätten, entdeckten plötzlich den stimulierenden Reiz dieses Krisenmilieus. Die katastrophenschwangere Metropole wurde als Laboratorium der Lebensexperimente, als kultureller Schmelztiegel wiederentdeckt. Nicht mehr der doppelte Anspruch auf unbedingte Selbstverwirklichung und rückhaltlose Identifikation mit der Gruppe gelten nunmehr als höchste Werte. Stattdessen legt man Wert auf die feinen Unterschiede, auf individuelle Distanz, auf den kühlen, souveränen Umgang mit den Insignien einer einstmals verdammten Konsumkultur.

Wer eine anspruchsvolle Erklärung dafür sucht, dass Lebensformen, die Anspruch auf Selbstpreisgabe und forciertes Engagement ihrer Teilnehmer erhoben, nicht nur an äußere, sondern auch an innere Grenzen stießen, sollte Helmuth Plessners Studie über die *Grenzen der Gemeinschaft* lesen. Im Jahre 1924 attackiert der junge Plessner mit ungeheurer Vehemenz den Gemeinschaftsradikalismus linker wie rechter Couleur. Da in der modernen, anonymen, durchrationalisierten Gesellschaft die Menschen einander als Fremde begegnen, glaubt dieser Radikalismus das Gegenteil fordern zu müssen: die vorbehaltlose Offenheit, die Entblößung aller Intimität. Plessner meint nun, dass die organisch verschmolzene Gemeinschaft die Individualität ersticken müsse. Plessner versucht schon in dieser frühen Schrift, ohne dass ihm die Begriffe seiner wenige Jahre später verfassten Anthropologie zur Verfügung standen, eine Art Grundgesetz menschlicher Personalität zu formulieren. Dieses besagt erstens, dass die Person immer danach strebt, ihre inneren Antriebe äußerlich zu manifestieren. Es besagt zweitens, dass ihr keine dieser Manifestationen je genügen kann. Plessner begreift die psychische Dynamik als ein endloses, unstetes Streben. Der Mensch verlangt danach, sich öffentlich zu präsentieren, etwas darzustellen, als individuelle Person von anderen anerkannt zu werden. Zugleich aber schreckt er vor der völligen Selbstpreisgabe zurück. Denn diese würde seine Persönlichkeit auf eine einzige Erscheinungsform festlegen. Dies aber würde die Offenheit seiner Veranlagung, die unendlichen Möglichkeiten, sich zu artikulieren, ersticken. Aus diesem Zwiespalt, sagt Plessner, resultieren die beiden Grundkräfte der menschlichen Psyche: »der Drang nach Offenbarung, die Geltungsbedürftigkeit, und der Drang nach Verhaltung, die Schamhaftigkeit«.

Diesem Zwiespalt kann nur durch eine besondere Form nicht intim-gemeinschaftlichen, sondern gesellschaftlichen Umgangs Genüge getan werden. Gesellschaft ist die Sphäre des formalisierten, höflich-distanzierten menschlichen Verkehrs. Er wird gelenkt von diplomatischen Spielregeln und von der Tugend des Taktes. Diese Spielregeln und diese Tugend erlauben es, sich öffentlich darzustellen, ohne sich zu entblößen, und sich dem Anderen zu öffnen, ohne ihm zu nahezutreten.

»Dieses Reich der Alltäglichkeit«, schreibt Plessner, »kennen wir alle: es ist die Gesellschaft im Sinne der Einheit des Verkehrs unbestimmt vieler einander unbekannter und durch Mangel an Gelegenheit, Zeit und gegenseitigem Interesse höchstens zur Bekanntschaft gelangender Menschen. Und wir kennen auch diesen tänzerischen Geist, dieses Ethos der Grazie: das gesellschaftliche Benehmen, die Beherrschung nicht nur der geschriebenen und gesatzten Konvention, die virtuose Handhabung der Spielformen, mit denen sich die Menschen nahe kommen, ohne sich zu treffen, in denen sie sich voneinander entfernen, ohne sich durch Gleichgültigkeit zu verletzen. Die Liebenswürdigkeit ist ihre Atmosphäre, nicht die Eindringlichkeit; das Spiel und die Beobachtung seiner Regeln, nicht der Ernst ist ihr Sittengesetz. Die erzwungene Ferne von Mensch zu Mensch wird zur Distanz geadelt, die beleidigende Indifferenz, Kälte und Rohheit des Aneinandervorbeilebens durch die Formen der Höflichkeit, Ehrerbietung und Aufmerksamkeit unwirksam gemacht und einer zu großen Nähe durch Reserviertheit entgegengewirkt.«

Plessners Kritik des Gemeinschaftsradikalismus richtet sich nach zwei Seiten: gegen den »nationalistischen Kommunismus«, für den die Gemeinschaft nichts anderes ist als das »Volk«, ebenso wie das »Volk« immer schon Gemeinschaft ist, da seine Einheit durch Abstammung und Tradition garantiert ist; und gegen den »inter-nationalistischen Menschheitskommunismus« mit seinem Anspruch auf »übervolkliche Weltverbrüderung« und »gewaltlose Einigung aller«. Plessner wirft Marx vor, dass seine Kritik an der kapitalistischen Gesellschaft alle Gesellschaftlichkeit verwerfe und dass er die Frage nach dem »Ethos« menschlichen Umgangs im Kommunismus dem revolutionär-messianischen Lauf der Dinge anheimstellte. Nietzsches individualaristokratisches Ethos dagegen erliegt dem Fehler, Gemeinschaftsgesinnung und Gesellschaftsgesinnung in einen Topf zu werfen. »Jedes Miteinander auf gleichem Niveau, wie es Gesellschaft und Gemeinschaft gemeinsam ist, steht ihm für Sklavengeist. Also sehen beide, Sozialismus und Nietzsche, ein Gesellschaftsethos überhaupt nicht vor.«

Mit seiner hellsichtigen Kritik und seinem leidenschaftlichen Bekenntnis steht Plessner im intellektuellen Spektrum der Weimarer Republik allein. Er hat – ein einmaliger Fall – mit dem geistigen Furor und der sprachlichen Wucht der deutschen Philosophie ein liberales Gesellschaftscredo formuliert. Er hat die Rationalisierung moderner Gesellschaften und die »Künstlichkeit« gesellschaftlicher Umgangsformen als Chance für kreative Selbstentwürfe der Individuen begriffen. Damit hat er sich ausdrücklich zu den Werten der »Zivilisation« bekannt und sich dagegen gewandt, sie im Namen einer vermeintlich höherwertigen »deutschen« Kultur herabzuwürdigen. Einzig Norbert Elias' etwas später in Angriff genommenen historisch-soziologischen Studien über den Prozess der Zivilisation sind Plessners philosophisch-anthropologischem Konzept an die Seite zu stellen.

Liberal sind Plessners Überlegungen, weil sie die Gesellschaft als Arena des gezügelten Austauschs von Einzelinteressen begreifen. Während das ökonomische Dogma des Liberalismus davon ausgeht, dass der durch Rechtsnormen geregelte Kampf um Eigennutz zum größtmöglichen Wohle aller ausschlägt, garantieren für Plessner die Umgangsformen des geselligen Verkehrs, dass jeder seinem Verlangen nach Selbstverwirklichung und Selbstdarstellung folgen kann, ohne den Anderen damit zu verletzen und zu verdrängen. Oberster Wert ist die menschliche Würde: die Möglichkeit des Individuums, sich in der Gesellschaft Ausdruck zu verschaffen, ohne sich so weit entblößen zu müssen, dass seine Schamgrenze, sein Anspruch auf Unnahbarkeit, verletzt würde.

Plessners liberales Gesellschaftsethos trägt freilich zugleich agonale und aristokratische Züge. Nicht mehr um einen »Kampf ums Dasein«, wohl aber um einen »Kampf ums Sosein« geht es, das heißt um den Anspruch des Individuums, gesehen und anerkannt zu werden, ohne doch auf seine jeweilige Erscheinung festgelegt zu werden. Das spielerisch-kämpferische Milieu der Geselligkeit erfordert intellektuelle Anspannung und Souveränität im Umgang mit der eigenen Physis. Diese Stärke kann nicht als »Tugend aller«, sondern nur als das »Ethos der Herrscher und Führer« gedacht werden. »Die Mehrzahl bleibt unbewußt und soll es bleiben, nur so dient sie.«

Zeigt sich Plessner hier, stärker als es ihm lieb sein konnte, von einem elitären nietzscheanischen Geist geprägt, so bedient sich seine politische Theorie der Kategorien Carl Schmitts. Die oberste politische Instanz, den »Souverän«, denkt er ganz nach dem Vorbild der menschlichen Person: Diese ist so labil konstituiert, dass sie ständig zwischen Selbstdarstellung und Reserve, zwischen dem Eintreten in die gesellschaftliche Arena und dem Rückzug hinter selbstgesetzte Schranken, zwischen expressiver, expansiver Selbstbehauptung und Maßnahmen zur Abgrenzung changiert. Ebenso denkt Plessner den Staat: als Instanz, die ihre Identität immer erst herstellen muss, indem sie mal offensiv vorstößt, mal das Eigene abschottet. »Entscheidung« und »Führung«, die für die Sicherung des politischen Gemeinwesens unabdingbar sind, müssen an eine einzelne Person abgetreten werden, da nur sie den prinzipiell endlosen Erwägungen ein Ende bereiten und in einer mehrdeutigen, nie rational vollkommen zu klärenden Situation das letzte Wort sprechen kann.

Der agonale und aristokratische Geist sowie der politische Dezisionismus sind jedoch für die eigentlich originelle Leistung Plessners, die Formulierung der Prinzipien und Regularien gesellschaftlichen Umgangs, nicht prägend gewesen. Dieser Geist und diese politische Stoßrichtung spielen denn auch in Plessners späterem Werk nach seiner zweiten sozialphilosophischen Studie über *Macht und menschliche Natur* aus dem Jahre 1931 keine Rolle mehr. Prägend für die frühe Theorie des Gesellschaftsethos und untergründig noch für die späteren, grandiosen Untersuchungen über menschliche Expressivität – über *Lachen und Weinen* und *Das Lächeln* – bestimmend war dagegen ein vehementes lebensphilosophisches Pathos. Dies äußert sich in der Überzeugung vom unausschöpflichen Reichtum der menschlichen Person, die sich gegen Festlegungen sträubt und der dort, wo sie auf positive, biologische oder soziologische Merkmale festgelegt wird, Gewalt angetan wird. So wendet sich der Emigrant Plessner in den dreißiger Jahren des 20. Jahrhunderts gegen eine Politik, die die Menschen im Namen rassisch-eugenischer Ideologie und Wissenschaft zum Objekt ihrer Herrschaftspraktik degradierte. Zwanzig Jahre später kritisiert er, allgemeiner noch, ein spezialwissenschaftliches Bild vom Menschen: »Eine Erkenntnis, welche die offenen Möglichkeiten im und zum Sein des Menschen, im Großen wie im Kleinen eines jeden einzelnen Lebens verschüttet, ist nicht nur falsch, sondern zerstört den Atem ihres Objekts: seine menschliche Würde. Der homo absconditus, der unergründliche Mensch, ist die ständig jeder theoretischen Festlegung sich entziehende Macht seiner Freiheit, die alle Fesseln sprengt, die Einseitigkeiten der Spezialwissenschaften ebenso wie die Einseitigkeiten der Gesellschaft.«

Die Philosophische Anthropologie hat stets den Argwohn und die Abwehr kritischer Geister hervorgerufen: Indem die Anthropologie versuche, das Wesen der menschlichen Natur zu bestimmen, lege sie diese auf einige Definitionsmerkmale fest. Damit, so meinte man, würde ignoriert, dass das jeweilige Erscheinungsbild der Menschen durch und durch von äußeren Umständen – geografischen, gesellschaftlichen, kulturellen Bedingungen – geprägt werde. Außerdem würde die Anthropologie leugnen, dass die Menschen unausgeschöpfte Möglichkeiten in sich bergen; so würde sie Veränderungspotentiale ersticken und sei konservative Ideologie par excellence. Wenn diese Kritik auch Plessners Anthropologie in keiner Weise trifft, so ist doch der Argwohn, der sich dahinter verbirgt, nicht unberechtigt. War es doch nicht Plessners anspruchsvolle Theorie, sondern die Anthropologie Arnold Gehlens, die nachhaltig gewirkt hat und einer konservativen Öffentlichkeit griffige Argumente lieferte, die in den achtziger Jahren des 20. Jahrhunderts nochmals breite Resonanz fanden. Es wird höchste Zeit, dass man sich an Plessners ganz anders gearteten Ansatz erinnert: Nicht für die Herrschaft der Institutionen plädiert er, sondern für den Anspruch der Individuen auf expressive Selbstdarstellung und kreative Weltaneignung.

Bemerkungen zur Phänomenologie des Traumes

Seit Jahrtausenden haben sich die Menschen unterschiedlicher Kulturen für ihre Träume interessiert. Heute könnte man mit der bisher veröffentlichten Literatur über den Traum ganze Bibliotheken füllen.[1] In fast allen Kulturen mit einer traditionsreichen Vergangenheit sind Träume von großer Bedeutung. Die Beschäftigung und Auseinandersetzung mit ihnen ist in den meisten Epochen der Geschichte nicht bloß reiner Selbstzweck gewesen. Erkenntnisse, die der Mensch im Schlaf hatte, existierten für ihn neben dem Wachzustand und spielten seit langer Zeit eine wichtige Rolle im Leben und Handeln der Völker. Die ältesten Quellen über die Traditionen der Traumdeutung stammen aus dem Orient, Mesopotamien und Ägypten (vgl. den Überblick bei Siebenthal 1953: 56 ff.). Aus den Schriften der alten indischen Kultur geht hervor, dass Träume als ein wesentlicher und wichtiger Aspekt der Persönlichkeit betrachtet wurden. Zum Beispiel unterscheiden die *Upanishaden*, die alten hinduistischen Lehren, vier unterschiedliche Stufen.[2] Der Traumzustand kennzeichnete das persönliche Leben des Träumers, in dem er sein sogenanntes inneres Wesen erkannte. Der traumlose Tiefschlaf wurde als Integration von Wachzustand und Traumzustand aufgefasst. In dieser Phase konnte der Schlafende unter Umständen die vierte, höchste Stufe erlangen, die jenseits aller Erkenntnis lag. Nach der alten indischen Yoga-Tradition gibt es sogar sieben Seinsformen, von denen jede ihre eigene Traumkategorie besitzt. Interessant ist auch, dass man an telepathische Einflüsse von einer Person zur anderen während des Schlafs glaubte. Die Möglichkeit, Vergangenheit und Zukunft zu enthüllen, wurde den Träumen zugesprochen. Außerdem waren die Träume geeignet, dem Träumenden Aufschluss über seinen persönlichen Charakter zu geben.

1 Ausführliche Bibliografien finden sich zum Beispiel in: Freud 1975; Jung 1990.

2 Zu den *Upanishaden*, insbesondere dem in der *Mandukya* zum ersten Mal auftauchenden »System der Homologisierung zwischen den Bewußtseinszuständen, der mystischen Buchstaben und [...] den vier *yuga*« siehe Eliade 1988: 130 f.

In der Regel deuteten die Menschen ihre Träume selbst. Gleichwohl gab es aber zahllose berufsmäßige Traumdeuter, die – nicht nur in Indien – über Jahrtausende Träume und Traumsymbole zusammengetragen haben. In China (vgl. Wagner 1987) wurde versucht, im Rahmen einer genauen Betrachtung der Traumbilder zu erforschen, wie sich der Träumende am günstigsten im Leben verhalten sollte. Im chinesischen Weltbild hat die Zahl 5 eine ganz besondere Stellung. Sie diente immer wieder als Gliederungseinheit. Demgemäß teilten die Chinesen ihre Träume in fünf verschiedene Kategorien ein: alltägliche Träume, beschauliche Träume, Tagträume, Angstträume und erfreuliche Träume. Dabei wurden bereits die verschiedensten Beeinflussungen berücksichtigt: die leibliche Verfassung des Träumenden, die Tageszeit, die Jahreszeit und die geografische Position. Wie groß und dauerhaft die Bedeutung der Träume für die chinesische Kultur war, lässt sich unter anderem daran ermessen, dass es offenbar noch im späten Mittelalter bei den Beamten üblich war, sich in seinem Handeln nach den Träumen zu richten, die man an heiligen Stätten hatte.

Im antiken Mesopotamien glaubte man, dass es den Menschen erst durch Träume möglich sei, ihren Platz in einem alles umfassenden kosmischen System zu finden. Träume hatten nicht nur für die königlichen Dynastien, sondern für jeden Menschen einen ganz eigenen Sinngehalt. Von herausragender Bedeutung waren die numinosen Träume, in denen die antiken Menschen in Kontakt mit ihren Göttern (aber auch Geistern) traten. Die Götter gaben auf diese Weise ihren Willen und ihre Wünsche kund. Sie erteilten Rat in besonders wichtigen Fragen (zum Beispiel dem Bau eines Tempels), kündigten glückliche Ereignisse an oder warnten vor falschem Verhalten. Dabei war der göttliche Rat in den Träumen in Symbolform verschlüsselt und musste durch sorgfältige Deutung ermittelt werden. Auch im antiken Mesopotamien nahm man an, dass die Träume durch verschiedene Ursachen hervorgerufen wurden. Sie konnten sogar auf Bestellung erfolgen, etwa wenn ein Priester befahl, von der Zukunft des Königshauses zu träumen. Dies waren Ausnahmefälle; meistens stellten sich Träume ganz spontan ein, sowohl in direkter Form als auch verschlüsselt in Symbolform.

Es waren Priester, deren Deutung als die zuverlässigste galt. Zwischen der Traumlehre im pharaonischen Ägypten und Mesopotamien gab es Ähnlichkeiten. So nahm man insbesondere im alten Ägypten an, dass Träume durch spezielle Beschwörungen und Rituale hervorgerufen werden konnten. Zahlreich sind auch hier die Beispiele für Botschaften der Götter im Traum. Berühmt ist der Bericht des Plutarch, dem zufolge die Götter im Traum den

Pharao Ptolemaios Soter angewiesen hätten, ein riesiges Standbild an seinem angestammten Platz in Alexandria zurückzubringen. Heilträume, das heißt Träume, durch die Heilungsvorgänge in Gang gesetzt werden, sind ebenfalls bezeugt. Deutliche Unterschiede zwischen der mesopotamischen und der ägyptischen Traumlehre bestanden hinsichtlich der Deutung einzelner Traumsymbole. Maßgebend war der jeweilige kulturelle Hintergrund bei der Deutung. So waren zum Beispiel Inzestmotive in Mesopotamien ein sehr ungünstiges Vorzeichen. In Ägypten hingegen wies der Traum vom sexuellen Verkehr mit der eigenen Mutter auf die den Pharaonen von den Göttern empfohlene Geschwisterehe hin.

Besonders interessant für die Untersuchung über die Bedeutung des Traumes für die Entfaltung der Person sind die Beschreibungen der antiken Inkubation bei Asklepios (vgl. dazu Meier 1985: 63 ff.). Das Asklepios geweihte Heiligtum liegt südöstlich von Epidauros auf der Peloponnes in Griechenland. Der Kult begann im Heiligtum selbst im 6. Jahrhundert; Apollon und Asklepios waren gemeinsame Inhaber des Heiligtums. Die Kranken suchten Heilung in den Traumorakeln, die sie beim Schlaf in der Halle des Abaton erhielten. Unerlässlich war in diesem Zusammenhang die Absolvierung eines Ritus, von dem bis heute recht wenig bekannt ist. Als gesichert gilt, dass die Kranken von weit her kamen, um in dem Heiligtum von ihren zum Teil schweren Krankheiten geheilt zu werden, wenn dies auch nicht immer gelang. Zu bedenken ist aber, dass viele Kranke kamen, denen die Ärzte nicht (mehr) helfen konnten. Unerlässlich war vor der eigentlichen Inkubation die Einhaltung gewisser Reinigungsriten.[3] Porphyrius berichtet von einer Inschrift in Epidauros: »Rein sei jeder, der tritt in den weihrauchduftenden Tempel, rein aber heißt, wer im Sinn heilige Gedanken nur hegt.« (Zit. in: ebd.: 65)

Nach dem vorschriftsmäßigen Vollzug von Waschungen schliefen die Heilungsuchenden im Abaton. Das Bad hatte neben seiner rituellen Reinigungsfunktion auch die Aufgabe eines *oneiraiteton* (Traumbewirker, Traumerzeuger) (vgl. ebd.: 84). Die Heilung erfolgte stets nachts. War der Patient vor Erregung schlaflos, so erfolgte statt eines Heiltraumes eine Vision.

Wesentlich weniger geheimnisvoll, aber in seiner Art einzigartig, weil aus der Antike vollständig erhalten, ist das *Traumbuch* (*Oneirokritika*) in fünf Bänden von Artemidor aus Daldis (Lydien) (vgl. Artemidor 1979). Er lebte als berühmter Traumdeuter und Wahrsager im zweiten Jahrhundert nach Christi. Im fünften Band seines *Traumbuchs* nennt er 95 erfüllte Träume.

3 Ganz ähnliche Riten finden sich im japanischen Shintoismus, vgl. dazu Schiller 1911.

Artemidor teilte die Träume in *enhypnion* und *oneiros*, das heißt in Traum und Traumgesicht. Das Traumgesicht enthüllt nach seiner Einteilung die Zukunft, der Traum die Gegenwart (vgl. ebd.: 7). Außerdem gibt es theorematische und allegorische Traumgesichte. Theoremantisch werden diejenigen genannt, die ihrem Erscheinungsbild vollkommen entsprachen, wenn zum Beispiel jemand träumt, er erleide Schiffbruch auf See, und etwas später geschieht ihm dies tatsächlich (vgl. ebd.: 11). Hingegen bedarf der allegorische Traum einer Deutung, um überhaupt in seinem Aussagegehalt verständlich zu werden. Artemidor unterscheidet ferner zwischen bedeutenden und unbedeutenden Träumen. Diese werden vom Körper verursacht und jene von Gott. Im Zentrum stehen bei Artemidor die Götter als Traummotive. Daneben sind wichtig Zirkus, Theater, Krankheiten, Lebensgefahr, Seefahrten, der Traum vom Entlaufen des Sklaven und dergleichen mehr. Die Bedeutung dieser Motive wird verständlich, wenn man die besondere Stellung des antiken Menschen zu derartigen Ereignissen bedenkt. Bei der Auswahl des Traummaterials war der Alltag mit seinen ganz konkreten Problemen, Nöten und Ängsten maßgebend. Bemerkenswert ist der Blick für die spezifische Lebenssituation des Träumers. So bedeutet zum Beispiel derselbe Traum bei einem Kranken etwas völlig anderes als bei einem Gesunden.

Zum Abschluss dieser kurzen Übersicht von zentralen Quellen zur Traumforschung soll im Folgenden über Sigmund Freuds bahnbrechendes Werk *Die Traumdeutung* sowie über die wesentlichen Schriften Carl Gustav Jungs über den Traum berichtet werden. Anschließend folgt eine Untersuchung der angeführten Quellen im Rahmen der Forschungsergebnisse der Neuen Phänomenologie.[4]

Die Konzeption und die Niederschrift von Sigmund Freuds *Traumdeutung* erfolgten in den Jahren 1897 bis 1899. Ihm dienten ca. 200 Träume, davon 50 eigene, als analytisches Material. Die häufig gegebene Unverständlichkeit der erinnerten Träume (»manifester Trauminhalt«) begriff Freud als psychologisch notwendiges falsches Bewusstsein, als ein Ergebnis von Fälschung und Zensur (vgl. Freud 1975 [1900]: Kap. 1). Durch freie Assoziation um den manifesten Trauminhalt kristallisiert sich die ursprüngliche Bedeutung der Trauminhalte. Zugleich enthüllt sie die Abwehrtechniken der Verschiebung, Isolierung etc. Auf diese Weise entstehen durch detektivische Rekonstruktion die ursprünglichen »latenten« Traumgedanken (vgl. ebd.: Kap. 4 und 6). Traumanlass sind nach Freud häufig die »Tagesreste«, mit an-

4 Die Neue Phänomenologie wurde von Hermann Schmitz (vgl. Schmitz 1964–1980) begründet.

deren Worten: all das, was vom Tagesleben beiseitegeschoben oder nicht zu Ende gebracht wurde. Der Traum ist »die (verkleidete) Erfüllung eines (unterdrückten, verdrängten) Wunsches« (vgl. ebd.: Kap. 3). Der verdrängte Wunsch, »das Abgewehrte[,] ist immer die Sexualität«.

Carl Gustav Jung hat Freuds Auffassung in einigen Punkten revidiert und ergänzt. Dabei darf aber nicht vergessen werden, dass Freud als Erster mit dem wissenschaftlichen Vorurteil gebrochen hat, dass der Traum eine zufällige Serie von Unsinn sei und deshalb mit wissenschaftlichen Methoden nicht erklärt und erforscht werden könne. Jung war insbesondere im Gegensatz zu Freud der Auffassung, dass zum Begreifen des Traumsinns nur so viel Material heranzuziehen sei als unbedingt nötig (vgl. Jung 1990: 92). Die »freie Assoziation« führe eher von der wahren Bedeutung des Traumes weg. Freuds vom Begehren ausgehende kausale Betrachtungsweise war Jung zu einseitig. Die Annahme, dass Träume jeweils als verdrängte Triebwünsche anzusehen seien, führte dazu, dass bei Freud nahezu alle länglichen Gegenstände als phallisch und alle runden, hohlen Gegenstände zu weiblichen Symbolen erklärt wurden (vgl. ebd.: 97). Da nach Jungs Erfahrung bei den Träumen seiner Patienten und Klienten gerade die jeweils vernachlässigten Aspekte ihrer Persönlichkeit zur Geltung kamen, schien ihm eine finale Betrachtungsweise der Träume aus therapeutisch-praktischen Gesichtspunkten die geeignete zu sein. Damit vermied er auch die Einseitigkeit der Symbolbildung. Ferner enthalten die Träume nicht nur verdrängtes Material des einzelnen Individuums, sondern ihre Gleichnissprache ist nach Jung ein archaisches Relikt (vgl. ebd.: 171–279).

Von zentraler Bedeutung für ihn sind deshalb die sogenannten Archetypen (vgl. ebd.: 30–67). Archetypen haben eine Tendenz, bei großer Veränderbarkeit Vorstellungen zu erzeugen, ohne dabei ihre Grundstruktur zu verlieren. Es handelt sich um Motive, die zu allen Zeiten praktisch überall zu finden sind. In den Träumen manifestiert sich, insbesondere bei Betrachtung von Traumserien, ein zielsuchender Prozess, der sogenannte »Individuationsprozess«. Zum Abschluss dieses knappen Überblicks der Traumdeutung von Jung noch ein Zitat, in dem er von seinem Verhältnis zur Traumdeutung Freuds (und Adlers) spricht: »Für mich gibt es dem Individuum gegenüber nur das individuelle Verstehen. Für jeden Patienten braucht man eine andere Sprache. So kann man mich in einer Analyse auch adlerianisch reden hören oder in einer anderen freudianisch.« (Jung 1971 [1962]: 137) Bei einem zusammenfassenden Überblick der hier angeführten Quellen zur Traumdeutung lässt sich feststellen, dass jahrtausendealte Gesichtspunkte auch heute eine gewisse Gültigkeit haben. Dass, wie zum Beispiel im alten China, Träume Aufschluss über den Charakter des Träumenden, seine unentwickelten Seiten der Persönlichkeit und seine potentiellen Möglichkeiten im Hinblick auf eine richtige beziehungsweise angemessene Handlungsweise in konkreten Lebenssituationen offenbaren, würde heute ein erfahrener (Psycho-)Therapeut nicht bestreiten. Entsprechendes gilt für die häufige Einteilung in wichtige und gewöhnliche Träume und dergleichen mehr.

Die Neue Phänomenologie eröffnet der Traumforschung neue Fragestellungen. Sie ist interessant im Hinblick auf die Erforschung der »Leiblichkeit des Traumzustandes«[5] und ermöglicht eine ergänzende Interpretation der von Jung erstmalig entdeckten Archetypen (vgl. Schmitz 1992a).

Eine ausführliche Darstellung der phänomenologischen Methode kann an dieser Stelle nicht gegeben werden,[6] aus Platzgründen beschränke ich mich auf einige Anmerkungen. Kulturen haben unterschiedliche Vergegenständlichungsweisen, für die die Wahl einer gewissen Abstraktionsbasis maßgeblich ist. Man kann auch von verschiedenen Konzeptionen sprechen.[7] Was eine Kultur als Phänomen jeweils im Einzelfall gelten lässt, hängt wesentlich von der Art und Weise ihrer Begriffsbildung ab. Sie ist maßgebend für die gedankliche Orientierung und die Formung der etablierten Interessen und Institutionen. »Neu« an der Neuen Phänomenologie ist, dass sie einer zur reduktionistischen Einseitigkeit neigenden Vergegenständlichungsweise – mit all ihren heute deutlich sichtbaren negativen Folgen – die Wiedergewinnung einer unbefangenen Lebenserfahrung entgegenstellt. Den riesigen, für den Menschen wichtigen Bereich des leiblichen Spürens, der Eindrücke und Situationen entreißt die Neue Phänomenologie mit ihren eigenständigen Begriffsbildungen der Sprachlosigkeit und Verschüttung durch die herrschende Vergegenständlichungsweise.[8] Von zentraler Bedeutung in diesem Zusammenhang sind die Begriffe Leib, Leiblichkeit, Enge und Weite, Engung und Weitung, privative Engung und privative Weitung, Spannung und Schwellung.[9] Unter Leib ist in diesem Sinne unter anderem das Gegen-

5 Vgl. dazu ausführlich mit Beispielen aus der Traumdeutung Schmitz 1982: 194–217.

6 Eine übersichtliche Einführung zur phänomenologischen Methode und dem Verhältnis von Naturwissenschaft und Phänomenologie findet sich bei Schmitz 1980: Kap. 1 und 2.

7 Zur Problematik verschiedener Konzeptionen, ihrer Abgeschlossenheit und ihrem Zerbrechen vgl. Werhahn 1969: insb. Kap. 6, 7 und 8.

8 Zur Orientierung über die zentralen Begriffe der Neuen Phänomenologie vgl. Schmitz 1992b: 551–568.

9 Ausführliche Erläuterung mit reichem Quellenmaterial bei Schmitz 1982: §§ 43, 44, 48–55.

standsgebiet dessen zu verstehen, was man in der Gegend des eigenen Körpers ohne Zuhilfenahme der Zeugnisse des Sehens und Tastens von sich spüren kann. Die Dynamik des Leibes beruht dabei hauptsächlich auf der Dimension von Enge und Weite mit darin antagonistisch konkurrierenden Tendenzen der Engung (zum Beispiel Angst, Schmerz) und Weitung (zum Beispiel Liegen in der Badewanne). Engung und Weitung können sich teilweise voneinander lösen. Dann entsteht privative Weitung (zum Beispiel beim Einschlafen, Flugträume) beziehungsweise privative Engung (zum Beispiel Schreck, Angstträume). Spannung und Schwellung sind als vitaler Antrieb ineinander verschränkt (zum Beispiel Übergewicht der Engung als Spannung bei Angst und Schmerz, Übergewicht der Weitung als Spannung bei Wollust). Mittels dieser Begriffe von Schmitz besteht die Möglichkeit, die »Leiblichkeit des Traumzustandes« (Schmitz 1982: 95) in neuartiger Weise zu beschreiben und der Traumforschung neue Impulse zu geben.

Die Leiblichkeit des Traumzustandes besteht in einer »Dissoziation der leiblichen Ökonomie«. Im Wachzustand hält die leibliche Engung als wache Spannung alle leiblichen Regungen zur Einheit des Leibes zusammen. Im Traumzustand sind Engung und Weitung nicht mehr straff zusammengefasst. Spannung und Schwellung sind nicht intensiv aneinander gebunden, vielmehr stehen sie lockerer als im Wachzustand nebeneinander und sind in einzelne Impulse der partiellen Engung und Weitung zersplittert. Dies wirft auf das Traumgeschehen ein neues Licht: Das Fragmentarische vieler Träume, ihre Sprung- und Lückenhaftigkeit, ihr häufig abrupt auftretender Richtungs- und Ortswechsel beruhen auf der eben summarisch beschriebenen leiblichen Dissoziation des Traumzustandes. Mit Schmitz ist anzunehmen, dass der Traum gewissen »Tendenzen – zum Beispiel Grundformen leiblicher Regung oder Archetypen im Sinn von C. G. Jung oder [...] sonst unterdrückte Begierden und Wünsche – zum Vorschein bringt« (ebd.: 210). Schmitz erkannte, dass die Deutung von Träumen über die Eigenart der Leiblichkeit des Träumers Aussagen macht (vgl. ebd.: 211). Deshalb wäre es erforderlich und wünschenswert, wenn die zukünftige Traumforschung bei der Traumdeutung die spezielle »leibliche Disposition« des Träumers berücksichtigen würde.

Unter »leiblicher Disposition« versteht Schmitz die »ganzheitlichen und relativ langfristigen Grundstimmungen des spürbaren leiblichen Befindens« (Schmitz 1992a: 321). Zu diesem Gedanken soll noch einmal das angeführte Material über die antike Inkubation im Asklepios herangezogen werden. Aus der Betrachtung der einzuhaltenden Vorschriften und Riten im Heiligtum geht hervor, dass sie offenbar geeignet waren, die leibliche Disposition der im Tempelhof Heilung Suchenden günstig zu beeinflussen. Die Bäder und Waschungen dienten neben ihrer rituellen Funktion zur Erzeugung von leiblicher Weitung. Ferner ist interessant, dass die Heilträume stets nachts erfolgten. Denkbar wäre auch eine Heilung am Tage in einem völlig abgedunkelten Tempel. Offenbar war man sich der besonders günstigen Wirkung gerade während der Nacht bewusst. Phänomenologisch betrachtet ist die Nacht durch wesentlich mehr Eigenschaften charakterisiert als durch das Ausbleiben von Helligkeit und dem Sinken des Tagessterns etc. Nach Schmitz ist die Nacht durch eine ganz eigentümliche »Atmosphäre« geprägt, wobei das nächtliche Dunkel den Gefühlen günstig ist (vgl. Schmitz 1981: 391). Für die Deutung der Traumerlebnisse sind neben der Beachtung der leiblichen Disposition sämtliche weiteren Begleitumstände von Bedeutung, auch wenn sie in der Gegenwart wesentlich weniger geheimnisvoll sein mögen als in den antiken Heiligtümern.

Zur abschließenden phänomenologischen Betrachtung der Archetypen im Sinne von Jung ist die Erläuterung von zwei weiteren Begriffen der Neuen Phänomenologie erforderlich: Es sind dies »Eindruck« und »Situation« (vgl. Schmitz 1992b: 551–555). Was Menschen wahrnehmen und verarbeiten, sind Eindrücke als Gegenstände vom Typ der Situation (zum Beispiel der frische Eindruck von einem Menschen).

Eindrücke sind immer vielsagend, wobei sie aber nicht alles, was sie uns zu sagen haben, einzeln sagen, sondern vieles davon »in einem Hof, einem Hintergrund von Bedeutsamkeit zurückhalten«. Zum Beispiel beruht alle geschickte Menschenbehandlung auf der Verarbeitung von Eindrücken. Wer mit anderen Menschen gut umgehen kann, sei es privat, sei es in geschäftlichen Verhandlungen, weiß sie instinktiv richtig zu nehmen, den richtigen Ton zu treffen, wenn er mit ihnen spricht usw. Trotzdem könnte ein solch geschickter Menschenbehandler keine festen Regelsysteme aufstellen, nach denen er im immer wieder neuen Einzelfall vorgeht. Wichtig ist ferner zur Begriffsbestimmung, dass bei Eindrücken bloß der »Hof ihrer Bedeutsamkeit hintergründig ist«. Eine »Situation« ist eine »chaotisch-mannigfaltige Ganzheit, zu der mindestens Sachverhalte gehören«. Situationen können ferner umfassen: die Persönlichkeit eines Menschen als seine »persönliche Situation, in die wieder Situationen eingeschmolzen sind, zum Beispiel die Kristallisationskerne seiner Erinnerung, seine […] Wunsch-, Leit- und Schreckbilder, seine Standpunkte, Gesinnungen, Lebenstechniken, Interessen« (ebd.: 553).

Mit diesen knapp erläuterten Begriffen können die Archetypen genauer beschrieben werden. Archetypen sind Eindrücke im Sinne von Schmitz: Neben ihrem sich beständig verändernden, aber nicht beliebig wechselnden Kern haben sie einen unerschöpflichen Hintergrund von Bedeutungen.

Werden die »gewöhnlichen Träume« regelmäßig einer Verarbeitung im Sinne der oben beschriebenen ganzheitlichen Eindrücke unterzogen, so sind die grundlegenden Voraussetzungen zur Fruchtbarmachung des Traumes für die Entfaltung der Person gegeben. Wichtige Eindrücke, die aus dem Traum im Gedächtnis verbleiben, können als Ausgangspunkte der gezielten Einschmelzung der mit ihnen verbundenen Sachverhalte und Probleme dienen. Indem durch ein reflektiertes integratives Bemühen die fragmentarischen Traumbilder in die ganze persönliche Situation aufgenommen werden, eröffnet sich einer der Wege zu einer volleren Realität.

Hier ist ein Anknüpfungspunkt für vielfältige Hilfestellung seitens erfahrener Therapeuten gegeben. Gerade für Menschen in schwierigen Lebenssituationen kann eine geschiente Einschmelzung im schonenden Klima des therapeutischen Gesprächs am günstigsten erfolgen.

Schmerz als Grenze der Kultur. Zur Verteidigung der Normalität

Einer populären Floskel zufolge macht sich körperliche Gesundheit gerade dadurch bemerkbar, dass wir von unserem Körper *nichts* spüren. So wenig diese schlichte Formel nun auch für eine Definition von Unversehrtheit hergeben mag – sie verrät doch indirekt, in welchem Ausmaß geglückte alltägliche Vollzüge unwillkürlich und unbemerkt vonstatten gehen. Ob wir gähnen oder etwas herunterschlucken, ob wir beim Sprechen mehr oder minder ausgiebig gestikulieren, ob wir es uns in einem Sessel bequem machen oder vor dem Einschlafen die angenehmste Haltung einnehmen: Im Normalfall spielt sich all dies buchstäblich von selbst ab. Doch auch bei intentionalen Vollzügen – etwa bei willentlicher Artikulation oder Fortbewegung – bedarf es in der Regel nur eines minimalen Anfangsimpulses, um den Körper gleichsam sein »Programm« abspulen zu lassen. In welchem Ausmaß der individuelle Leib »informiert« ist, wie genau er also »weiß«, was zu tun ist, zeigt sich dann, wenn wir nach jahre- oder jahrzehntelanger Unterbrechung wieder praktizieren, was wir einmal erlernt haben: Selbst dann macht es normalerweise keine Mühe, auf dem Fahrrad das Gleichgewicht zu halten, sich durch Schwimmbewegungen an der Wasseroberfläche zu halten oder am Klavier mit mehr oder minder großer Treffsicherheit die richtigen Tasten anzuschlagen.

Nun empfiehlt es sich bereits bei manchen gewöhnlichen Handlungen, sehr aufmerksam darauf zu achten, was man da tut. Und je anspruchsvoller die Praktiken werden, desto mehr wird der Körper zu einem Instrument, das ganz bewusst eingesetzt wird, um einen bestimmten Zweck zu erreichen. Im glücklichen Falle jedoch – zum Beispiel bei einer sportlichen oder künstlerischen Aktivität – wird auch hierbei dem Körper nur etwas abverlangt, was er schließlich wie von selbst herzugeben scheint.

An all dies sei in der gebotenen Kürze erinnert, um zu verdeutlichen, was geschieht, wenn sich der Körper in unangenehmer Weise bemerkbar macht. Oft kündigt sich eine Erkrankung allein schon dadurch an, dass wir das pure

Eigengewicht des Körpers spüren, uns schlapp, schwerfällig, »wie zerschlagen« fühlen. Bei Fieber, Übelkeit oder Schwindel werden wir dann schon massiver von Leibesempfindungen bestimmt und beherrscht. Im starken Schmerz schließlich wird der Körper vollends auffällig, aufdringlich, aufsässig. Er nimmt unsere Aufmerksamkeit in Beschlag, lässt den Horizont des Bewusstseins zusammenschrumpfen und fokussiert im Extremfall die Selbstwahrnehmung auf jenes Stück versehrter Physis, das allein von uns übrig geblieben scheint. Dieser verkümmerte Selbstbezug erweist sich bei näherem Hinsehen als paradox: Zum einen ist es uns kaum oder nur unter großen Mühen möglich, Abstand von den schmerzhaften Empfindungen zu gewinnen; wir gehen ganz und gar in dieser gleichsam zerborstenen Leiblichkeit auf. Zum anderen aber ist uns mehr oder minder deutlich bewusst, dass wir mit diesem Körper gerade nicht identisch sind, dass wir im Gegenteil im starken Schmerz uns selbst in höchstem Maße fremd werden. Die Bühne unseres Bewusstseins wird von schrillen oder grellen oder dumpfen oder pochenden Signalen okkupiert, während sich der Kern unserer Persönlichkeit auf die hintersten Ränge verzogen hat und ohnmächtig registriert, was da »mit mir« geschieht. Kein Wunder, dass die betroffene Person in dieser Situation versuchen wird, wieder »Herr im eigenen Haus« zu werden. Der Körper macht ja jetzt nicht mehr unwillkürlich das, was unseren bewussten oder unbewussten Absichten entspricht. Er ist vielmehr eigensinnig und eigenmächtig geworden und hindert uns daran, unser Leben in eigener Regie zu führen.

Mit diesem Verweis auf Extremsituationen kann gewiss nicht charakterisiert werden, was im Falle anderer körperlicher Beeinträchtigungen mit den Betroffenen geschieht. Andererseits aber muss gefragt werden, ob die Rede über Behinderung nicht allen Realitätsgehalt verliert, wenn geleugnet wird, dass es in vielen Fällen der Körper ist, der die Betroffenen »behindert« – der sie herabzieht und ihre Intentionen durchkreuzt, indem die Ausübung bestimmter Funktionen unmöglich gemacht oder das Gesamtbefinden in Mitleidenschaft gezogen wird. Eine strikte Grenzziehung zwischen Behinderung und Krankheit, die dies zumindest kaschieren könnte, erscheint kaum möglich. Zwar wird im Rahmen entsprechender Debatten gelegentlich eingeräumt, dass bestimmte Krankheiten natürlich Behinderungen nach sich ziehen können. Unterschlagen wird dann aber, dass auch das Umgekehrte gilt: Natürlich führen viele Behinderungen in ihrem Verlauf zu Befindlichkeiten, die von chronischen Krankheiten nicht mehr zu unterscheiden sind.

Bei der Rede von Behinderung als »sozialem Konstrukt« oder »kulturellem Artefakt« scheint eine legitime intellektuelle und moralisch-politische Intention über ihr Ziel hinauszuschießen. Es ist unbestritten, dass eine Beeinträchtigung das Leben eines Menschen als Ganzes nicht mit der Zwangsläufigkeit eines Kausalverhältnisses determiniert. Das aber bedeutet auch, dass diese Person – ihre Lebensqualität, ihre Kompetenzen – nicht von Dritten als durch und durch negativ und defizitär qualifiziert werden darf. Genau in dem Maße, in dem dies geschieht und zu sozialer Marginalisierung führt, ist die Rede von der »gesellschaftlichen Produktion« von Behinderung zutreffend. Die Feststellung, dass Beeinträchtigungen keineswegs die gesamte Lebensführung einer Person in Mitleidenschaft ziehen müssen, darf jedoch nicht dazu führen, zu leugnen, dass viele eben tatsächlich mit ihrem Körper höchst negative, häufig dramatisch frustrierende Erfahrungen machen. Und es reicht auch nicht aus, hastig zu beteuern, dass man dies auch keineswegs beabsichtige, um dann doch wieder plakativ von der »Konstruiertheit« von Behinderung zu sprechen. Behinderte leiden nicht nur darunter, dass ihr Leben als minderwertig abqualifiziert wird. Sie leiden in vielen Fällen auch darunter, dass ihre Mitmenschen sich von den Schwierigkeiten, mit denen sie zu tun haben, kein angemessenes Bild machen können und vielleicht auch nicht wollen. Es mag ja komfortabel sein zu deklarieren, dass eben jeder Mensch irgendwie unvollkommen ist, und das sei auch gut so. Dann erübrigt es sich natürlich, sich um das Verständnis von Personen zu kümmern, die vielleicht in besonders gravierender Weise mit einer hinderlichen Physis zu tun haben.

Als eine Art theoretische Nahtstelle des skizzierten Dissenses möchte ich hier den Begriff der »Normalisierung« aufgreifen und weiterhin versuchen, mich dem Thema der körperlichen Behinderung aus philosophisch-anthropologischem Blickwinkel zu nähern. Ich habe bisher versucht, die interne Perspektive versehrter Existenz zur Geltung zu bringen. Demgegenüber erweist sich die »Dekonstruktion« »normalisierender« oder stigmatisierender Stereotypen als konsequente Außenperspektive: Alles, was de facto in einer Gesellschaft über Behinderung gesagt wird, erscheint in dieser Sicht als das Produkt machtkonstituierender und machtstabilisierender Diskurse. Als grundlegende Unterscheidung, die im Sinne der Marginalisierung getroffen werde, wird dann stets die Dichotomie von Normalität und Anormalität genannt. Ein Mangel, eine Abweichung oder Behinderung wird dieser Argumentation zufolge immer nur mit Bezug auf eine von der Gesellschaft vorgegebene Norm diagnostiziert; und dieses Urteil sei notwendigerweise mit der

Abwertung, Kontrolle, Marginalisierung der als »anormal« stigmatisierten Individuen verknüpft. Dieser argumentative Konnex ist für die Theorie der »Normalisierung« zentral: Jede Form der Unterscheidung zwischen »behindert« und »nicht behindert« soll die praktische Ausgrenzung bereits implizieren. Hier wird auf die doppelte Bedeutung des Wortes »Diskriminierung« rekurriert: Ein begriffliches Prozedere wird mit einer sozialen Praxis gleichgesetzt.

Ich denke, diese argumentative Engführung führt auf Abwege. Wird sie nämlich – was zumeist geschieht – generalisiert, so gelangt man zu einem pauschalen Verdacht gegenüber jeder diagnostischen Spezifizierung und therapeutischen Spezialbehandlung. Dies aber führt zu der absurden Konsequenz, dass man Behinderten eigentlich von jeder medizinischen, aber auch pädagogischen Unterstützung abraten müsste. Diese ist ja nur dann sinnvoll und lässt sich auch nur dann in sinnvoller Weise kontrollieren, wenn man sehr genau die speziellen Defizite, Bedürfnisse, Wünsche der betroffenen Personen ins Auge fasst.

Auch der pauschale Argwohn gegen die soziale »Norm« scheint mir unangemessen: Aus der Innenperspektive einer behinderten Person, die nach Möglichkeit ihr »eigenes« Leben führen möchte, ist es ebenso legitim wie unvermeidlich, sich an »Üblichkeiten« auszurichten. Ein Individuum, das sich mit einer widerstrebenden Physis auseinanderzusetzen hat, kann gar nicht anders, als sich an Lebensplänen zu orientieren, die es in der Gesellschaft vorfindet. Auch wer sich weitgehend von der Macht der Stigmata freigemacht hat, muss sich ja an irgendwelchen Mustern orientieren. Bei solchen »Vorbildern« mag es sich um Ausnahmeerscheinungen handeln. So darf etwa der prominente Behindertensprecher Peter Radtke landauf, landab unwidersprochen die frohe Botschaft verkünden, dass ein Stephen Hawking doch beweise, was für tolle Leute auch Behinderte sein können. Häufiger aber wird wohl bei Personen mit Behinderungen der Wunsch vorherrschen, zunächst einmal ein halbwegs normales Leben zu führen: die Welt auf vielfältige Art und Weise zu erfahren, sich freizügig und unbeschwert zu bewegen, nach Belieben kommunizieren zu können und anderes mehr. Gerade dort, wo elementare Lebensvollzüge in Mitleidenschaft gezogen sind, erscheint die Möglichkeit, ein durchschnittliches Leben zu führen, als etwas, das sich keineswegs von selbst versteht und deshalb besondere Attraktivität besitzt.

Genau aus diesem Grunde erscheint auch die radikal medizinkritische Sicht vieler Behindertensprecher und -fürsprecher so unplausibel. Wenn der

Wunsch, sein Leben einigermaßen unbeschwert führen zu können, legitim ist, sollte man auch die Hilfestellung, die Therapeuten bei der Erreichung dieses Ziels leisten, nicht pauschal diskreditieren. Hiermit soll wiederum nicht geleugnet werden, dass medizinische Eingriffe brutale Maßnahmen im Sinne der »Korrektur« und der Anpassung darstellen können, die mit dem, was für die Betroffenen zuträglich wäre, nichts zu tun haben.[1] Der Vorwurf der versuchten »Normalisierung« bleibt aber zu unscharf, um solche Praktiken ohne weiteres als »inhuman« identifizieren zu können. Er kann nur dann ein kritisches Potential entfalten, wenn sich nicht alle Regularitäten, die durch gesellschaftliche Praxis oder physische Funktionen vorgegeben sind, unter ihn subsumieren lassen. Die Frage nämlich, was für ein Leben ich führen möchte, lässt sich gar nicht losgelöst von bewährten sozialen Praktiken beantworten. Es sind stets bestimmte »Vorbilder«, die mir anzeigen, wie ein Leben glücken oder auch missglücken kann. Sie geben eine Norm vor, die ich nicht sklavisch wiederholen muss, von der ich auch bewusst abweichen kann, *ohne die* jedoch die Frage nach einem sinnvollen Leben gar nicht zu beantworten wäre. Abgesehen aber von den Verhaltenskonventionen gibt es durchaus auch eine physische *Normalität*, deren *Normativität* nicht auf sozialen Mechanismen basiert: Dies zeigt sich schon daran, dass »die Natur« selbst mit Sanktionen reagiert, wenn der Körper von seiner regulären Funktionsweise abweicht. Solche Sanktionen sind Unwohlsein verschiedenster Art, Schmerzen, womöglich sogar der Tod. Es ist also nicht genug – dies sollte der Verweis auf soziale Konventionen und natürliche Regularitäten zeigen –, gegen die »diskriminierende« Macht der Normalisierung zu polemisieren. Man muss sehr viel genauer zeigen, welche Direktiven es denn sind, die bestimmte Personen zum Objekt einer stigmatisierenden Norm machen. In der Retrospektive bereitet das wohl keine Schwierigkeiten: Die Geschichte der Eugenik bietet Beispiele zuhauf dafür, wie wissenschaftliche und therapeutische Klassifizierungen mit der Abwertung und brutalen Marginalisierung bestimmter Gruppen einhergingen. Daraus aber die generalisierende Behauptung abzuleiten, jede Art der diagnostischen Spezifizierung müsse negative Konsequenzen für die Objekte ärztlichen Scharfsinns nach sich ziehen, wird der wünschenswerten Unterstützung, die viele Menschen durch medizinische Maßnahmen erfahren, gewiss nicht gerecht.

1 Die Sonderausstellung *Der (im-)perfekte Mensch. Vom Recht auf Unvollkommenheit* im Deutschen Hygiene-Museum in Dresden (2001) und ihre aktualisierte Fassung im Martin-Gropius-Bau in Berlin im Frühjahr 2002 hat dies an einzelnen Fällen sehr eindringlich gezeigt. [A. d. R.]

Als ich den Titel für diesen Text wählte, hatte ich mit der Formulierung »Schmerz als Grenze der Kultur« etwas Doppeltes im Sinn: Schmerz – und damit meine ich jetzt auch eine renitente Physis im weiteren Sinne – ist häufig das Ende, häufig aber sicher auch der Anfang kultureller Leistungen. Bei neurodegenerativen Prozessen beispielsweise werden mit den physischen Funktionen auch jene lebensgeschichtlich oft unter Mühen erworbenen, in den Körper eingeschriebenen Kompetenzen gestört oder zerstört, von denen oben die Rede war: von der Möglichkeit, sich sprachlich zu artikulieren oder eine Mahlzeit »anständig« zu sich zu nehmen, bis hin zu künstlerischer oder sportlicher Betätigung. Mit eben diesen Fähigkeiten sind aber häufig ganze Lebensentwürfe eng verknüpft. Deshalb scheint mir die Devise, die betroffene Person möge sich doch mit den veränderten Umständen arrangieren und sich neue Entfaltungsmöglichkeiten suchen, in vielen Fällen wenig aussichtsreich zu sein. Wenn aber nur einzelne Funktionen gestört sind oder die Störung nur einen mittleren Schweregrad annimmt, oder wenn es sich einfach um einen Menschen mit besonderem Elan handelt, dann kann die Beeinträchtigung natürlich auch Energien besonderer Art freisetzen. Gerade dort, wo man sich unnachsichtig auf den Körper verwiesen, aber von ihm zugleich behindert fühlt, kann es zu enormen kompensatorischen Leistungen kommen – die nicht nur für den Einzelnen, sondern mittelbar auch auf der Ebene gesellschaftlicher Institutionen wie der medizinischen Wissenschaft und Praxis eine Rolle spielen können. Da aber viele Behinderte in Situationen, in denen ihre Konstitution sich als extrem hinderlich erweist, sich selbst mehr oder minder fremd werden, nehmen solche Anstrengungen oft mit einer gewissen Zwangsläufigkeit den Charakter der Selbstobjektivierung und Selbstinstrumentalisierung an. Sich mit seiner Situation zu arrangieren bedeutet demnach nicht – wie häufig suggeriert wird –, sich mit einer andersartigen Physis einfach abzufinden und darauf zu setzen, dass die Gesellschaft bestehende Barrieren beiseite räumt. Arrangieren kann man sich mit einer erheblich gestörten Physis erst dann, wenn sie nicht permanente Störfeuer aussendet und die eigensten Intentionen zunichte macht. Um dies zu erreichen, bietet sich ein ganzes Repertoire – von der individuellen Körperbeherrschung über technische Hilfsmittel bis zur Manipulation durch Pharmaka oder chirurgische Eingriffe. Es lässt sich aber wohl keine allgemein verbindliche Grenze markieren, an der die Sphäre einer gleichsam »natürlichen« Selbstbeherrschung aufhört und illegitime, von äußeren Instanzen aufgenötigte Korrekturmaßnahmen beginnen. Es scheint mir jedenfalls eine romantizistische Illusion zu sein, psycho-physische Diversität als einen Wert an sich zu verstehen. Aus meiner Sicht ist es durchaus natürlich, sich nötigenfalls auch hochartifizieller Mittel zu bedienen, um mit der eigenen Physis besser zurechtzukommen.

Wenn es aber die Konfrontation mit dem eigenen Körper ist, die zu kreativen Anstrengungen unterschiedlichster Art führt, so muss sich die theoretische Reflexion über Behinderung immer auch über das Naturverhältnis des Menschen Rechenschaft ablegen. Dies ist der zweite Aspekt, unter dem hier vom Schmerz als einer »Grenze der Kultur« die Rede war: Es handelt sich um eine Grenze der kulturwissenschaftlichen Erörterung. Mit dem Begriff der »exzentrischen Positionalität« hat Helmuth Plessner auf unübertroffen prägnante Weise zum Ausdruck gebracht, dass Menschen zugleich von ihrer Leiblichkeit bestimmt werden, ihren »Leib« aber – genauer gesagt: ihren »Körper« – ihrerseits auch zu formieren genötigt sind. Sie können überhaupt nur überleben, wenn sie ihre Physis aktiv mit Deutungen durchdringen und ihr Verhalten an Ziel- und Zwecksetzungen ausrichten. Da diese Selbstformation niemals ausschließlich aus einem gänzlich individuellen, originären Reservoir wird schöpfen können, wird das, was die Einzelnen »aus sich selbst machen«, immer davon mitbestimmt werden, wie sich die jeweilige Gesellschaft über die menschliche Physis und über körperliche Behinderung oder Versehrtheit verständigt. *Dass* aber Personen die Erfahrung machen, dass sie nicht nur einen Körper »haben«, sondern ein Leib »sind«, wird man kaum als »diskursiven Effekt« begreifen können. Ebenso wenig wird man sagen können, nachhaltig negative Erfahrungen mit physischer Beeinträchtigung bestünden aus *nichts anderem* als jenen abwertenden Deutungsmustern, die den Betroffenen von außen aufgenötigt werden.

Drucknachweise

1. Die bioethische Debatte in Deutschland, in: Dieter Birnbacher: Bioethik zwischen Natur und Interesse. Frankfurt a. M.: Suhrkamp 2006, 9–26.
2. Behinderung und die Anerkennung von Differenz, in: WestEnd. Neue Zeitschrift für Sozialforschung 2. 1, 2005, 153–164.
3. Die Gesundbeter. Warnung vor den Warnern: Die Feinde der Medizin treten an, in: Frankfurter Allgemeine Zeitung, 31. Januar 2001.
4. Entscheidungen für den Tod. Behandlungsverzicht und Sterbehilfe, in: Andreas Kuhlmann: Politik des Lebens – Politik des Sterbens. Biomedizin in der liberalen Demokratie. Berlin: Alexander Fest Verlag 2001, 173–196.
5. Der Embryo als öffentliches Gut. Alte und neue Kontroversen, in: Helga Raulff (Hg.): Sex. Vom Wissen und Wünschen. Berlin: Hatje Cantz 2001, 219–227.
6. Reproduktive Autonomie? Zur Denaturierung der menschlichen Fortpflanzung, in: Deutsche Zeitschrift für Philosophie 46. 6, 1998, 917–933.
7. Wunschkinder aus dem Labor? Selektive Fortpflanzung und das Instrumentalisierungsverbot, in: Matthias Kettner (Hg.): Biomedizin und Menschenwürde. Frankfurt a. M.: Suhrkamp 2004, 172–187.
8. Krankheit und Freiheit. Überlegungen zu einer Ethik der Lebensführung, in: Deutsche Zeitschrift für Philosophie 54. 2, 2006, 311–322.
9. Menschen im Begabungstest. Mutmaßungen über Hirnforschung als soziale Praxis, in: WestEnd. Neue Zeitschrift für Sozialforschung 1. 1, 2004, 143–153.

10. Deutscher Geist und liberales Ethos. Die frühe Sozialphilosophie Helmuth Plessners, in: Wolfgang Eßbach, Joachim Fischer und Helmut Lethen (Hg.): Plessners »Grenzen der Gemeinschaft«. Eine Debatte. Frankfurt a. M.: Suhrkamp 2002, 15–20.

11. Bemerkungen zur Phänomenologie des Traumes, in: Michael Großheim (Hg.): Wege zu einer volleren Realität. Neue Phänomenologie in der Diskussion. Berlin: Akademie Verlag 1994, 157–168.

12. Schmerz als Grenze der Kultur. Zur Verteidigung der Normalität, in: Petra Lutz et al. für die Aktion Mensch und die Stiftung Deutsches Hygiene-Museum (Hg.): Der (im-)perfekte Mensch: Metamorphosen von Normalität und Abweichung. Köln: Böhlau 1993, 121–127.

Literatur

Aktion Grundgesetz (Hg.) 1997: Die Gesellschaft der Behinderer. Das Buch zur Aktion Grundgesetz. Reinbek: Rowohlt.

Anderson, Elizabeth 1993: Value in Ethics and Economics. Cambridge, MA: Harvard University Press.

Anderson, Elizabeth S. 2000: Warum eigentlich Gleichheit?, in: Angelika Krebs (Hg.): Gleichheit oder Gerechtigkeit. Texte der neuen Egalitarismuskritik. Frankfurt a. M.: Suhrkamp, 117–171.

Artemidor von Daldis 1979: Das Traumbuch. Hg. von Karl Brackertz. München und Zürich: Piper.

Asch, Adrienne 1995: Can Aborting »Imperfect« Children Be Immoral?, in: John D. Arras und Bonnie Steinbock (Hg.): Ethical Issues in Modern Medicine. Mountain View, CA: McGraw-Hill, 386–389.

Bauman, Zygmunt 2000: Leben – oder bloß Überleben?, in: Die Zeit 54, 28. Dezember.

Beauchamp, Tom L. und James F. Childress 2001 [1994]: Principles of Biomedical Ethics. Oxford u. a.: Oxford University Press.

Beckmann, Rainer 2001: Rechtsfragen der PID, in: Medizinrecht 4, 169–177.

Benzenhöfer, Udo 1999: Der gute Tod? Euthanasie und Sterbehilfe in Geschichte und Gegenwart. München: C. H. Beck.

Betzler, Monika 2001: Einleitung, in: Harry G. Frankfurt: Freiheit und Selbstbestimmung. Ausgewählte Texte. Hg. von Monika Betzler und Barbara Guckes. Berlin: Akademie Verlag, 17–46.

BGH 1995: Zulässigkeit des Abbruchs einer ärztlichen Behandlung bei mutmaßlichem Einverständnis, in: Neue Juristische Wochenschrift 3, 204–207.

Bieri, Peter 2003 [2001]: Das Handwerk der Freiheit. Über die Entdeckung des eigenen Willens. Frankfurt a. M.: Fischer.

Birnbacher, Dieter 1987: Gefährdet die moderne Reproduktionstechnologie die menschliche Würde?, in: Volkmar Braun, Dietmar Mieth und Klaus Steigleder (Hg.): Ethische und rechtliche Fragen der Gentechnologie und Reproduktionsmedizin. München: J. Schweitzer, 77–88.

Birnbacher, Dieter 1995: Tun und Unterlassen. Stuttgart: Reclam.

Birnbacher, Dieter 2004: Menschenwürde – abwägbar oder unabwägbar?, in: Matthias Kettner (Hg.): Biomedizin und Menschenwürde. Frankfurt a. M.: Suhrkamp, 249–271.

Birnbacher, Dieter 2006: Bioethik zwischen Natur und Interesse. Mit einer Einleitung von Andreas Kuhlmann. Frankfurt a. M.: Suhrkamp.

Böckenförde, Ernst-Wolfgang 2003: Menschenwürde als normatives Prinzip. Die Grundrechte in der bioethischen Debatte, in: JuristenZeitung 58. 17, 809–814.

Bockenheimer-Lucius, Gisela 2003: Verwirrung und Unsicherheit im Umgang mit der Patientenverfügung, in: Ethik in der Medizin 15. 4, 302–306.

Braun, Kathrin 2000: Menschenwürde und Biomedizin. Zum philosophischen Diskurs der Bioethik. Frankfurt a. M. und New York: Campus.

Bundesärztekammer 1995: Richtlinien der Bundesärztekammer für die Sterbebegleitung, in: Deutsches Ärzteblatt 92. 23, B-1244.

Bundesärztekammer 1998: Grundsätze der Bundesärztekammer zur ärztlichen Sterbebegleitung, in: Deutsches Ärzteblatt 95. 39, A-2366.

Bundesärztekammer 2000: Diskussionsentwurf der Bundesärztekammer zu einer Richtlinie zur PID, in: Deutsches Ärzteblatt 97, C-423–426.

Bundesgerichtshof 1995: 13-09-1994 – 1 StR 357/94: Zulässigkeit des Abbruchs einer ärztlichen Behandlung bei mutmaßlichem Einverständnis, in: Neue Juristische Wochenzeitschrift 3, 204–207.

Bundesministerium für Gesundheit und Soziale Sicherung 2003: Das Gesetz zur Gleichstellung behinderter Menschen als Beitrag zur Umsetzung des Benachteiligungsverbotes im Grundgesetz. Bonn: Bundesministerium für Gesundheit und Soziale Sicherung.

Charlesworth, Max 1997 [1993]: Leben und Sterben lassen. Bioethik in der liberalen Gesellschaft. Hamburg: Rotbuch.

Charlton, James I. 1998: Nothing About Us Without Us. Disability, Oppression and Empowerment. Berkeley, CA, und London: University of California Press.

Damschen, Gregor und Dieter Schönecker (Hg.) 2003: Der moralische Status menschlicher Embryonen. Pro und contra Spezies-, Kontinuums-, Identitäts- und Potenzialitätsargument. Berlin und New York: DeGruyter.

Däubler-Gmelin, Herta 2001: Die Würde des Embryos ist unbezweifelbar. Je euphorischer die Versprechungen der Wissenschaft klingen, desto wichtiger wird die Nüchternheit des Rechts. Ein Gespräch mit der Bundesjustizministerin Herta Däubler-Gmelin, in: Christian Geyer (Hg.): Biopolitik – Die Positionen. Frankfurt a. M.: Suhrkamp, 121–139.

Döpfner, Manfred, Jan Frölich und Gerd Lehmkuhl 2000: Hyperkinetische Störungen. Göttingen u. a.: Hogrefe.

Dreier, Horst 2002: Stufungen des vorgeburtlichen Lebensschutzes, in: Zeitschrift für Rechtspolitik 35. 9, 377–383.

Dworkin, Ronald 1994: Die Grenzen des Lebens. Abtreibung, Euthanasie und persönliche Freiheit. Reinbek: Rowohlt.

Eibach, Ulrich 2002: Künstliche Ernährung um jeden Preis? Ethische Überlegungen zur Ernährung durch »percutane enterale Gastrostomie (PEG-Sonden)«, in: Medizinrecht 20. 3, 123–131.

Eickhoff, Clemens und Bettina Schöne-Seifert 1996: Behandlungsverzicht bei Schwerstkranken. Wie würden Ärzte und Pflegekräfte entscheiden? Eine Vignettenstudie, in: Ethik in der Medizin 8. 4, 183–216.

Eliade, Mircea 1988: Yoga – Unsterblichkeit und Freiheit. Frankfurt a. M.: Insel.

Eser, Albin und Hans-Georg Koch 1991: Materialien zur Sterbehilfe. Eine internationale Dokumentation. Freiburg i. Br.: Max-Planck-Institut für ausländisches und internationales Strafrecht.

Ethik in der Medizin 2004: Sondenernährung am Lebensende (Themenschwerpunkt), 16. 3.

Faden, Ruth 1994: Reproductive Genetic Testing, Prevention, and the Ethics of Mothering, in: Karen H. Rothenberg und Elizabeth J. Thomson (Hg.): Women and Prenatal Testing. Facing the Challenges of Genetic Technology. Columbus, OH: Ohio State Press, 88–97.

Fischer, Andrea 2001: Wir sind für Gentechnik. Aber nicht auf Kosten des Embryos, in: Frankfurter Allgemeine Zeitung 126, 1. Juni, 47.

Flintrop, Jens 2000: Euthanasie-Gesetzgebung in den Niederlanden. Transparenz schaffen, Ärzte absichern, in: Deutsches Ärzteblatt 97. 3, A-97–A-98.

Frankfurt, Harry G. 1971: Freedom of the Will and the Concept of a Person, in: Journal of Philosophy 68, 5–20.

Frankfurt, Harry G. 2001: Freiheit und Selbstbestimmung. Ausgewählte Texte. Hg. von Monika Betzler und Barbara Guckes. Berlin: Akademie Verlag.

Frankfurt, Harry G. 2005 [1986]: On Bullshit. Princeton, NJ: Princeton University Press.

Fraser, Nancy und Axel Honneth 2003: Umverteilung oder Anerkennung? Eine politisch-philosophische Kontroverse. Frankfurt a. M.: Suhrkamp.

Freud, Sigmund 1975 [1900]: Die Traumdeutung. Studienausgabe. Hg. von Alexander Mitscherlich, Angela Richards und James Strachey. Frankfurt a. M.: Fischer.

Fukuyama, Francis 2002: Das Ende des Menschen. München und Stuttgart: Deutsche Verlagsanstalt.

Gilligan, Carol 1984 [1982]: Die andere Stimme. Lebenskonflikte und Moral der Frau. München und Stuttgart: Deutsche Verlagsanstalt.

Gordijn, Bert 1997: Euthanasie in den Niederlanden – eine kritische Betrachtung. Dortmund: Humanitas.

Graumann, Sigrid 2001: Zwischen Zeugung und Erzeugung von menschlichem Leben besteht ein ethisch relevanter Unterschied, in: ders. (Hg.): Die Genkontroverse. Wohin die Reise geht – Grundpositionen. Freiburg i. Br.: Herder, 88–94.
Günther, Hans-Ludwig 1990: Strafrechtliche Verbote der Embryonenforschung?, in: Medizinrecht 7. 4, 161–166.

Habermas, Jürgen 2001: Ein Paternalismus eigener Art. Wenn aus Eltern Designer und aus Kindern Programmierte werden. Zu den Folgen genmanipulierender Eingriffe für familiäre und gesellschaftliche Beziehungen, in: Frankfurter Rundschau, 19. September.
Helmrich, Herbert 2003: Das verbiete ich mir. Im Hirn: Bereitsein ist noch kein Wollen, in: Frankfurter Allgemeine Zeitung 302, 30. Dezember, 33.
Heun, Werner 2002: Embryonenforschung und Verfassung – Lebensrecht und Menschenwürde des Embryos, in: JuristenZeitung 57, 517–524.
Hoerster, Norbert 1998: Sterbehilfe im säkularen Staat. Frankfurt a. M.: Suhrkamp.
Hoffenberg, Raymond et al. 1997: Should Organs from Patients in Permanent Vegetative State be used for Transplantation?, in: The Lancet 350. 9087, 1320–1321.
Höfling, Wolfram 2001: Zygote – Mensch – Person. Zum Status des frühen Embryos aus verfassungsrechtlicher Sicht, in: Frankfurter Allgemeine Zeitung 157, 10. Juli, 8.
Höfling, Wolfram und Stephan Rixen 2003: Vormundschaftliche Sterbeherrschaft?, in: JuristenZeitung 38. 18, 884–894.
Honneth, Axel 1992: Kampf um Anerkennung. Zur moralischen Grammatik sozialer Konflikte. Frankfurt a. M.: Suhrkamp.
Hoppe, Jörg D. 1993: Richtlinien der Bundesärztekammer für die Sterbebegleitung, in: Deutsches Ärzteblatt 90. 37, B-1791–B-1792.
Hüther, Gerald und Helmut Bonney 2002: Neues vom Zappelphilipp. ADS/ADHS: verstehen, vorbeugen, behandeln. Düsseldorf und Zürich: Walter.

Jaeggi, Rahel 2005: Entfremdung. Zur Aktualität eines sozialphilosophischen Problems. Frankfurt a. M. und New York: Campus.
Jonas, Hans 1987 [1974]: Lasst uns einen Menschen klonieren. Von der Eugenik zur Gentechnologie, in: ders.: Technik, Medizin und Ethik. Praxis des Prinzips Verantwortung. Frankfurt a. M.: Suhrkamp, 162–203.
Jung, Carl Gustav 1971 [1962]: Erinnerungen, Träume, Gedanken von Carl Gustav Jung. Hg. von Aniela Jaffe. Ölten: Walter.
Jung, Carl Gustav 1990: Traum und Traumdeutung. München und Stuttgart: Deutsche Verlagsanstalt.

Kittay, Eva Feder 1995: Taking Dependency Seriously. The Family and Medical Leave Act Considered in Light of the Social Organisation of Dependency Work and Gender Equality, in: Hypatia. A Journal of Feminist Philosophy 10, 8–29.

Kittay, Eva Feder 1997: Human Dependency and Rawlsian Equality, in: Diana Tietjens-Meyer und Alison Jaggar (Hg.): Feminists Rethink the Self. Boulder, CO: Westview Press, 219–266.

Klinghammer, Gisela 1994: Erweiterung des Entscheidungsspielraums, in: Deutsches Ärzteblatt 91. 35, B-1904.

Knopf, Marina, Elfie Mayer und Elsbeth Meyer 1995: Traurig und befreit zugleich. Psychische Folgen des Schwangerschaftsabbruchs. Reinbek: Rowohlt.

Kolb, Christian 2003: Nahrungsverweigerung bei Demenzkranken. PEG-Sonde – ja oder nein? Frankfurt a. M.: Mabuse.

Kuhlmann, Andreas 1994: Einleitung, in: ders. (Hg.): Philosophische Ansichten der Kultur der Moderne. Frankfurt a. M.: Fischer, 7–29.

Kuhlmann, Andreas 1995: Sterbehilfe. Reinbek: Rowohlt.

Kuhlmann, Andreas 1996: Abtreibung und Selbstbestimmung. Die Intervention der Medizin. Frankfurt a. M.: Fischer.

Kuhlmann, Andreas 2001: Politik des Lebens – Politik des Sterbens. Biomedizin in der liberalen Demokratie. Berlin: Alexander Fest Verlag.

Kuhlmann, Andreas 2002 [1999]: Deutscher Geist und liberales Ethos. Die frühe Sozialphilosophie Helmuth Plessners, in: Wolfgang Eßbach, Joachim Fischer und Helmut Lethen (Hg.): Plessners »Grenzen der Gemeinschaft«. Eine Debatte. Frankfurt a. M.: Suhrkamp, 15–20.

Kuhlmann, Andreas 2003a: Therapie als Affront. Zum Konflikt zwischen Behinderten und Medizin, in: Ethik in der Medizin 15. 3, 151–160.

Kuhlmann, Andreas 2003b: Schmerz als Grenze der Kultur. Zur Verteidigung der Normalität, in: Petra Lutz et al. für die Aktion Mensch und die Stiftung Deutsches Hygiene-Museum (Hg.): Der (im-)perfekte Mensch: Metamorphosen von Normalität und Abweichung. Köln: Böhlau 1993, 121–127.

Kuhlmann, Andreas 2005a: Behinderung und die Anerkennung von Differenz, in: WestEnd. Neue Zeitschrift für Sozialforschung 2. 1, 153–164.

Kuhlmann, Andreas 2005b: Thomas Mann und der lange Abschied vom Bürgertum, in: WestEnd. Neue Zeitschrift für Sozialforschung 2. 2, 27–45.

Kuhlmann, Andreas 2006: Krankheit und Freiheit. Überlegungen zu einer Ethik der Lebensführung, in: Deutsche Zeitschrift für Philosophie 54. 2, 311–322.

Kuhse, Helga und Peter Singer 1993: Muß dieses Kind am Leben bleiben? Das Problem schwerstgeschädigter Neugeborener. Erlangen: Harald Fischer.

Kymlicka, Will 1991: Rethinking the Family, in: Philosophy and Public Affairs 20. 1, 77–97.

Langsdorff, Maja 1996: Kleiner Eingriff – großes Trauma? Schwangerschaftskonflikte, Abtreibung und die (seelischen) Folgen. Braunschweig: Gerd J. Holtzmeyer.

Laufs, Adolf 1999: Die deutsche Rechtslage: zur Präimplantationsdiagnostik, in: Ethik in der Medizin 11. 1, Supplement.

Leist, Anton 1996: Das Dilemma der aktiven Euthanasie. Gefahren und Ambivalenzen des Versuchs, aus Töten eine soziale Praxis zu machen. Dortmund: Humanitas-Verlag.

Lunneborg, Patricia 1996: Jetzt kein Kind. Warum Abtreibung eine positive Entscheidung sein kann. Frankfurt a. M. und New York: Campus.

Lutz, Petra et al. für die Aktion Mensch und die Stiftung Deutsches Hygiene-Museum (Hg.) 2003: Der (im-)perfekte Mensch: Metamorphosen von Normalität und Abweichung. Köln: Böhlau.

Maas, Paul J. van der, Johannes J. M. van Delden und Loes Pijnenborg 1992: Euthanasia and Other Medical Decisions Concerning the End of Life. Amsterdam u. a.: Elsevier.

MacIntyre, Alasdair 2001 [1999]: Die Anerkennung der Abhängigkeit. Über menschliche Tugenden. Hamburg: Rotbuch.

Mahowald, Mary B. 1994: Reproductive Genetics and Gender Justice, in: Karen H. Rothenberg and Elizabeth J. Thomson (Hg.): Women and Prenatal Testing. Facing the Challenges of Genetic Technology. Columbus, OH: Ohio State Press, 67–87.

Margalit, Avishai 1997 [1996]: Politik der Würde. Über Achtung und Verachtung. Berlin: Alexander Fest Verlag.

Mattner, Dieter 2000: Behinderte Menschen in der Gesellschaft. Zwischen Ausgrenzung und Integration. Stuttgart: Kohlhammer.

McClamrock, Ron und Bonnie Steinbock 1995 [1994]: When is Birth Unfair to the Child?, in: John D. Arras und Bonnie Steinbock (Hg): Ethical Issues in Modern Medicine. Mountain View, CA: McGraw-Hill, 338–397.

Meier, Carl Alfred 1985: Der Traum als Medizin. Antike Inkubation und moderne Psychotherapie. Zürich: Daimon Verlag.

Merkel, Reinhard 2001: Rechte für Embryonen? Die Menschenwürde lässt sich nicht allein auf die biologische Zugehörigkeit zur Gattung Menschheit begründen, in: Christian Geyer (Hg.): Biopolitik. Die Positionen. Frankfurt a. M.: Suhrkamp, 51–64.

Mitchell, David T. und Sharon L. Snyder (Hg.) 1997: The Body and Physical Difference. Discourses of Disability. Ann Arbor, MI: University of Michigan Press.

Neumann-Held, Eva et al. 2003: Die Vereinigungseuphorie der Hirnforscher. Acht Nachfragen, in: Jörn Rüsen (Hg.): Jahrbuch 2002/2003, Kulturwissenschaftliches Institut Essen, 15–38.

Nida-Rümelin, Julian 2004: Tief in unserer Lebenswelt verwurzelt. Humanismus und Freiheit: Die vollständige naturalistische Erklärung unseres Handelns steht im Widerspruch zu unserer moralischen Alltagspraxis, in: Frankfurter Rundschau, 2. März, 19.

Noddings, Nel 1993: Warum sollten wir uns ums Sorgen sorgen?, in: Herta Nagl-Docekal und Herlinde Pauer-Studer (Hg.): Jenseits der Geschlechtermoral. Beiträge zur feministischen Ethik. Frankfurt a. M.: Fischer, 135–171.

Nussbaum, Martha C. 1999: Gerechtigkeit oder Das gute Leben. Frankfurt a. M.: Suhrkamp.

Nussbaum, Martha C. 2003: Langfristige Fürsorge und soziale Gerechtigkeit. Eine Herausforderung der konventionellen Idee des Gesellschaftsvertrages, in: Deutsche Zeitschrift für Philosophie 51. 2, 179–198.

Oehmichen, Frank, Meinolfus Strätling und Alfred Simon 2003: Gesetzlicher Regelungsbedarf der passiven und indirekten Sterbehilfe in Deutschland. Praxisorientierte Empfehlungen einer interdisziplinären Arbeitsgruppe in der Akademie für Ethik in der Medizin, in: Ethik in der Medizin 15. 3, 239–242.

Oehmichen, Manfred 1999: Votum der Ethikkommission der Medizinischen Universität zu Lübeck zur Präimplantationsdiagnostik, in: Ethik in der Medizin 11. 1, 16–22.

Overall, Christine 1993: Human Reproduction. Principles – Practices – Policies. Toronto: Oxford University Press.

Paczensky, Susanne von 1988: Gemischte Gefühle. Von Frauen, die ungewollt schwanger sind. München: C. H. Beck.

Pap, Michael 1986: Die Würde des werdenden Lebens in vitro. Verfassungsrechtliche Grenzen der extrakorporalen Befruchtung, in: Medizinrecht 4. 5, 229–236.

Pauen, Michael 2003a: Von Fledermäusen und der Freiheit des Willens. Wie neurobiologische Erkenntnisse das menschliche Selbstverständnis betreffen, in: Gehirn und Geist 1, 44–51.

Pauen, Michael 2003b: Eine weitere metaphysische Kränkung ist nicht in Sicht. Stellen die Naturgesetze die Willensfreiheit in Frage?, in: Frankfurter Rundschau, 18. November.

Plessner, Helmuth 2002 [1924]: Grenzen der Gemeinschaft. Eine Kritik des sozialen Radikalismus. Hg. von Joachim Fischer. Frankfurt a. M.: Suhrkamp.

Pollmann, Arndt 2005: Integrität. Aufnahme einer sozialphilosophischen Personalie. Bielefeld: Transcript.

Purdy, Laura M. 1996: Reproducing People. Issues in Feminist Bioethics. Ithaca, NY, und London: Cornell University Press.

Quante, Michael 2002: Personales Leben und menschlicher Tod. Personale Identität als Prinzip der biomedizinischen Ethik. Frankfurt a. M.: Suhrkamp.

Rawls, John 2003 [2001]: Gerechtigkeit als Fairneß. Ein Neuentwurf. Hg. von Erin Kelly. Frankfurt a. M.: Suhrkamp.

Reuner, Gitta und Andreas Oberle 2000: ADS und was sonst noch? Anfallsleiden, Ticstörungen, Störungen des Sozialverhaltens, Lernstörungen – Komorbiditäten, Ursachen, Konsequenzen, in: Thilo Fitzner und Werner Stark (Hg.): ADS – verstehen, akzeptieren, helfen. Weinheim: Beltz, 139–149.

Riedel, Ulrike 2005: Patientenverfügungen. Zwischenbericht der Enquetekommission Ethik und Recht der modernen Medizin des Deutschen Bundestages, in: Ethik in der Medizin 17. 1, 28–33.

Rixen, Stephan 1999: Ist die Hirntodkonzeption mit der Ethik des Grundgesetzes vereinbar? Anmerkungen zum offenen Menschenbild des Grundgesetzes, in: Eva-Marie Engels (Hg.): Biologie und Ethik. Stuttgart: Reclam, 346–378.

Robertson, John A. 1994: Children of Choice. Freedom and the New Reproductive Technologies. Princeton, NJ: Princeton University Press.

Rösner, Hans-Uwe 2002: Jenseits normalisierender Anerkennung. Reflexionen zum Verhältnis von Macht und Behindertsein. Frankfurt a. M. und New York: Campus.

Roth, Gerhard 2003: Aus der Sicht des Gehirns. Frankfurt a. M.: Suhrkamp.

Roth, Gerhard 2003 [2001]: Fühlen, Denken, Handeln. Wie das Gehirn unser Verhalten steuert. Frankfurt a. M.: Suhrkamp.

Schiller, Emil 1911: Shinto, die Volksreligion Japans. Berlin: Protestantischer Schriftenvertrieb.

Schmitz, Hermann 1980: Neue Phänomenologie. Bonn: Bouvier.

Schmitz, Hermann 1981: System der Philosophie. Band II. 2: Der Gefühlsraum. Bonn: Bouvier.

Schmitz, Hermann 1982: System der Philosophie. Band II. 1: Der Leib. Bonn: Bouvier.

Schmitz, Hermann 1992a: Leib und Gefühl. Materialien zu einer philosophischen Therapeutik. Hg. von Hermann Gausebeck und Gerhard Risch. Paderborn: Aisthesis.

Schmitz, Hermann 1992b: Thesen zur phänomenologisch-philosophischen Fundierung der Psychotherapie, in: Rolf Kühn und Hilarion Petzold (Hg.): Psychotherapie & Philosophie. Philosophie als Psychotherapie?, Paderborn: Aisthesis, 551–568.

Schockenhoff, Eberhard 2003: Wir Phantomwesen. Die Grenzen der Hirnforschung, in: Frankfurter Allgemeine Zeitung 267, 17. November, 31.

Schweizerische Akademie der medizinischen Wissenschaften 1993: Medizinisch-ethische Richtlinien für die ärztliche Betreuung sterbender und cerebral schwerst geschädigter Patienten, in: Schweizerische Ärztezeitung 74. 39, 1490–1492.

Seel, Martin 2002: Sich bestimmen lassen. Ein revidierter Begriff der Selbstbestimmung, in: ders.: Sich bestimmen lassen. Studien zur theoretischen und praktischen Philosophie. Frankfurt a. M.: Suhrkamp, 279–298.

Seel, Martin 2004: Paradoxien der Erfüllung, in: Susan Neiman und Matthias Kroß (Hg.): Zum Glück. Berlin: Akademie Verlag, 237–246.

Shanley, Mary Lyndon 1995: »Surrogate Mothering« and Women's Freedom. A Critique of Contracts for Human Reproduction, in: Jean Bethke Elshtain und J. Timothy Cloyd (Hg.): Politics and the Human Body. Assault on Dignity. Nashville, TN, und London: Vanderbilt University Press, 87–106.

Sherwin, Susan 1992: No Longer Patient. Feminist Ethics and Health Care. Philadelphia: Temple University Press.

Sherwin, Susan 1993: Feministische Ethik und In-vitro-Fertilisation, in: Herta Nagl-Docekal und Herlinde Pauer-Studer (Hg.): Jenseits der Geschlechtermoral. Beiträge zur feministischen Ethik. Frankfurt a. M.: Fischer, 219–239.

Siebenthal, Wolf von 1953: Die Wissenschaft vom Traum. Ergebnisse und Probleme. Berlin, Göttingen und Heidelberg: Springer.

Silvers, Anita 1994: »Defective« Agents. Equality, Difference and the Tyranny of the Normal, in: Journal of Social Philosophy 25. 1, Supplement, 154–175.

Silvers, Anita 1995: Reconciling Equality to Difference. Caring (f)or Justice for People with Disabilities, in: Hypatia. A Journal of Feminist Philosophy 10, 30–55.

Silvers, Anita 1998: Formal Justice, in: Anita Silvers, David Wasserman und Mary Mahowald (Hg.): Disability, Difference, Discrimination. Perspectives on Justice in Bioethics and Public Policy. Lanham, MD: Rowman & Littlefield, 12–145.

Singer, Peter 1998: Leben und Tod. Der Zusammenbruch der traditionellen Ethik. Erlangen: Harald Fischer Verlag.

Singer, Wolf 2002a [2000]: Im Grunde nichts Neues, in: ders.: Der Beobachter im Gehirn. Essays zur Hirnforschung. Frankfurt a. M.: Suhrkamp, 171–180.

Singer, Wolf 2002b: Vom Gehirn zum Bewußtsein, in: ders.: Der Beobachter im Gehirn. Essays zur Hirnforschung. Frankfurt a. M.: Suhrkamp, 60–76.

Singer, Wolf 2002c: Was kann ein Mensch wann lernen?, in: ders.: Der Beobachter im Gehirn. Essays zur Hirnforschung. Frankfurt a. M.: Suhrkamp, 43–59.

Singer, Wolf 2003a: Wer deutet die Welt? Ein Streitgespräch zwischen dem Philosophen Lutz Wingert und dem Hirnforscher Wolf Singer über den freien Willen, das moderne Menschenbild und das gestörte Verhältnis zwischen Geistes- und Naturwissenschaften, in: ders.: Ein neues Menschenbild? Gespräche über Hirnforschung. Frankfurt a. M.: Suhrkamp, 9–23.

Singer, Wolf 2003b: In der Bildung gilt: Je früher, desto besser, in: ders.: Ein neues Menschenbild? Gespräche über Hirnforschung. Frankfurt a. M.: Suhrkamp, 110–119.

Singer, Wolf 2004: Keiner kann anders, als er ist. Verschaltungen legen uns fest: Wir sollten aufhören, von Freiheit zu reden, in: Frankfurter Allgemeine Zeitung 6, 8. Januar, 33.

Spiegel Reporter 2001: Das perfekte Kind, in: SpiegelReporter 1.

Spiewak, Martin und Astrid Viciano 2002: Wunschkind, in: Die Zeit 18, 25. April, 27.

Starck, Christian 2001: Hört auf, unser Grundgesetz zerreden zu wollen. Auch im Reagenzglas gilt die Menschenwürdegarantie, in: Frankfurter Allgemeine Zeitung 124, 30. Mai, 55.

Stiftung Deutsches Hygiene-Museum und Deutsche Behindertenhilfe – Aktion Mensch e.V. (Hg.) 2001: Der (im-)perfekte Mensch. Vom Recht auf Unvollkommenheit. Ostfildern-Ruit: Hatje Cantz.

Stinkes, Ursula 2002: Zur schwierigen Frage nach der Anerkennung – Fürsorge oder Solidarität für Menschen mit Behinderung?, in: Heinrich Greving und Dieter Gröschke (Hg.): Das Sisyphos-Prinzip. Gesellschaftsanalytische und gesellschaftskritische Dimensionen der Heilpädagogik. Bad Heilbrunn: Klinkhardt, 203–220.

Testart, Jacques und Bernard Sèle 1995: Toward an Efficient Medical Eugenics. Is the Desirable Always the Feasible?, in: Human Reproduction 12, 3086–3090.

The Multi-Society Task Force on PVS 1994: Medical Aspects of the Persistent Vegetative State, in: The New England Journal of Medicine 330. 21 und 22.

Tugendhat, Ernst 1999: Es gibt keine Gene für die Moral. Sloterdijk stellt das Verhältnis von Ethik und Gentechnik schlicht auf den Kopf, in: Die Zeit 39, 23. September.

Veatch, M. Robert 1993: The Impending Collapse of the Whole-Brain Definition of Death, in: Hastings Center Report 23. 4, 18–24.

Vitzthum, Wolfgang Graf 1985: Die Menschenwürde als Verfassungsprinzip, in: JuristenZeitung 40. 4, 201–209.

Volkmann, Uwe 2003: Nachricht vom Ende der Gewißheit, in: Frankfurter Allgemeine Zeitung 273, 24. November.

Wagner, Rudolf G. 1987: Imperial Dreams in China, in: Carolyn T. Brown (Hg.): Psycho-Sinology. The Universe of Dreams in Chinese Culture. Washington: Woodrow Wilson International Center for Scholars, 11–24.

Waldschmidt, Anne 1998: Aussonderung oder Selbstbestimmung? Behinderungsbegriffe und ihre Konsequenzen, in: Stephan Kolb und Horst Seithe (Hg.): Medizin und Gewissen. 50 Jahre nach dem Nürnberger Ärzteprozeß. Frankfurt a. M.: Mabuse, 350–360.

Waldschmidt, Anne 2003a: Die Flexibilisierung der »Behinderung«. Anmerkungen aus normalismustheoretischer Sicht, unter besonderer Berücksichtigung der »International Classification of Functioning, Disability and Health«, in: Ethik in der Medizin 15. 3, 191–202.

Waldschmidt, Anne 2003b: Ist Behindertsein normal? Behinderung als flexibelnormalistisches Dispositiv, in: Günther Cloerkes (Hg.): Wie man behindert wird. Texte zur Konstruktion einer sozialen Rolle und zur Lebenssituation betroffener Menschen. Heidelberg: Winter, 83–101.

Werhahn, Hans 1969: Das Vorschreiten der Säkularisierung. Bonn: Bouvier.

West, Robin 1990: Taking Freedom Seriously, in: Harvard Law Review 104. 1, 43–106.

Wils, Jean-Pierre 2004: Respekt statt Ausgrenzung – Die Ethik der »Anerkennung«, in: Sigrid Graumann et al. (Hg.): Ethik und Behinderung. Ein Perspektivenwechsel. Frankfurt a. M. und New York: Campus, 81–91.

Wingert, Lutz 2004: Mein Ärger verraucht. Wie weit führt das Ticket der Hirnforscher?, in: Frankfurter Allgemeine Zeitung 9, 12. Januar, 25.

Wunder, Michael 1994: Prävention und neue Bioethik, in: Therese Neuer-Miebach und Rudi Tarneden (Hg.): Vom Recht auf Anderssein. Anfragen an pränatale Diagnostik und humangenetische Beratung. Marburg: Lebenshilfe-Verlag; Düsseldorf: Verlag Selbstbestimmtes Leben, 113–123.

Werkverzeichnis Andreas Kuhlmann

1. Monografien

— 2001: Politik des Lebens – Politik des Sterbens. Biomedizin in der liberalen Demokratie. Berlin: Alexander Fest Verlag. Schwedische Übersetzung 2002: Livets och dödens politik: biomedicin i liberala demokratier, übersetzt von Eva Andree. Göteborg: Daidalos.
— 2000: Medizinischer Fortschritt und moralischer Konflikt: die Auseinandersetzung um selektive Fortpflanzung in Deutschland. Abschlußbericht. Frankfurt a. M.: Institut für Sozialforschung.
— 1996: Abtreibung und Selbstbestimmung. Die Intervention der Medizin. Frankfurt a. M.: Fischer.
— 1995: Sterbehilfe. Reinbek: Rowohlt.
— 1989: Romantische Musikästhetik. Ein Rekonstruktionsversuch. Bielefeld: Dissertation.

2. Editionen

— (gemeinsam mit Dirk Schmoll) 2005: Symptom und Phänomen. Phänomenologische Zugänge zum kranken Menschen. Freiburg i. Br. und München: Verlag Karl Alber.
— 1994: Philosophische Ansichten der Kultur der Moderne. Frankfurt a. M.: Fischer.

3. Aufsätze in Büchern

— 2009: Wir Mahlerianer. Zur Symphonik in der Spätmoderne, in: Rainer Forst, Martin Hartmann, Rahel Jaeggi und Martin Saar (Hg.): Sozialphilosophie und Kritik. Frankfurt a. M.: Suhrkamp, 634–654.

— 2006: Zur Einleitung: Die bioethische Debatte in Deutschland, in: Dieter Birnbacher (Hg.): Bioethik zwischen Natur und Interesse. Frankfurt a. M.: Suhrkamp, 9–26.

— 2004: Wunschkinder aus dem Labor? Selektive Fortpflanzung und das Instrumentalisierungsverbot, in: Matthias Kettner (Hg.): Biomedizin und Menschenwürde. Frankfurt a. M.: Suhrkamp, 172–187.

— 2003: Schmerz als Grenze der Kultur. Zur Verteidigung der Normalität, in: Petra Lutz et al. (Hg.): Der (im-)perfekte Mensch. Metamorphosen von Normalität und Abweichung. Köln: Böhlau, 120–127.

— 2003: Ein neues Verständnis von Behinderung. Zur Kritik am »medizinischen Konzept«, in: AG Medizin(ethik) und Behinderung (Hg.): Behinderung und medizinischer Fortschritt. Dokument der gleichnamigen Tagung vom 14.–16.04.2003 in Bad Boll. Göttingen.

— 2002: Deutscher Geist und liberales Ethos. Die frühe Sozialphilosophie Helmuth Plessners, in: Wolfgang Eßbach, Joachim Fischer und Helmut Lethen (Hg.): Plessners »Grenzen der Gemeinschaft«. Eine Debatte. Frankfurt a. M.: Suhrkamp, 15–20.

— 2001: Der Embryo als öffentliches Gut. Alte und neue Kontroversen, in: Helga Raulff (Hg.): Sex. Vom Wissen und Wünschen. Berlin: Hatje Cantz, 219–227.

— 2001: Warnung vor den Warnern: Die Feinde der Medizin treten an, in: Julian Nida-Rümelin: Ethische Essays. Frankfurt a. M.: Suhrkamp, 449–454.

— 1994: Einleitung, in: ders. (Hg.): Philosophische Ansichten der Kultur der Moderne. Frankfurt a. M.: Fischer, 7–29.

— 1994: Bemerkungen zur Phänomenologie des Traumes, in: Michael Großheim (Hg.): Wege zu einer volleren Realität. Neue Phänomenologie in der Diskussion. Berlin: Akademie Verlag, 157–168.

— 1994: Saddam Hussein ist überall. Die neuen Szenarien der Gewalt und die Etablierung einer schwarzen Anthropologie, in: Hans-Martin Lohmann (Hg.): Extremismus der Mitte. Vom rechten Verständnis deutscher Nation. Frankfurt a. M.: Fischer, 219–225.

— 1993: Fragile Freiheit. Die Linke muss den Liberalismus weiterdenken, in: Norberto Bobbio (Hg.): What's Left? Prognosen zur Linken. Berlin: Rotbuch, 127–131.

4. Aufsätze in Zeitschriften

— 2008: Zweimal »Deutsche Kultur«. Über Wilhelm Furtwängler und Thomas Mann, in: Merkur. Deutsche Zeitschrift für europäisches Denken 707, 307–317.
— 2007: Neue Musik, zeitgeschichtliche Erfahrung und Utopie, in: WestEnd. Neue Zeitschrift für Sozialforschung 4. 2, 22–34.
— 2006: Krankheit und Freiheit. Überlegungen zu einer Ethik der Lebensführung, in: Deutsche Zeitschrift für Philosophie 54. 2, 311–322.
— 2005: Behinderung und die Anerkennung von Differenz, in: WestEnd. Neue Zeitschrift für Sozialforschung 2. 1, 153–164.
— 2005: Thomas Mann und der lange Abschied vom Bürgertum, in: WestEnd. Neue Zeitschrift für Sozialforschung 2. 2, 27–45.
— 2004: Menschen im Begabungstest. Mutmaßungen über Hirnforschung als soziale Praxis, in: WestEnd. Neue Zeitschrift für Sozialforschung 1. 1, 143–153.
— 2003: Therapie als Affront. Zum Konflikt zwischen Behinderten und Medizin, in: Ethik in der Medizin 15. 3, 151–160.
— 2002: Kommissionsethik. Zur neuen Institutionalisierung der Moral, in: Merkur. Deutsche Zeitschrift für europäisches Denken 633, 26–37.
— 1998: Reproduktive Autonomie? Zur Denaturierung der menschlichen Fortpflanzung, in: Deutsche Zeitschrift für Philosophie 46. 6, 917–933.
— 1998: Positionen, Begriffe, Debatten – Verleugnete Interessen: Medizinkritik in Deutschland, in: Leviathan. Berliner Zeitschrift für Sozialwissenschaft 26. 3, 293–304.
— 1997: Abtreibung und Gewebespende. Die therapeutische Nutzung fötaler Zellen, in: Universitas. Orientierung in der Wissenswelt. Deutsche Ausgabe 52. 610, 347–358.
— 1997: Die Optimierung von Lebenschancen. Über Schwangerschaft und Humangenetik, in: Neue Rundschau 108, 51–59.
— 1993: Carol Gilligan: Das andere Urteil, in: du 632. 11, 70–75.
— 1991: Souverän im Ausdruck – Helmuth Plessner und die »Neue Anthropologie«, in: Merkur. Deutsche Zeitschrift für europäisches Denken 509, 691–702.
— 1991: Über Lied und Gesang, in: Akzente 38, 275–287.
— 1989: Der Widerspenstigen Zähmung? Frankfurter Kultur-Kontroversen, in: Jahresring 36.
— 1989: Das stumme Antlitz der Kunst. Sprachkritische Aspekte der Ästhetik Adornos, in: Rowohlt Literaturmagazin 24, 61–74.
— 1989: Hohes Wort, große Tat. Zur Beethoven–Rezeption, in: Merkur. Deutsche Zeitschrift für europäisches Denken 487/488, 940–946.

5. Zeitungsartikel

— 2009: Spätabbrüche: Der Tatsache stellen, in: Deutsches Ärzteblatt 106. 28/29, 13. Juli, A-1462.
— 2005: Seine Eingeweide dachten mit. Vor 50 Jahren starb Thomas Mann, der nicht nur ein weltberühmter Romancier, sondern auch ein erstaunlicher Intellektueller war, in: Frankfurter Rundschau, 12. August.
— 2002: Der Kampf der Werte. Entscheiden statt mogeln: Was es heißt, liberal zu sein – nicht nur in der Biopolitik, in: Die Zeit 9, 21. Februar, 11.
— 2001: Fürsorge und Behinderung. Eine feministisch inspirierte Care-Ethik ergänzt das Autonomieprinzip, Frankfurter Rundschau, 4. Dezember.
— 2001: Beharren auf der Lebenspraxis: Große Ideale an der Elle des Alltags gemessen, in: Frankfurter Rundschau, 11. August.
— 2001: Töten aus Menschenliebe: Sterbehilfe oder die Verrechtlichung des Todes, in: Frankfurter Rundschau, 11. Juli.
— 2001: Die Gesundbeter. Warnung vor den Warnern: Die Feinde der Medizin treten an, in: Frankfurter Allgemeine Zeitung, 31. Januar.
— 1999: Alte Eugenik – neue Eugenik? Die Zukunft der Fortpflanzungskontrolle und die »Selektion«, in: Frankfurter Rundschau, 15. November.
— 1998: Fortschritt der Biomedizin – Die Politik steht vor der Quadratur des Kreises, in: Deutsches Ärzteblatt 11, 16. März, 567.
— 1997: Modernität als Experiment, in: Die Zeit, 21. März.
— 1996: Was es heißt, menschenwürdig zu leben. Politik und humane Lebensverhältnisse: Fachleute diskutierten über Anspruch und Chancen, in: Frankfurter Rundschau, 2. Juli.
— 1995: Die Natur steht mit dem Faschismus im Bunde, in: Die Zeit 42, 13. Oktober, 48.
— 1995: Ethische Menschenversuche?, in: Die Zeit 29, 14. Juli.
— 1993: Um 180 Grad. Von der pazifistischen Utopie zum »pragmatischen Pessimismus«: Eine Warnung vor der neuen Wende-Intelligenz, in: Die Zeit 48, 26. November, 48.
— 1993: Eine Technik zur Verhinderung behinderten Lebens?, in: Frankfurter Rundschau, 28. Juni.
— 1993: Blick zurück im Zorn, in: Frankfurter Rundschau, 16. Januar.
— 1992: Fehlt uns der Feind?, in: Die Zeit 43, 16. Oktober.
— 1992: »Selbstverwirklichung« in der Risikogesellschaft, in: Frankfurter Rundschau, 11. April.
— 1992: Das gute Leben und der Sinn, in: Frankfurter Rundschau, 6. Februar.
— 1992: Gibt es ein demokratisches Defizit der deutschen Einigung?, in: Frankfurter Allgemeine Zeitung, 14. Januar.
— 1991: Deutscher Geist und liberales Ethos. Die frühe Sozialphilosophie Helmuth Plessners, in: Die Zeit 43, 18. Oktober, 64.

— 1991: Krise und Kultur – Wider das gute Gewissen der Kunst, in: Frankfurter Rundschau, 1. Juni.
— 1991: Nebel für Seelen, in: Tagesspiegel, 5. Mai.
— 1990: Nachgeholte Legitimation, in: Frankfurter Allgemeine Zeitung, 19. Dezember.
— 1990: Im Regelwerk der Freiheit, in: Frankfurter Allgemeine Zeitung, 12. September.
— 1990: Platons Sündenfall. Ein Text Hannah Arendts über »Philosophie und Politik«, in: Frankfurter Allgemeine Zeitung, 1. August.
— 1988: Unvollendete Revolution, in: Frankfurter Allgemeine Zeitung, 21. Dezember.
— 1988: Nach dem Verstummen. Zum Wandel der Sprachauffassung in der Kritischen Theorie, in: Frankfurter Allgemeine Zeitung, 9. Oktober.
— 1988: Tugend ohne Glück? Kants Ethik im Kreuzfeuer aristotelischer Angriffe, in: Frankfurter Allgemeine Zeitung, 18. August.
— 1988: Ermäßigter Zwang, in: Frankfurter Allgemeine Zeitung, 13. April.

6. Rezensionen und Besprechungen

— 2007: Musik und Macht. Hans Rudolf Vaget sieht in Thomas Mann den Erforscher der deutschen Katastrophe, in: Die Zeit 6, 1. Februar.
— 2005: Des Dichters Bühne. Zu Thomas Manns 50. Todestag: Der Historiker Manfred Görtemaker zeichnet den Schriftsteller als unpolitischen Menschen, in: Die Zeit 33, 11. August.
— 2005: Was unserem Leben Bedeutung verleiht. Der Philosoph Harry Frankfurt über die Liebe, der wir uns nicht entziehen können, in: Die Zeit 12, 17. März.
— 2003: Bioethik zwischen akademischem und politischem Diskurs, in: Deutsche Zeitschrift für Philosophie 51. 4–6.
— 2003: Tagungsbericht zur Konferenz »Gesunde Körper – kranke Gesellschaft? Medizin im Zeitalter der Biopolitik«, in: Mitteilungen des Instituts für Sozialforschung 15, 181–188.
— 2002: Der Kampf der Werte. Entscheiden statt mogeln: Was es heißt, liberal zu sein – nicht nur in der Biopolitik, in: Die Zeit 9, 21. Februar.
— 2001: Wider die Verdinglichung des Menschen. Jürgen Habermas warnt vor dem Verlust der Freiheit durch die Eingriffe der Biomedizin, in: Die Zeit 39, 20. September.
— 1999: Rezension (zu: Matthias Kettner, Beratung als Zwang), in: Ethik in der Medizin 3, 209–211.
— 1999: Das Tier als Biofabrik. In den Fängen einer Moral, die nur um den Menschen kreist, in: Die Zeit 38, 16. September.

— 1999: Selbstbestimmung zum Terror. Eine Tagung über den »Deutschen Krieg 1914–1945«, in: Frankfurter Rundschau, 16. Juni.
— 1999: Der Kampf um die Natur. Wer schützt den Artenreichtum des Planeten?, in: Die Zeit 7, 11. Februar.
— 1997: »Ist da jemand?« Robert Spaemann und die Bioethik, in: Merkur. Deutsche Zeitschrift für europäisches Denken 579, 539–543.
— 1997: Betrifft die zwischenmenschliche Beziehung. Max Charlesworth plädiert für eine radikal-liberale Bioethik, in: Frankfurter Rundschau, 14. Oktober.
— 1997: Wohin die Reise geht. Beck und Giddens präsentieren Suhrkamps neues Programm, in: Frankfurter Rundschau, 18. April.
— 1997: Die Abwehr des Anderen. »Der Krüppel«: Klaus E. Müller über den Umgang mit Behinderten, in: Die Zeit 5, 24. Januar.
— 1996: Zwischen Beduinen und Germanen, in: Die Zeit 2, 5. Januar.
— 1995: Ein gehöriges Maß an Gutgläubigkeit: Anthony Giddens zieht »Konsequenzen der Moderne«, in: Frankfurter Rundschau, 29. Juli.
— 1995: Sieg der Fäulnis, in: Die Zeit 14, 31. März.
— 1994: Den neuen Menschen denken? Claus Koch plädiert für die Biotechnologie, in: Die Zeit 12, 18. März.
— 1994: Abschied vom Grundwiderspruch, in: Die Zeit 7, 11. Februar.
— 1994: Einsamer bekloppter birger. Sind Birger Sellins »botschaften aus einem autistischen kerker« Mutproben eines isolierten Menschen oder Fälschungen seiner ehrgeizigen Mutter?, in: Die Zeit 6, 4. Februar.
— 1993: Leben ohne Perspektive? Beiträge zur Debatte um die Euthanasie, in: Die Zeit 42, 15. Oktober.
— 1993: Ankunft in der profanen Welt. Was kommt nach dem »Ende der Geschichte«? Drei Antworten auf das von Francis Fukuyama verkündete Finale, in: Die Zeit 23, 4. Juni.
— 1993: Das republikanische Ideal. Wie moralisch muss Politik sein? John G. Pocock über die Dialektik von Tugend und Korruption, in: Die Zeit 22, 28. Mai.
— 1993: Posttraditionale Solidarität: »Kampf um Anerkennung«: Zu Axel Honneths Sozialphilosophie, in: Die Zeit 15, 9. April.
— 1993: Flucht in die Freiheit. Vilem Flussers philosophische Autobiographie, in: Die Zeit 6, 5. Februar.
— 1992: Nah und fern. »Der Gast, der bleibt«: Über Georg Simmels Soziologie des Fremden, in: Die Zeit 47, 13. November.
— 1992: Die Tyrannei des Schmerzes. Elaine Scarrys philosophisch erstaunlich unbekümmerte Studie über die »Erfindung der Kultur«, in: Die Zeit 41, 2. Oktober.
— 1992: Die Qual der Wahl. Die vieldiskutierte Individualisierung der Lebensformen führt nur zu neuer sozialer Angleichung: Dies zeigt Gerhard Schulze in seiner brillanten Theorie der »Erlebnisgesellschaft«, in: Die Zeit 34, 14. August.
— 1992: Anthropologie als philosophische Kritik. Eine Tagung in Bad Homburg, in: Zeitschrift für philosophische Forschung 46. 4, 612–615.

— 1992: Die Welt wird zur Wüste. »Rasender Stillstand«: Paul Virilios beklemmende Einsichten, in: Die Zeit 16, 10. April.
— 1991: Litanei des Unheils. André Glucksmanns dröhnende Katastrophenmoral, in: Die Zeit 50, 6. Dezember.
— 1991: Das gute Leben und der Sinn. Jürgen Habermas über Moraltheorie und Philosophie, in: Frankfurter Rundschau, 26. November.
— 1991: Von Sat und Chit. Carl Friedrich von Weizsäcker auf der Suche nach der Einheit von Mensch, Natur und Geschichte, in: Die Zeit 42, 11. Oktober.
— 1991: Im Totenland: Röntgenblick auf eine Philosophen-Existenz. Neues zur Heidegger-Debatte, in: Die Zeit 41, 4. Oktober.
— 1991: Die Apathie der Sieger. Nach dem Ende der Systemkonfrontation: Zu Pascal Bruckners Lamento, in: Die Zeit 17, 19. April.
— 1989: Konversion als Methode. Barbara Merkers Heidegger-Studie und die Vorlesung 1929/30, in: Merkur. Deutsche Zeitschrift für europäisches Denken 482.
— 1987: Der Geisteswissenschaftler als Geschichtenerzähler. Über Odo Marquards »Beitrag zur Analyse der Gegenwart«, in: Merkur. Deutsche Zeitschrift für europäisches Denken, 463/464.